小中一貫教育の新たな展開

高橋 興／著

ぎょうせい

はじめに

　この数年、小中一貫（連携）教育に取り組む自治体が増加している。

　その目的は、子どもの発達が早まっていることなどを背景として、小学校から中学校への進学に際し、新しい環境での生活や学習にうまく適応できず、不登校などの問題が多発する、いわゆる「中1ギャップ」に対応するためであるとか、小・中学校の教員が相互理解を図り、義務教育の9年間をともに担う教員であるとの認識を持って教育活動に当たることで、学力向上や生徒指導の成果が得られることなどが指摘される。

　他方で、小中一貫教育を根本から否定し、推進策を厳しく批判する研究者もいる。例えば、小中一貫教育のねらいは「公教育の競争・選別機能の早期化」と「学校統廃合を進める手段」であるとして、次のように論ずる。「〜小中一貫教育は、早い段階で一定数の子どもを〈より分ける〉〈蹴落とす〉〈あきらめさせる〉といった意味での選別・競争を進める役割を果たす〜」とか、「〜小中一貫教育は学校統廃合を進める手段として〈有効に〉機能する。これが短期間に小中一貫教育を拡大させた最大の理由である」（山本由美ほか編『これでいいのか小中一貫教育―その理論と実態―』新日本出版社、2011年、15〜17頁）というようにである。

　私は小中一貫教育の推進論者が手放しで必要性や成果を強調することには、やや疑問を感じている。特に、取組みの成果により学力が向上したとの評価は、なお十分な検証が必要である。けれども、今日の学校教育がかかえる様々な課題の解決を目指す一つの方法として可能性があると思う。そのため、机上の抽象論ではなく、具体的な実践例の研究成果をもとに議論する価値があると考えている。

　一方で、前述した根本的な否定論は、あまりに硬直的かつ一方的であるように思われる。殊に、「学校統廃合を進める手段として有効に機能〜」との批判には疑問を感ずる。なぜなら、近年、児童生徒数の急激な減少という危機的状

況の中で、子どもたちのため学校・学級の適正規模をどのように考えるか、どうしたら子どもたちの最も望ましい教育環境（条件）を整備することが可能なのかは、地方の過疎の町から大都市圏にいたるまで多くの自治体が共通して抱えている困難な課題であり、その解決策は地域の実状に応じ様々であって当然だと考えるからである。

　本書は、私がこうした基本的な問題意識を持ち、多くの取組みの現場に足を運び、自分の目で状況を確かめ、市町村長や教育長、校長をはじめとする学校関係者、そして保護者や地域住民等からの話を直接聞き取ることを通じて得た知見や、考えたことをまとめた実践事例の紹介を中心的な内容としている。

　もちろん、国を中心とした小中一貫教育への取組みの経緯や、教育再生実行会議と中央教育審議会をめぐる最新の動向についてもやや詳しく述べた。

　補論でも書いたが、これまでの政治の大きな流れからしても、教育再生実行会議が提言した「小中一貫教育学校（仮称）」の制度化が実現する可能性は極めて大きく、今後は多くの自治体が小中一貫教育の具体化に向けた様々な検討を始めることになるだろう。本書が、そうした検討に当たって少しでも参考になれば望外の喜びである。

2014（平成26）年9月

高　橋　　興

はじめに

第1章 小中一貫教育の定義とその必要性 ……………… 1

1 「小中連携」と「小中一貫教育」の異同……………………… 2
2 今、なぜ小中一貫教育が必要なのか ………………………… 3
(1) いわゆる「中1ギャップ」を解消する方策……………………… 3
(2) 小中学校における教職員間の相互理解を促進することによる
　　教育効果の向上…………………………………………………… 3
(3) 少子化の進展や地域社会における共同体意識の低下等による
　　マイナス要因の減少策…………………………………………… 4

第2章 これまでの小中一貫教育の経緯〜その成果と課題〜 ‥ 5

1 国による一貫教育への取組みの経緯 ………………………… 6
(1) 答申・建議等での小中一貫教育の記述………………………… 6
(2) 教育基本法・学校教育法の改正及び学習指導要領改訂と小中
　　一貫教育…………………………………………………………… 8
(3) 「第1期教育振興基本計画」での小中一貫教育の記述……… 10
(4) 答申・建議や基本計画の具体化を目指す取組み ……………… 11
(5) 「第2期教育振興基本計画」での小中一貫教育の記述……… 14
(6) 教育再生実行会議の第5次提言と中央教育審議会への諮問……… 15
2 これまでの「小中一貫教育全国サミット」で課題となったこと… 16
(1) 「小中一貫教育全国連絡協議会」と「小中一貫教育全国サミット」‥ 16
(2) 各回の「共同宣言」から見た小中一貫教育関係者の課題認識
　　や要望等…………………………………………………………… 17

i

3　市町村による小中一貫教育への先行的取組みの方法 ············ 24
　　(1)　「研究開発学校」制度の活用 ································· 25
　　(2)　「教育課程特例校」制度の活用 ······························ 25
　　(3)　制度上の特例を利用しない運用による取組み ················ 26

第3章　アンケート調査の結果等から見た小中一貫校の実態 ············ 27

　1　調査の概要 ··· 28
　　(1)　調査の方法 ··· 28
　　(2)　調査対象 ··· 28
　　(3)　調査期間 ··· 28
　　(4)　回収状況 ··· 28
　2　調査結果の概要 ··· 29
　　(1)　回答校（者）の属性等 ······································ 29
　　(2)　設置者たる市区町村の小中一貫教育への取組みの方針等 ······ 30
　　(3)　各校における一貫教育への取組みの状況－小中共通－ ········ 31

第4章　特に注目すべき取組み事例 ···························· 49

　1　実施形態Ⅰ－施設を中心にして（施設一体型）················· 51
　　(1)　奈良県奈良市－数年後の全市展開を目指したモデル事業として－·· 51
　　(2)　千葉県鴨川市－取組みのプロセスを大切に－ ················ 58
　　(3)　青森県三戸町－連携型の取組みを経て施設一体型へ－ ········ 73
　2　実施形態Ⅰ－施設を中心にして（施設分離・連携型）·········· 88
　　(1)　鹿児島県薩摩川内市
　　　　　－各校区（地域）の特色を生かした連携型の取組み－ ······ 88
　　(2)　広島県呉市
　　　　　－「小中一貫は特別ではなく、当たり前の教育」との発想－ ····· 96

(3) 島根県松江市
　　　　　－「たての一貫」と「よこの一貫（環）」の組み合わせで成果－ ···103
　3　実施形態Ⅱ－学年区分を中心にして（4・3・2の区分型） ·····125
　　　(1) 兵庫県姫路市
　　　　　－独自の「市小中一貫教育標準カリキュラム」を基礎とした
　　　　　取組み－··125
　　　(2) 神奈川県横浜市
　　　　　－「横浜版学習指導要領」の策定と具現化を重視した取組み－··141
　4　実施形態Ⅱ－学年区分を中心にして（4・5の区分型）·········154
　　　(1) 広島県広島市
　　　　　－「ひろしま型カリキュラム」を中心とした取組み－···········154
　5　実施形態Ⅱ－学年区分を中心にして（5・2・2の区分型）·····162
　　　(1) 熊本県産山村－地域住民に支えられた村内唯一の学校の取組み－·162
　6　実施形態Ⅱ－学年区分を中心にして（4・3・5の区分型）
　　　－小中高一貫教育－ ·······································171
　　　(1) 長崎県小値賀町－地域の生き残りをかけた小中高一貫教育－····171
　7　実施形態Ⅱ－学年区分を中心にして（3・4・2の区分型）·····180
　　　(1) 宮城県登米市
　　　　　－基礎学力・英語力の向上と社会性の育成を目指す試み－·······180

第5章　小中一貫教育を推進するために解決すべき課題 ···197

　　　(1) 小中一貫教育の目標や方針・計画等を明確に
　　　　　－何のために一貫教育を目指すのか－·························198
　　　(2) 学年区分論の活発化が必要
　　　　　－各区分の取組みによる得失の分析・検証が不可欠－···········199
　　　(3) カリキュラム論の重要性を再確認する必要·······················201
　　　(4) 一貫教育に伴う学習指導上の課題·······························204
　　　(5) 保護者や地域住民等の参加を拡充する必要性·····················206

(6)　市町村教育委員会の脆弱な推進体制整備の必要性 ················207
　(7)　一貫教育に伴う教職員の多忙化 ································208
　(8)　市町村格差が拡大する可能性 ································208

補　論　教育再生実行会議第5次提言と中央教育審議会における審議の動向 ···············210

1　自由民主党教育再生実行本部による取組みの経緯 ··············210
　(1)　教育再生実行本部の設置（2012年10月）·····················210
　(2)　「中間とりまとめ」（2012年11月）···························211
　(3)　成長戦略に資するグローバル人材育成部会提言
　　　－第1次提言－（2013年4月）·······························213
　(4)　実行本部第2次提言（2013年5月）··························214
2　教育再生実行会議第5次提言 ································216
　(1)　実行会議開催の背景と期待された役割 ·······················216
　(2)　実行会議第5次提言「今後の学制等の在り方について」の概要 ··223
3　実行会議第5次提言以後における中央教育審議会の動向 ········225

おわりに

第1章

小中一貫教育の定義とその必要性

1 「小中連携」と「小中一貫教育」の異同

　従来、「小中連携」と「小中一貫教育」という言葉の使用には混乱が見られる。これらは同じものなのか、あるいは全く違うことなのか、こうした問いに明確に答えることは難しいことだと思われる。

　しかし、この点を曖昧にしたまま先に進むのも、無理があると考える。文部科学省中央教育審議会初等中等教育分科会「学校段階間の連携・接続等に関する作業部会」が作成した「小中連携、一貫教育に関する主な意見等の整理」(2012年7月13日)での記述などを参考にしながら、一応次のように整理しておくことにしたい。

　①「小中連携」

　　小・中学校がそれぞれ別の学校であることを前提とし、教育目標やカリキュラムの共通する部分について連携して取り組むものである。別の言い方をすれば、小・中学校がそれぞれの課題を解決するために、互いに情報交換や交流をすることを通じて、小学校教育から中学校教育への円滑な接続を目指す様々な教育である。

　②「小中一貫教育」

　　小中連携のうち、小・中学校が目標を共有し、その達成に向けて9年間を通じた教育課程を編成し、それに基づいて行う系統的な教育である。

　こうした定義はあくまでも抽象的な理論上のものであり、具体的な実践例をみれば明確に区分することはかなり難しい事例が多いし、何よりも取組みに直接かかわっている人々の実感に合わないことが多いことを、予め確認しておかなければならない。

　それゆえ、以下の記述では、答申・建議や参考文献等の引用と特にお断りをしないかぎり、この「小中連携」と「小中一貫」を合わせて「小中一貫教育」とする。

2 今、なぜ小中一貫教育が必要なのか

　小中一貫教育に取り組む目的は、その地域や学校によっておかれた状況が違うし、関係者の思いも異なるため様々であるが、主要なものとして概ね次のように整理することができるものと考える。

(1) いわゆる「中1ギャップ」を解消する方策

　かねてより子どもの発達の早まりが指摘されてきた。すなわち、文部科学省による学校保健統計調査の結果等によれば、身長・体重とも1948（昭和23）年のある学年の平均値は、2010（平成22）年の2～3年下の学年の平均値に相当するという。例えば、1948年の中学1年（12歳）の平均値は2010年の小学4～小学5年（9～10歳）の平均値に相当するとされている。

　また、こうした成長の早まりが、同省による「義務教育に関する意識調査（2005年）」の結果によれば、児童生徒の発達上、小学5年段階及び中学1年段階に段差を生んでいる可能性があると考えられている。さらに、同省の「平成23年度　児童生徒の問題行動等生徒指導上の諸問題に関する調査」の結果によれば、暴力行為の加害児童生徒数、不登校児童生徒数及びいじめ認知件数のいずれを見ても中学1年段階で激増しており、中学校で学習と生活の両面で不適応を起こしていることは明白だと指摘されている。

　こうした小学6年と中学1年間の段差を、小中一貫教育による学習と生活の「なめらかな接続」により解消しようとするものである。

(2) 小中学校における教職員間の相互理解を促進することによる教育効果の向上

　小学校は担任制で、1人で全教科を指導するのが原則である。これに対し、中学校は教科担任制で教員は特定の教科のみ指導するのが原則であることなど、小・中学校の教職員の職務の性質は異なる。このため、「小学校と中学校

では文化が違う」などと公言する教員も多く、連携・協力が難しいとされる。

　一貫教育により、こうした小・中学校間の相違を互いに理解しあい、「小学6年と中学3年が別々ではなく、あくまで義務教育9年間で子どもたちを育てる」との意識改革を図り、望ましい連携協力関係を構築することで、学習及び生活の両面で教育効果を上げようとする。

(3) 少子化の進展や地域社会における共同体意識の低下等によるマイナス要因の減少策

　少子化や核家族化の進行により、児童生徒の人間関係が固定化しやすいことによる教育上の課題が指摘されてきた。そのため、小中一貫教育で子どもたちが多数の教職員と接したり、あるいは児童生徒同士の交流関係を広めることにより、小学生の中学進学に対する不安感を減少させたりすることを目指すものである。

　これまで述べてきた目的のほか、小中一貫教育が求められ導入事例が増えている背景としては、教育基本法及び学校教育法等の改正があるとされる。すなわち、この改正では、従来は別物として扱われてきた小・中学校が、「義務教育として一体である」ことが明記され、その目標も明らかにされたからである。

　この法律改正については、第2章「1　国による一貫教育への取組みの経緯」の「(2) 教育基本法・学校教育法の改正及び学習指導要領改訂と小中一貫教育」の項でやや詳しく述べる。

[主要な参考文献]
・「小中連携、一貫教育に関する主な意見等の整理」（中央教育審議会初等中等教育分科会「学校段階間の連携・接続等に関する作業部会」2012年7月）

第2章

これまでの小中一貫教育の経緯
〜その成果と課題〜

第2章 これまでの小中一貫教育の経緯～その成果と課題～

1 国による一貫教育への取組みの経緯

　この数年、小中一貫教育に取り組む市町村や実践校が着実に増加しているにもかかわらず、その取組みを裏付ける国の制度整備はあまり進んでいない。けれども、国は全く何もしてこなかったわけではなく、審議会への諮問や様々な調査研究をするとともに、教職員に関する制度改革をするなど、先行実施する市町村や学校を側面支援する取組みを行ってきた。
　このような国を中心とした取組みの経過を簡単に整理しておくことにする。

(1) 答申・建議等での小中一貫教育の記述

① 中央教育審議会答申「新しい時代の義務教育を創造する」

　中央教育審議会は2005（平成17）年10月26日に行った答申「新しい時代の義務教育を創造する」の中で、「<u>学校種間の連携・接続を改善するための仕組み</u>」（下線は筆者。以下、引用文については同様とする。）との表現により、小中一貫教育について次のような提言をした。

> 第1章　教育の目標を明確にして結果を検証し質を保証する
> 　　　―義務教育の使命の明確化及び教育内容の改善―
> (3)　義務教育に関する制度の見直し
> ○義務教育を中心とする学校種間の連携・接続の在り方に大きな課題があることがかねてから指摘されている。また、義務教育に関する意識調査では、学校の楽しさや教科の好き嫌いなどについて、従来から言われている中学校1年生時点のほかに、小学校5年生時点で変化が見られ、小学校の4～5年生段階で発達上の段差があることがうかがえる。
> 　<u>研究開発学校や構造改革特別区域などにおける小中一貫教育などの取組の成果を踏まえつつ、例えば、設置者の判断で9年制の義務教育学校を設置することの可能性やカリキュラム区分の弾力化など、学校種間の連携・接続を改善するための仕組みについて種々の観点に配慮しつつ十分に検討する必要がある。</u>

② 「教育再生会議」第3次及び最終報告

　教育再生会議は安倍晋三内閣が2006（平成18）年10月10日、教育改革へ

の取組みを強化する目的で閣議決定して設置したものである。

同会議は、2007（平成19）年1月24日に開催された第5回総会で「第1次報告」を、同年6月1日に開催された第8回総会で「第2次報告」を安倍内閣に提出した。

しかし、同年9月12日に安倍晋三氏が辞意を表明し、同月26日に福田康夫氏が内閣総理大臣に就任した。そのため、同年12月25日に開催された第11回総会で「第3次報告」を、翌2008（平成20）年1月31日に開催された第12回総会では「最終報告」を福田内閣に提出した。第3次報告における小中一貫に関する主要な記述は次の通りである。

7つの柱
1. 学力の向上に徹底的に取り組む　〜未来を切り拓く学力の育成〜
(2) 「6-3-3-4制」を弾力化する
○子供の発達に合った教育のため、<u>小中一貫教育を推進し、制度化を検討する</u>

各論
1. 学力の向上に徹底的に取り組む　〜未来を切り拓く学力の育成〜
(2) 「6-3-3-4制」を弾力化する
○子供の発達に合った教育のため、<u>小中一貫教育を推進し、制度化を検討する</u>
・文部科学省の研究開発学校、構造改革特区等で行われている、6-3制や小中のカリキュラム編成の特例について、より簡単に一般の学校でも取り組めるように制度を見直す。<u>小中一貫校の制度化についても検討する</u>。この場合、小中一貫校と他の学校との間でスムーズに転校、進学ができるよう配慮する。
・幼小連携をはじめ、小中、中高、高大の間の接続や連携の仕方、区切りのない一貫教育など、柔軟な取組を可能にする。

さらに、最終報告では、「フォローアップのためのチェックリスト」の中で、次のように述べた。

学力の向上
【検討を開始すべき事項】
④　「6-3-3-4制」の弾力化（<u>小中一貫校</u>、飛び級の検討、大学への飛び入学の促進など）

③ 「教育再生懇談会」第４次報告

　教育再生懇談会は安倍内閣の後継となった福田内閣が2008（平成20）年2月26日、「〜21世紀にふさわしい教育の在り方について議論するとともに、教育再生会議の提言のフォローアップを行う」ため、閣議決定により設置したものである。

　同懇談会の報告書の中で、小中一貫教育について特に注目すべきは第４次報告書であり、次のように記述している。

> １　「教育安心社会」の実現─「人生前半の社会保障」の充実を─
> 【学校教育の信頼回復】
> (3)　保護者から信頼される公教育の確立
> 　　子供たちの育ちや学習の系統性・連続性を保証するという観点から、幼稚園・保育所と小学校、小学校と中学校、中学校と高等学校の校種間連携を促進する。特に子供の心身の発達上の変化や多様化、「中１ギャップ」や学力低下に対応するため、既に一部の自治体で取組が進められ、一定の成果が上がっている小中一貫教育の取組を踏まえて、義務教育学校の法的位置付けを明確にし、小学校高学年からの教科担任制の導入など、取組を支援するために必要な方策を早急に検討する。

(2) 教育基本法・学校教育法の改正及び学習指導要領改訂と小中一貫教育

①　義務教育の年限の弾力化と目的を明示した教育基本法第５条の新設

　戦前の国家主義的な教育に対する強い反省からスタートした旧教育基本法に対する批判は制定当初からあり、その改正を求める政治的な動きは以前から繰り返し行われてきたが、改正の端緒となったのは「教育改革国民会議」が2000（平成12）年12月に公表した最終報告書「教育を変える17の提案」であった。

　すなわち、この提案をきっかけとし、中央教育審議会での審議を経て2003（平成15）年3月に行われた答申「新しい時代にふさわしい教育基本法と教育振興基本計画の在り方」の提言を受けて、2006（平成18）年4月に改正法案が国会に提出され、同年9月からの臨時国会で可決・成立し、同年12月22日に公布・施行された。

この法律第5条は旧教育基本法第4条を引き継ぐとともに、新たに義務教育の目的について次のように規定した。

教育基本法
第5条　国民は、その保護する子に、別に法律で定めるところにより、普通教育を受けさせる義務を負う。
2　義務教育として行われる普通教育は、各個人の有する能力を伸ばしつつ社会において自立的に生きる基礎を培い、また国家及び社会の形成者として必要とされる基本的な資質を養うことを目的として行われるものとする。
（第3項以下は省略）

この規定で、小中一貫教育に関連して注目すべきことは次の2点である。

1点は、新教育基本法では、旧教育基本法が保護者の義務である普通教育を受けさせる期間を「9年」と明記していたものを削除し、「別に法律で定める」と改めたことである。政府が示した改正理由は、「社会の状況に応じ、迅速かつ柔軟な対応を可能にするため」であった。

もう1点は、義務教育の目的を明記したことである。

② 義務教育の目標及び各学校段階の目的・目標を明示した学校教育法改正

新しい教育基本法の成立を受けて、2007（平成19）年6月20日、学校教育法の一部を改正する法律案が可決・成立し、同月27日に公布された。

この改正では、教育基本法の新しい教育理念を踏まえ、保護者は子に9年間の普通教育を受けさせる義務を負うことを改めて規定（第16条）し、新たに「義務教育として行われる普通教育」の目標を定めた（第21条）。

また、小学校の目的を従来の「初等普通教育」を施すから「義務教育として行われる普通教育のうちの基礎的なもの」（第29条）と改めると共に、中学校の目的も「中等普通教育」を施すから（小学校における教育の基礎の上に、心身の発達に応じて）「義務教育として行われる普通教育」を施す（第45条）と改め、小学校と中学校は「義務教育」として一貫したものであることを明確にした。

そして、この学校教育法改正は学習指導要領の改訂につながっていったのである。

③ 学習指導要領の改訂

中央教育審議会が学習指導要領改訂の基本方針をまとめ、2008（平成20）年1月17日に行った答申「幼稚園、小学校、中学校、高等学校及び特別支援学校の学習指導要領等の改善について」では、「6．教育課程の基本的な枠組み」の「(4)発達の段階に応じた学校段階間の円滑な接続」の中で、前年の学校教育法一部改正で改められた各学校段階の教育が果たすべき役割を確認した後、次のように提言した。

○それぞれの学校段階において、その役割をしっかり果たすことが何よりも重要であるが、それに加え、教育課程の改善に当たっては、発達の段階に応じた教育課程上の工夫の観点から、学校段階間の円滑な接続に留意する必要がある。

さらに、幼児教育と小学校教育の接続の重要性、順調に中学校生活を始めることができるよう小学校と中学校の円滑な接続を図る必要性などについて、詳細に提言した。

こうした方針のもとに改訂された学習指導要領が同年3月28日に告示された。

(3) 「第1期教育振興基本計画」での小中一貫教育の記述

「教育振興基本計画」は2006（平成18）年8月に成立した教育基本法の改正に伴って新設された第17条第1項の規定に基づき、政府が教育の振興に関する施策の総合的かつ計画的な推進を図るため、中央教育審議会での審議等を経て2008（平成20）年7月1日、閣議決定により初めて策定したものである。

この基本計画では、(1)で前述した審議会等での一連の動きを反映する形で、小中一貫教育について次のように記述した。

第3章　今後5年間に総合的かつ計画的に取り組むべき施策
(3)　基本的方向ごとの施策
　基本的方向2　個性を尊重しつつ能力を伸ばし、個人として、社会の一員として生きる基盤を育てる。
① 知識・技能や思考力・判断力・表現力、学習意欲等の「確かな学力」を確立する
◇総合的な学力向上策の実施
　・<u>6-3-3-4制の弾力化</u>に関し、<u>小中一貫教育</u>やいわゆる飛び級を含め、幼児教育と小学校の連携など、<u>各学校段階間の円滑な連携・接続等のための取組</u>について検討する。

(4)　答申・建議や基本計画の具体化を目指す取組み

①　調査研究協力者会議や作業部会等での具体策検討

　(1)から(3)で前述したような動きを経て、文部科学省の「幼児期の教育と小学校教育の円滑な接続の在り方に関する調査研究協力者会議」は2010（平成22）年11月11日、「幼児期の教育と小学校教育の円滑な接続の在り方について（報告書）」を公表した。この報告書は、幼小接続の現状を踏まえ、実効性ある接続を一層確かなものとしていくための考え方、教育課程の編成や指導計画作成上の留意点などについて検討した結果をまとめたものであった。

　また、2009（平成21）年7月に中央教育審議会初等中等教育分科会に設置された「学校段階間の連携・接続等に関する作業部会」は、まず中高一貫教育について審議を行い、2011（平成23）年7月に「主な意見等の整理」を取りまとめて公表した。

　さらに、同作業部会は2011（平成23）年10月14日から引き続き小中一貫教育について審議を行った。審議は、小中連携と小中一貫教育の①目的、②教育課程、③指導方法、④推進体制、⑤地域との連携等、⑥教員の人事と免許、⑦校地・校舎等、の7つの柱を中心に行われ、2012（平成24）年7月14日、「小中連携、一貫教育に関する主な意見等の整理」として取りまとめ公表した。

　その中には、一貫教育に関する教育課程の基準の特例創設や、教員免許に関する柔軟な対応の検討、校舎等を一体的に整備する際の国庫補助率の引き上げ等の検討など、多くの提案が盛り込まれていた。

② 小中一貫教育に関する教育課程特例の制度化
－省令等の改正作業が中断－

①で述べた作業部会による「小中連携、一貫教育に関する主な意見等の整理」の提案の中で、関係者が特に注目したことの1つに、同部会のメンバー間で賛否両論を戦わせながら、結局は積極的に検討する方向でまとめられた「教育課程の基準の特例創設」があった。

文部科学省は2012（平成24）年8月24日に開催された中央教育審議会初等中等教育分科会教育課程部会（第83回）で、「小中一貫教育に係る教育課程の基準の特例について（案）」を提示した。

その概要は以下のとおりである。（同会議配布資料3-1「小中一貫教育に係る教育課程の基準の特例について（案）」による。）

1. 特例の意義
　同一の設置者が設置する小・中学校について、設置者の判断により、9年間を通じた計画的かつ継続的な教育課程の編成ができるよう、教育課程の基準の特例を設ける。
2. 特例の内容
(1) 学校設定教科
　一貫型小学校（中学校教育との一貫性に配慮した教育を施すための教育課程を編成する小学校）及び一貫型中学校（小学校教育との一貫性に配慮した教育を施すための教育課程を編成する中学校）において、各教科、道徳、外国語活動、総合的な学習の時間又は特別活動の授業時数を減じ、当該各教科等の内容を代替できる学校設定教科の授業時数に充てることができる。
(2) 指導内容の入替え・移行
　① 一貫型小学校と一貫型中学校における指導の内容について、各教科又は外国語活動の内容のうち相互に関連するものの一部を入れ替えて指導することができる。
　② 一貫型小学校における各教科又は外国語活動の指導の内容の一部について、一貫型中学校に移行して指導することができる。
　③ 一貫型中学校における各教科の指導の内容の一部について、一貫型小学校に移行して指導することができる（この場合、当該一貫型中学校において当該内容について再度指導しないことができる）。
　④ 一貫型小学校及び一貫型中学校における各教科又は外国語活動の内容のうち特定の学年において指導するものの一部について、他の学年に移行して指導することができる（こ

の場合、当該特定の学年において当該内容について再度指導しないことができる)。

3. 特例の活用に係る要件
(1) 教育課程の基準の特例を活用できる場合は、設置者が、一貫型小学校及び一貫型中学校について、次の基準を満たしていると認める場合とする。
  ① 特例の活用により、9年間の計画的かつ継続的な教育課程を編成して教育を実施する必要があること。
  ② 教育基本法及び学校教育法に規定する小学校及び中学校の教育の目標に関する規定等に照らして適切であること。
  ③ 小学校学習指導要領及び中学校学習指導要領において全ての児童及び生徒に指導すべき内容として定められている事項(以下「内容事項」という。)が適切に取り扱われていること。
  ④ 内容事項を指導するために必要となる標準的な総授業時数が確保されていること。
  ⑤ 児童及び生徒の発達の段階並びに各教科等の特性に応じた内容の系統性及び体系性に配慮がなされていること。
  ⑥ 教育課程の編成・実施に当たって、児童及び生徒の負担過重となることのないよう十分な配慮がなされていること。
  ⑦ 保護者の経済的負担への配慮その他の義務教育における機会均等の観点からの適切な配慮がなされていること。
  ⑧ 児童及び生徒の転出入に対する配慮等の教育上必要な配慮がなされていること。
(2) 設置者は、当該一貫型小学校及び一貫型中学校の教育課程について、特例の内容及び上記(1)の基準を満たしている旨等を公表すること。
(3) 設置者は、特例を活用した教育課程の実施状況の把握及び検証を行い、その結果を公表すること。

4. 配慮事項
(1) 設置者は、教育委員会規則等において、特例を活用する小学校及び中学校が小中一貫教育を施すものである旨を明らかにするとともに、各学校においては学校間の協議を経て教育課程を編成する旨を定めるものとすること。
(2) 学習内容の系統性及び体系性に留意し、各学年の各教科等の目標が概ね達成されるとともに、9年間で指導しない内容が生じることのないよう留意し、義務教育段階の教育目標が9年間の教育課程全体の中で確実に達成されるようにすること。
(3) 児童生徒等の転学、進路変更等に際し、転学先又は進学先の学校における教育課程の実施に支障が生じることのないよう、必要に応じ、当該児童生徒等に対する個別の補充指導を行うなど十分な配慮を行うこと。

> 同部会では、一部に慎重論があったものの、一応の了解を得られた形となり、特例を制度化することが文部科学省の方針となったように思われる。すなわち、例えば2013（平成25）年1月に京都市で開催された全国小中一貫教育サミットで講演した文部科学省初等中等教育局長・布村幸彦氏（当時）は、配布した「小中連携、小中一貫教育の今後の進め方」と題するレジュメの中で、「小中一貫教育に関する教育課程特例の制度化」について、「平成24年度中に関係省令等の改正・制定（平成25年度実施）予定」と明記するとともに、講演の中で改正・制定を明言した。

さらに、例えば同年2月8日に開催された「小中一貫教育の推進のための学校施設部会（第1回）」など各種の会議で、文部科学省初等中等教育局教育制度改革室名による、同じ表題でほぼ同内容の資料を配布したのである。

しかし、この制度化は今日まで実現していない。文部科学省担当者等からの聞き取りによれば、2012（平成24）年に成立した第2次安倍内閣が翌2013年1月に設置した教育再生実行会議で、小中一貫教育の枠組を超えた学制改革が議論されることになったため、その動向を見定めることになったからだとのことであった。

(5) 「第2期教育振興基本計画」での小中一貫教育の記述

2013（平成25）年6月14日に閣議決定された「第2期教育振興基本計画」（計画期間は2013年度から2017年度までの5年間）は、小中一貫教育に関連して次のように記述した。

> (概要)
> 第1部　総論　　教育行政の4つの基本的方向性
> 1．社会を生き抜く力の養成
> 第2部　各論　　1　社会を生き抜く力
> 1　生きる力の確実な育成（幼稚園～高校）
> 「基本的な施策」
> 　子どもの成長に応じた柔軟な教育システム等の構築に向けた学制の在り方を含めた検討

1 国による一貫教育への取組みの経緯

(本文)
第2部　今後5年間に実施すべき教育上の方策
　　　～四つの基本的方向性に基づく、8の成果目標と30の基本施策
Ⅰ　基本的方向性に基づく方策
　1　社会を生き抜く力の養成
　　(3)　初等中等教育段階の児童生徒及び高等教育段階の学生の双方を対象とした取組
　〈5年間における具体的方策〉
　基本施策10　子どもの成長に応じた柔軟な教育システム等の構築

　そして、その「基本的な考え方」として、「<u>各学校段階間の円滑な連携接続を推進するとともに、6・3・3・4制の在り方について幅広く検討を進め、これにより、子どもの成長に応じた柔軟な教育システム等を構築する。</u>－以下、省略－」と説明している。

　次いで、【主な取組】10-1として、「小学校教育から中学校教育への円滑な接続を目指し、義務教育9年間を通じて児童生徒の発達に合った学びを実現するため、小中一貫教育に関する教育課程の基準の特例、小中連携コーディネーターや小中連携・一貫教育の取組事例集の活用等を図りながら、各学校や市町村における小中一貫教育の取組を促進する」とかなり具体的に記述し、第1期計画と同様に小中一貫教育の推進に努める姿勢を明示した。

(6)　教育再生実行会議の第5次提言と中央教育審議会への諮問

　(4)で前述したように、安倍総理大臣の強い意向により内閣発足から約1か月後の2013（平成25）年1月に設置された教育再生実行会議は、精力的に審議を進め、早くも同年2月には「いじめ」に関する第1次提言を行い、それを受けて「いじめ防止対策推進法」が6月に成立した。次いで4月には「教育委員会制度」に関する第2次提言が行われ、それを受けて自治体首長の権限を強化する改正法が翌2014（平成26）年6月に成立。さらに2013年5月には「大学教育の在り方やグローバル化対応等」に関する第3次提言、10月には「大学入試の在り方」に関する第4次提言を行った。この間、僅か10か月のことで、多方面から「拙速に過ぎる」との批判が出るのも無理からぬことであった。

第2章 これまでの小中一貫教育の経緯～その成果と課題～

しかし、最後に取り組んだ「学制改革」については、一転して慎重審議となり2014（平成26）年7月3日、ようやく「今後の学制等の在り方について」（第5次提言）として安倍総理大臣に提出された。

同提言には、「(2)小中一貫教育を制度化するなど学校段階間の連携、一貫教育を推進する」（同提言書3頁）と明記されていた。

この提言を受けて文部科学大臣は同年7月29日、中央教育審議会に制度の具体化等について諮問した。

これにより、(4)で述べたように中断した形となった小中一貫教育の制度化に向けた文部科学省の取組みが、再び動き出す見通しとなったのである。

なお、この第5次提言に至る途中経過や背景と提言の内容、及び提言を受けて以後の文部科学省による動きについては、「補論」としてやや詳しく後述する。

2 これまでの「小中一貫教育全国サミット」で課題となったこと

これまで述べてきた国レベルでの動きとは別に、実施市区町村を中心として2006（平成18）年4月に結成された「小中一貫教育全国連絡協議会」による活動の経緯も整理しておく必要がある。

(1) 「小中一貫教育全国連絡協議会」と「小中一貫教育全国サミット」

「小中一貫教育全国連絡協議会」は2006（平成18）年4月25日、当時、既に小中一貫教育に取り組んでおり全国のリーダー的な存在となっていた4市、すなわち広島県呉市（小中一貫教育への取組みを2000年度から開始）、京都市・奈良市（同2004年度から）、東京都品川区（1999年度策定の「教育改革プラン21」を具現化する取組みの一環として、2006年4月から区内全校を一貫校に移行）を発起人として設立されたものである。

その目的は、「〜教育委員会相互の緊密な連携のもとに、小中一貫教育の研

究および具体化を図ることにより、義務教育の質的向上及び制度改革の推進」（同協議会規約第3条）とされている。

また、同規約第4条では事業として、「<u>義務教育学校設置等制度改革に係る国への要請等</u>」（下線は筆者）をトップに掲げるとともに、「小中一貫教育全国サミットの開催」や「小中一貫教育の研究及び検証」「教育委員会相互間の情報交換及び実践交流」を行うとしている。

協議会事務局の公表資料によれば、設立時の2006年7月の正会員（市区町村教育委員会）は12であったが、2013年12月現在は正会員が40、賛助会員（企業・個人）が28である。この協議会が2006年以来、前述した規約に明記した事業の1つとして、関係者がそれぞれの考え方や実践、その成果を交流し合う場づくりを目的に毎回開催しているのが「小中一貫教育全国サミット」（以下、「サミット」とする。）である。

(2) 各回の「共同宣言」から見た小中一貫教育関係者の課題認識や要望等

このサミットでは毎回、それぞれの回の協議テーマや研究協議の成果等を踏まえた「共同宣言」が採択される。

したがって、この宣言には、小中一貫教育関係者がその時々に強く感じている課題認識や、その課題を解決し一層の推進を図るため国に求める施策に関する要望等が反映されている可能性があるように思われる。

以下で、初回から第8回（2013年）までの共同宣言を少し丹念に追いかけてみることにしたい。

① 第1回サミット2006 in 品川　共同宣言（2006年7月28日）

共同宣言に「〜<u>義務教育学校の設置</u>を目指して〜」（下線は筆者。以下同じ）とのサブタイトルを付けていることが、この宣言の最大の特徴である。ちなみに、2回目以降では、このような宣言の内容を鮮明にした「見出し」とでもいうべきものをつけることはなかった。

第2章 これまでの小中一貫教育の経緯～その成果と課題～

　冒頭に「主旨」として、「～平成17年10月の中央教育審議会答申においても、『義務教育を中心とする学校種間の連携・接続を改善するための仕組みについて十分に検討する必要がある』という趣旨の提言があり、様々な視点で具体的な取組の成果が待たれるところです。～教育における地方分権の一環として、それぞれの自治体や学校が国の大綱的な基準を踏まえつつも、子どもの実態や地域性に合わせた新しい義務教育を創造することを目指していく」として、次のように宣言した。

【宣言】
宣言1　「義務教育学校」設置に向けた可能性を追究し、実効性ある法改正を目指します。
宣言2　小中一貫教育を通じて、教育における地方分権を拡充します。

　そして、その内容として次のように述べている。

【内容】
(1)　義務教育期間（9年）を一貫し、教師の意識を変える教育課程の創造
(2)　小・中学校の連結を可能とする学校運営・組織や施設の工夫

　この(2)に関しては、義務教育期間の子どもたちを一貫した指導で育てるというふうに教師の意識改革に努めるとともに、小・中学校の融合、組織力の向上、業務の効率化等を図る義務教育学校としての在り方を追究し、具体的に提案するとした。

②　第2回サミット2007 in 京都　共同宣言（2007年8月1日）

　冒頭の「趣旨」では、「全国の自治体や学校が、小中一貫教育を柱とする新しい義務教育の創造に向けて様々な取組みをしており、数多くの成果も報告されている」旨の前置きをしたうえで、次のように述べている。
　「～今後、さらに質の高い義務教育の実現を図っていくためには、学校に関わる多くの人々の知恵を生かし、連携の輪を社会全体に広げていくことが、ますます重要になります。小中学校だけでなく、保育園、幼稚園、高等学校との

連携を視野に入れ、PTA、学校評議員や学校運営協議会などを中心に保護者や地域の方々に参画していただくことなどを通じて、子どもたちのより豊かな義務教育9年間の実現のために、社会全体で行動していくことが大切」であるなどと述べたうえで、次のように宣言した。

【宣言】
○小中一貫教育を通じて、教育における地方分権の拡充を進めるとともに、地方で進められている多様な取組の一層の推進を可能とする実効性のある法改正を目指します。
○一人一人の子どもたちのより豊かな学びと育ちの実現に向けて、保護者、地域と連携した小中一貫教育を目指します。

1番目については、「既存の仕組みにとらわれず、それぞれの地域の実情に応じた特色のある教育実践を果敢に進め、取組みの改善や新たな仕組みの提言などを継続的に行うことを通じて、義務教育学校の設置に係る法整備など、特色ある実践を効果的に進めることができるような制度改正を目指す」ということだと説明している。

2番目については、「保護者や地域の方々をはじめ、子どもたちを取り巻くすべての人々が、当事者意識を持って、学校教育に参画し、社会全体で子供たちの豊かな義務教育9年間を創り上げていく、地域ぐるみの小中一貫教育を推進する」ことである旨の説明をしている。

③ 第3回サミット2008 in 品川　共同宣言（2007年8月1日）

初めの「趣旨」で、「小中一貫教育を実践する自治体がますます増え、それぞれが9年間を見通したカリキュラムや英語教育の充実、特色ある教科・領域の実施など、小中一貫教育を中心とした新しい義務教育の創造に取り組んでいる。これらの実践を受けて、2007（平成19）年の学校教育法改正、2008年3月告示の学習指導要領において、小学5年からの外国語活動が導入され、理数教育で小・中学校の円滑な接続が示されたことは、小中一貫教育の大きな前進」であるとしたうえで、次のような2項目の宣言をした。

○教育における地方分権をさらに拡充し、小中一貫教育の推進や義務教育学校の設置など、地方における多様な取り組みを一層推進するために、実効性のある法改正を目指します。
○子どもたちが確かな学力と豊かな人間性や社会性を身に付けられるよう、保護者・地域との連携を深め、実践結果を検証・交流しながら、小中一貫教育のさらなる前進を目指します。

④ 第4回サミット2009 in 宗像 共同宣言（2009年8月21日）

　はじめの「趣旨」では、教育再生懇談会第4次報告で「〜既に一部の自治体で取組が進められ、一定の成果が上がっている小中一貫教育の取組を踏まえて、義務教育学校の法的位置づけを明確にし、小学校高学年からの教科担任制の導入など、取組を支援するために必要な方策を早急に検討する」と義務教育学校の法整備の必要性が示され、文部科学省内にプロジェクトチームが設置された旨のことを述べ、次の2項目の宣言をした。

【宣言】
○教育における地方分権をさらに拡充し、義務教育学校の設置や小中一貫教育の推進など、地方における多様な取組を一層充実させるために、法整備の早急な具体化を求めます。
○子どもたちの確かな学力と豊かな人間性や社会性を身に付けるため、保護者・地域との連携・交流を深め、実践結果を検証しながら、小中一貫教育のさらなる充実と発展を目指します。

　1番目については、さらに「小中一貫教育をより充実させ、効果あるものとするためには、『新しい義務教育学校（小中一貫校）の設置に関する法整備が不可欠です〜』と補足説明する念の入れようであった。

⑤ 第5回サミット2010 in 品川 共同宣言（2010年7月30日）

　冒頭の「趣旨」では、「協議会設立後5年が経過した今、小中一貫教育に取り組む自治体数が飛躍的に増えたが、一方ではややもすると形式的で表面的な取組みとなる傾向も見られる」旨のことを述べている。そして、「こうした中で、一貫教育の在り方や各自治体・学校での貴重な実践を報告・検討し合い、情報を共有化するサミットは極めて重要であり、文部科学省でも義務教育学校設置

2 これまでの「小中一貫教育全国サミット」で課題となったこと

の法整備に向けた検討が本格化される今日においては、いっそう意義深い」などと述べ、次の2項目の宣言をした。

【宣言】
○私たちは、子どもたちが確かな学力と豊かな人間性・社会性を身に付けられるよう、全国各地における実践の成果を共有し、<u>保護者・地域との連携</u>を深めながら、小中一貫教育のさらなる充実を目指します。
○「小中一貫教育をさらに推進するために、<u>義務教育学校の設置を定めた法整備</u>の実現を望みます。

このことについては、「地域の実態に応じて小中一貫教育をはじめとした様々な試みを通して、義務教育の質的向上に努めてきた。こうした取組みをさらに充実・促進するため、義務教育学校の設置を具体化できるような法整備を望む」という趣旨の説明を加えている。

⑥ 第6回サミット2011 in 呉　共同宣言（2011年7月29日）

はじめの「趣旨」では、まず「小中一貫教育に取り組む自治体数がいっそう増え、同協議会の調査によれば全国600自治体に迫ろうとしており、それらの自治体からは教職員や児童生徒の意識の変化等、多くの成果が伝えられている」趣旨の現状認識を示した。ついで、「（サミットは）〜法に義務教育の目標が明示され、文部科学省でも義務教育学校設置の法整備に向けた検討が本格化される今日においても大変意義あること〜」と述べた上で、次のような宣言をした。

【宣言】
○「私たちは、子どもたちの確かな学力の向上と規範意識の涵養・社会性の定着に向けて、全国各地における実践の成果を共有し、<u>保護者・地域との連携</u>を深めながら、小中一貫教育のさらなる充実を目指します」
○「小中一貫教育をさらに推進するためには、<u>義務教育学校の設置を定めた法整備</u>の実現を目指します。」

21

第2章 これまでの小中一貫教育の経緯〜その成果と課題〜

⑦ 第7回サミット in 京都　共同宣言（2013年1月18日）

　毎回、宣言の最初に書くことが恒例となっている「趣旨」には、まず取組みの現状について「連絡協議会設立後7年を経過し、この間、全国の自治体・学校においては、子どもたちの豊かな『学び』と『育ち』を義務教育9年間の枠でとらえ直した教育活動や学校経営などを意欲的に展開する小中一貫教育が着実に広まってきています」などと述べた。次いで、小中一貫教育をさらに推進するためには、「学校に関わる多くの人々の英知を結集することが重要であり、保護者や地域の皆様をはじめ、子どもたちの『学び』と『育ち』を支える連携の輪を社会全体に広げていくことが必要」と述べた上で、次のように宣言した。

【宣言】
○私たちは、未来を担う子どもたちの『生きる力』を育むため、全国各地における実践の成果と課題を共有し、保護者・地域との連携を深めながら、それぞれの地域で小中一貫教育のさらなる充実を目指します。
○小中一貫教育をさらに推進するため、全国各地の多様な取組の一層の推進を可能とする法整備等を望みます。

　このことについては、「〜義務教育学校の設置や特色ある教育課程の編成など、全国各地の多様な小中一貫教育の推進を可能とする法整備等を望みます。」と補足している。

⑧ 第8回サミット in つくば　共同宣言（2013年11月22日）

　「趣旨」では、まず義務教育の目的、「国際的な知の大競争時代」の到来に伴う人材育成の必要性、その人材育成の基盤である義務教育の質の向上に全自治体で取り組む必要性などについて述べている。

　ついで、これからの少子化に伴う人口減社会において、生産性の高い知識集約型の産業構造に転換し、国際的な競争力を維持していくため、知的生産物を生み出すことができる付加価値の高い人材育成が必要である」などと指摘した上で、次のように宣言した。

2 これまでの「小中一貫教育全国サミット」で課題となったこと

【宣言】
○1　私たちは、未来を担い世界で活躍するグローバル人材の育成のため、全国各地における実践の成果と課題を共有し、保護者、地域との連携や交流を深めながら、小中一貫教育のさらなる充実を目指します。
○2　小中一貫教育をさらに推進するため、全国各自治体の多様な取組の一層の推進を可能とする教育条件の整備等を望みます。

　ここで注目すべきことは、宣言の本文から「義務教育学校の整備」との文言が消えたことである。しかし、2の内容を説明する中で、「私たちは、地域の実情に応じて小中一貫教育をはじめとした様々な試みを通して、義務教育の質の向上に努め、その成果を共有して参りました。こうした取組をさらに充実・促進するために、<u>義務教育学校の設置を具体化</u>し、国際的にも誇れる教育条件の整備を望みます」と述べている。

　これまで述べてきた全8回のサミットにおける共同宣言の内容を整理するには、多言を要しないと思われる。
　すなわち、同協議会規約第4条［事業］のトップに規定された「義務教育学校設置等制度改革にかかる国への要請等」を、愚直なまでに守るごとく、毎回の共同宣言本文に、本文に盛り込まれない場合は内容の補足説明等の中で必ず言及する徹底ぶりである。
　そして、これに関連する内容で数回の宣言に盛り込まれたのが、「小中一貫教育を通じて、教育の地方分権を拡充」である。つまり、これまで多くの自治体が地域の実情などに合わせて進めてきた「多様な実践を、さらに推進可能とする法制度の実現を」との要求である。
　また、初回の共同宣言では言及されなかったが、2回目以降は必ず盛り込まれているのが、「保護者、地域と連携した小中一貫教育」や「地域ぐるみの小中一貫教育を推進」である。
　一方で、このサミット共同宣言では、こうした類の大会宣言等でほぼ例外なく盛り込まれることが多い予算措置や人員（教職員）増などについては、不思

議なほど全く言及されていない。義務教育学校の設置が実現すれば、他の様々な課題は雲散霧消すると信じているようでさえある。

　分科会のテーマについても、小中一貫教育を推進するポイントは、第1に教育課程（新教科や小学英語などのカリキュラム、施設を生かすカリキュラム等）をどうするかであり、ついで施設の状況と児童生徒の交流、家庭や地域との連携であることは変わりがなく、近年急激に大きな課題となりつつあるのが学校と行政（教育委員会）との連携・協力関係の構築だということであろうか。

[主要な参考文献]
・大会要項「第8回小中一貫教育全国サミット in つくば」（2013年11月）をはじめとする、各回サミットの関係資料
・小中一貫教育全国連絡協議会「会報」創刊号〜第5号（2006年7月〜2008年5月）

3 市町村による小中一貫教育への先行的取組みの方法

　中高一貫教育については、すでに1999（平成11）年度に「中高一貫教育制度」が選択的に導入された。そのため、前述した作業部会による中高一貫教育に関する検討は、制度導入による成果や課題の検証に力点がおかれ、今後の進展を促進するため「教育課程の特例のさらなる拡充」などの具体策を指摘した。

　一方、小中一貫教育については、これまで全国的な状況の把握や支援策等について検討されてはいなかったし、もちろん制度化もされてはいない。

　けれども、広島県呉市が2000（平成12）年度から、国による研究指定をもとにした取組みを始めたことを皮切りに、全国の市町村で徐々に取組みが始まり、今や全国に多くの先行事例がみられる状況となった。

　制度的な整備が進まない中、こうした先進的な取組みを可能にする方法は次の3つである。

(1) 「研究開発学校」制度の活用

　この制度は文部省(現・文部科学省)が学校教育法施行規則第55条に基づき、1976(昭和51)年度から設けているものである。学校の教育実践の中から出てくる様々な課題等に対応するため、研究開発を行おうとする学校を「研究開発学校」に指定し、その学校には学習指導要領等の現行の基準によらない教育課程の編成・実施を認め、その実践研究を通して新しい教育課程や指導方法を開発していこうとするものである。

　2000(平成12)年度からは、各学校や地域の創意工夫をより生かすため、文部科学省が研究課題を定め、都道府県教育委員会等に指定する学校の推薦をしてもらう従来の方式を改め、学校の管理機関が主体的に研究開発課題を設定したうえで、文部科学省に申請する方式になった。

　この制度活用による先進的な取組みの代表例が広島県呉市立中央学園(呉中央小学校・呉中央中学校〈指定当時は五番町小学校・二河小学校・二河中学校。小中一貫校開校に伴い、2小統合の上、現在の校名に改称〉)で、その実践の成果は前述した2005(平成17)年10月26日の中教審答申に大きな影響を与えたとされている。

(2) 「教育課程特例校」制度の活用

　文部科学大臣が、学校教育法施行規則第55条の2に基づき、学校を指定し、学習指導要領によらない教育課程を編成して実施することを認める制度である。

　この制度は2003(平成15)年度から、構造改革特別区域制度を活用し、内閣総理大臣の認定により、学習指導要領等に基づかない教育課程の編成・実施を可能とする「構造改革特別区域開発学校」制度として始まったものである。2008(平成20)年度から、文部科学大臣が「教育課程特例校」として指定するよう手続きの簡素化等を行った。

　学校教育法施行規則第55条の2及び平成20年文部科学省告示第30号によ

れば、指定要件は次のとおりである。

① 学習指導要領等において全ての児童又は生徒に履修させる内容として定められている内容事項が、特別の教育課程において適切に扱われている。
② 総授業時数が確保されている。
③ 児童・生徒の発達段階ならびに各教科の特性に応じた内容の系統性及び体系性に配慮がなされている。
④ 保護者の経済的な負担への配慮その他の義務教育における機会均等の観点から適切な配慮がなされている。
⑤ 児童・生徒の転出入に対する配慮等の教育上必要な配慮がなされている。

この制度活用による代表的な実践例の1つとして東京都品川区の取組みがある。同区では、区独自の「小中一貫教育要領」を策定し、区内の全小中学校で9年間の系統的な学習を実施するとともに、全学年が学ぶ『市民科』の新設や小学1年からの英語教育に取り組んでいる。

(3) 制度上の特例を利用しない運用による取組み

これは前述した2つのような制度上の特例措置によらず、現行の学習指導要領が許容する範囲内で、可能な限り教育目標や教育課程等を一本化したり、運営や指導の体制を一体化することで一貫教育に取り組むものである。

現状において、こうした手法は取り組みやすい側面もあるため、例えば市内全校で取り組んでいる東京都三鷹市をはじめ、全国の多くの市区町村がとっている手法である。

第3章

アンケート調査の
結果等から見た
小中一貫校の実態

第3章　アンケート調査の結果等から見た小中一貫校の実態

　筆者は2014（平成26）年1月、全国の小中一貫教育に取り組んでいる学校を対象として、取組みの実態等に関するアンケート調査を行った。
　その調査結果の概要について以下に紹介する。

1　調査の概要

(1)　調査の方法

　調査票を対象とした学校の校長宛てに直接郵送し、回答を記述後に同封した返信用封筒で郵送していただく方法をとった。

(2)　調査対象

　筆者が調査に先立って文部科学省初等中等教育局の担当室に直接確認したところによれば、少なくとも調査時点では文部科学省も全国の小中一貫校に関する確たる情報を持っていなかった。
　そのため本調査では、まず、文部科学省中央教育審議会初等中等教育分科会（小中一貫教育推進のための学校施設部会等の関係部会、協力者会議等を含む）の会議等で配布された各種資料をもとに、小中一貫教育に取り組んでいる400校を抽出した。次いで、その中から半数の200校を無作為に抽出して調査対象とした。

(3)　調査期間

　調査は2014（平成26）年1月7日〜1月27日に実施した。

(4)　回収状況

　郵送した200校のうち、128校から回答を得た。回収率は64.0％である。

2 調査結果の概要

　調査の設問数はSQを含めて30問（うち自由記述1問）であるが、ここでは主要と思われる部分のみ、しかも基本的に単純集計結果中心の紹介にとどめる。

(1) 回答校（者）の属性等

① 回答者

　調査依頼文の中で、できるだけ校長もしくは教頭（副校長）が回答して下さるようお願いした。結果は、「教頭・副校長」が46.7％と最も多く、次いで「校長」が32.0％、「教務主任」等が13.9％の順となっている。

② 学校のある地域環境

　学校がどのような地域環境に立地しているか尋ねた。「古くからの住宅地域」と「山間部」がともに25.2％で最も多く、次いで多いのは「農業地域」の16.5％である。なお、「工業地域」は0であった（図表中「④工業地帯」は割愛した）。

③ 学校の規模（学級数）

　学校の規模を学級数でみると、「7学級～11学級」が最も多く31.5％、次いで多いのは「12学級～18学級」で28.3％である。全体を大まかにみると、11学級以下が約60％、12学級以上が約40％となっている。

④ 小中一貫教育への取組み開始年度

　開始年度は「平成21年度以降」が最も多く過半数を超える54.2％。これに大差の27.5％で「平成16～20年」が続き、この両者を合わせると8割を超える。

図表1　学校と地域の連携協働を目指す制度の導入状況（複数回答）

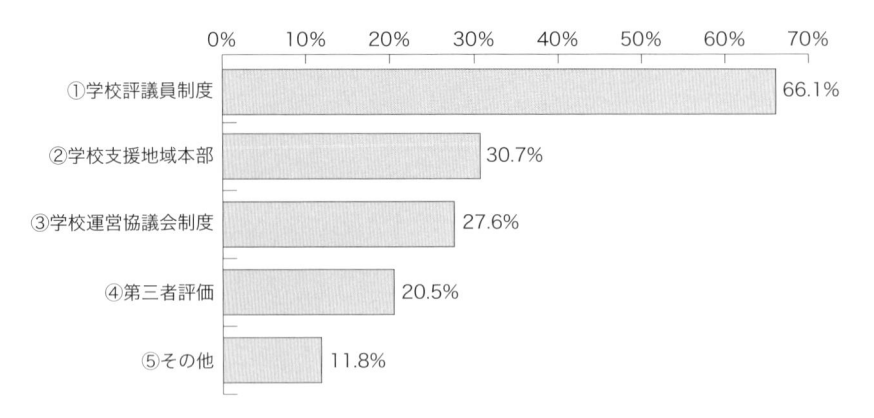

制度	割合
①学校評議員制度	66.1%
②学校支援地域本部	30.7%
③学校運営協議会制度	27.6%
④第三者評価	20.5%
⑤その他	11.8%

⑤　学校と地域の連携協働を目指す制度の導入状況

　近年、文部科学省が学校と地域の望ましい関係構築が必要だとして、教育委員会や学校に取組みを勧奨している制度や事業の導入状況を尋ねた結果（複数回答）は図表1に示すとおりである。

　最も高率なのは「学校評議員制度」で66.1％を占める。次いで「学校支援地域本部事業」が30.7％、「学校運営協議会制度」が27.6％、「第三者評価」が20.5％である。

　ここで極めて興味深いことは、文部科学省の調査によれば2013（平成25）年4月1日現在、全国の小中学校の中で「学校運営協議会制度（いわゆる「コミュニティ・スクール」）を導入している学校は僅かに1570校で、同省が当面の数値目標としている全校の1割にも遠く及ばない状況であるにもかかわらず、この調査では制度導入校が3割近いことである。

⑵　設置者たる市区町村の小中一貫教育への取組みの方針等

①　一貫教育推進にかかる方針や計画の策定状況

　図表2に見るとおり、すでに小中一貫教育に取り組んでいる学校の設置者たる市区町村教育委員会でも、推進方針や計画等を策定済みなのは7割強にとどまることは興味深い。

② 教育委員会による９年間の教育課程編成方針策定の有無

　教育委員会が小中一貫教育による９年間にわたる教育課程編成の方針を策定して学校に示し、その実施を支援・指導しているか否かについては、「策定している」が47.1％にとどまり、学校に任せっぱなしの教育委員会が多いらしいことは注目すべきことである。

(3) 各校における一貫教育への取組みの状況－小中共通－

① 小中一貫教育に取り組むねらい

　小中一貫教育に取り組むねらいについては、図表３に見るとおり「学習指導

図表２　市区町村教育委員会による一貫教育推進方針・計画の策定状況

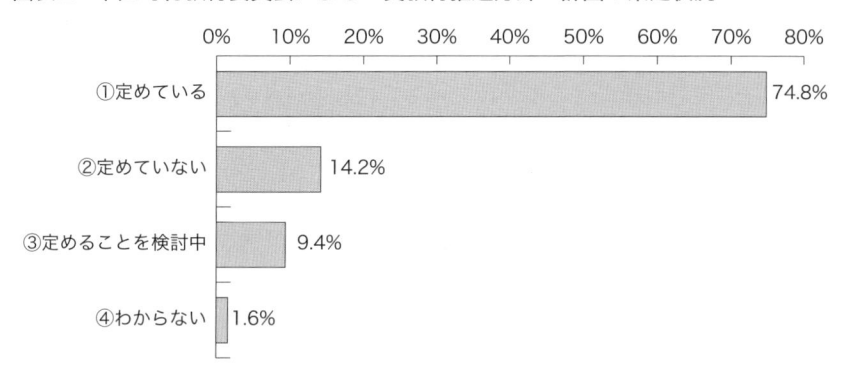

①定めている	74.8%
②定めていない	14.2%
③定めることを検討中	9.4%
④わからない	1.6%

図表３　小中一貫教育に取り組むねらい

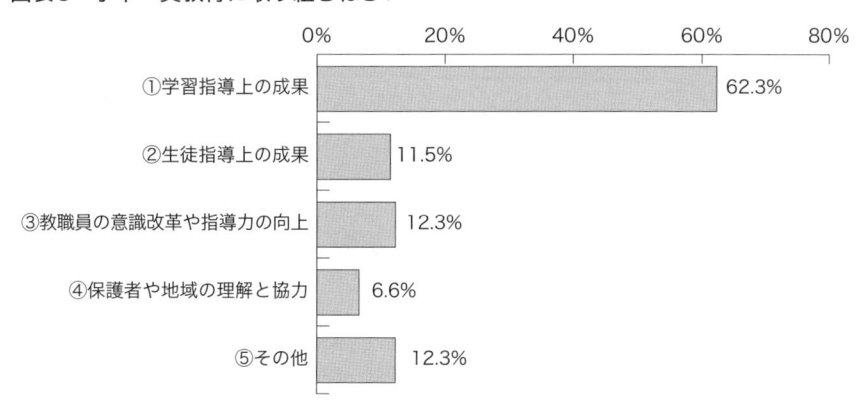

①学習指導上の成果	62.3%
②生徒指導上の成果	11.5%
③教職員の意識改革や指導力の向上	12.3%
④保護者や地域の理解と協力	6.6%
⑤その他	12.3%

上の成果」が60％を超えて圧倒的に多い。これに「教職員の意識改革や指導力の向上」「生徒指導上の成果」の順で続くが、ともに10％を僅かに超える程度に過ぎない。

この「学習指導上の成果」が突出している結果は、文部科学省が2010（平成22）年11月に全国の都道府県及び市町村の教育委員会を対象として実施した「小学校と中学校との連携についての実態調査」で、「小・中連携を進めようとするねらい」を尋ねたのに対し、「学習指導上の成果を上げるため」と「生徒指導上の成果をあげるため」が共に90％強であることと対比すると、かなり興味深いことだと思われる。もっとも、文部科学省の調査は複数回答であるから、単純に比較することは問題があるかもしれない。

また、このねらいを学校が立地する地域環境別にみると、**図表4**に示すとおり「学習指導上の成果をあげる」が7割前後と高いのは「農業地域」「漁業地域」「古くからの住宅地域」にある学校である。逆に全体平均よりやや低率と思われるのは、「新しい住宅地域」「商業地域」に立地する学校である。

「商業地域」では「生徒指導上の成果」が他地域より高率であり、「漁業地域」

図表4　地域環境×一貫教育のねらい（クロス集計）

	①学習指導上の成果をあげる	②生徒指導上の成果をあげる	③教職員の意識改革や指導力の向上をはかる	④学校に対する保護者や地域の理解と協力を得る	⑤その他
①古くからの住宅地域	67%	13%	10%		10%
②新しい住宅地域	44%	11%	22%	11%	11%
③商業地域	50%	20%	10%		20%
⑤農業地域	71%	6%	6%	12%	6%
⑥漁業地域	67%		22%		11%
⑦山間部	60%	12%	8%	16%	4%
⑧その他	44%		33%	11%	11%

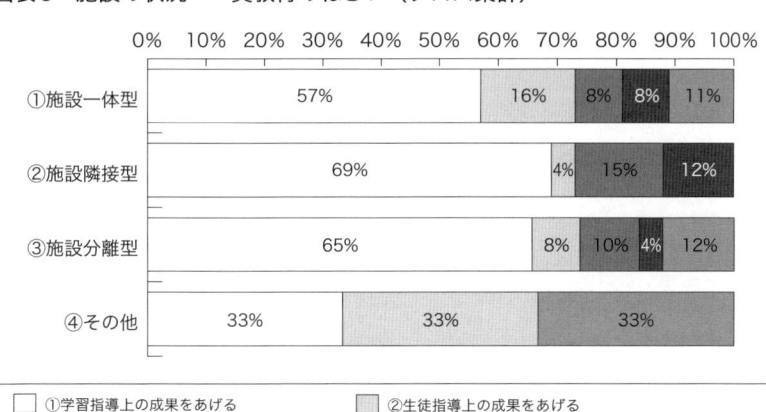

図表5　施設の状況×一貫教育のねらい（クロス集計）

	①学習指導上の成果をあげる	②生徒指導上の成果をあげる	③教職員の意識改革や指導力の向上をはかる	④学校に対する保護者や地域の理解と協力を得る	⑤その他
①施設一体型	57%	16%	8%	8%	11%
②施設隣接型	69%		4%	15%	12%
③施設分離型	65%	8%	10%	4%	12%
④その他	33%	33%	33%		

と「新しい住宅地域」では「教職員の意識改革や指導力の向上をはかる」の占める割合が他よりも高いことが目立っている。

さらに、施設の状況とクロスしてみると図表5のとおりである。これによれば、施設隣接型では「学習指導上の成果をあげる」が最も多く69％と圧倒的な高率を占める。施設分離型でも最も多いのは「学習指導上の成果をあげる」の65％である。一方で、施設一体型では「学習指導上の成果をあげる」が他の2類型よりも低く、逆に「生徒指導上の成果をあげる」が16％になっていることは興味深いことである。

②　文部科学省等による特例措置指定（認可）の有無

既に繰り返し述べたとおり、小中一貫教育に関する法制度が未整備であるため、学習指導要領等の枠組を超える取組みのためには、特例的な扱いが必要である。このことについては、図表6にみるとおり「指定を受けたことはない」が51.2％で、現行制度の枠内での取組みが最も多い。指定を受けている場合は「教育課程特例校」が最も多く24.0％、ついで「研究開発学校」が多い。

図表6　文科省等による特例措置指定の有無（複数回答）

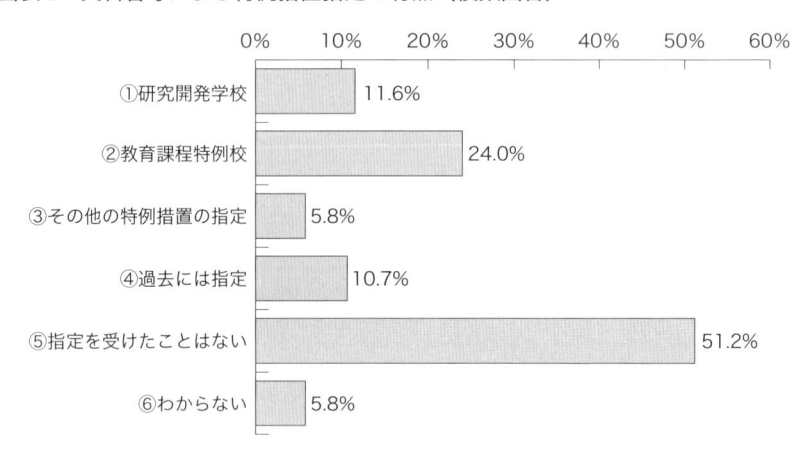

項目	割合
①研究開発学校	11.6%
②教育課程特例校	24.0%
③その他の特例措置の指定	5.8%
④過去には指定	10.7%
⑤指定を受けたことはない	51.2%
⑥わからない	5.8%

③　小中一貫教育校としての諸状況

(ア)　校種の組み合わせ

実施している小中一貫教育における校種の組み合わせは、「小・中の一貫」が80.5％で圧倒的に多く、これに「幼保・小・中の一貫」が12.2％で続く。

(イ)　一貫校としての学年区分

学年区分については、今回の調査によれば「4・3・2」がほぼ半数の49.1％で最も高い割合を占める。次いで多いのが「6・3」であること、そして他にも実に多くの学年区分で取り組まれていることは注目する必要がある。

今後は、こうした学年区分別取組みのプラスとマイナス、あるいはそれぞれの課題等について丁寧に分析検討をする必要があると思われる。

(ウ)　一貫校としての施設の状況

一貫校による取組みは、当然のことながら施設の状況により大きく違ってくる。

このことに関する調査結果は、図表7に示すとおり「施設分散型」が最も多く41.5％を占める。次いで「施設一体型」が35.0％で続く。さらに、「施設隣接型」は21.1％である。

施設の状況を学校が立地する地域環境とクロス集計した結果が図表8である。これで見ると、「施設一体型」が多いのは「新しい住宅地域」と「山間部」

2 調査結果の概要

図表7 小中一貫教育の施設の状況

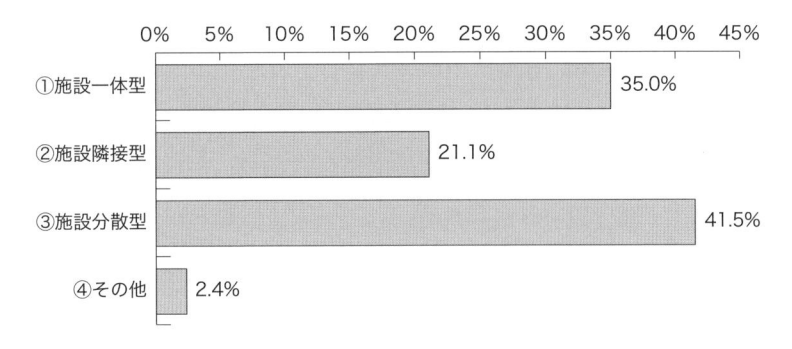

区分	割合
①施設一体型	35.0%
②施設隣接型	21.1%
③施設分散型	41.5%
④その他	2.4%

図表8 地域環境×施設の状況（クロス集計）

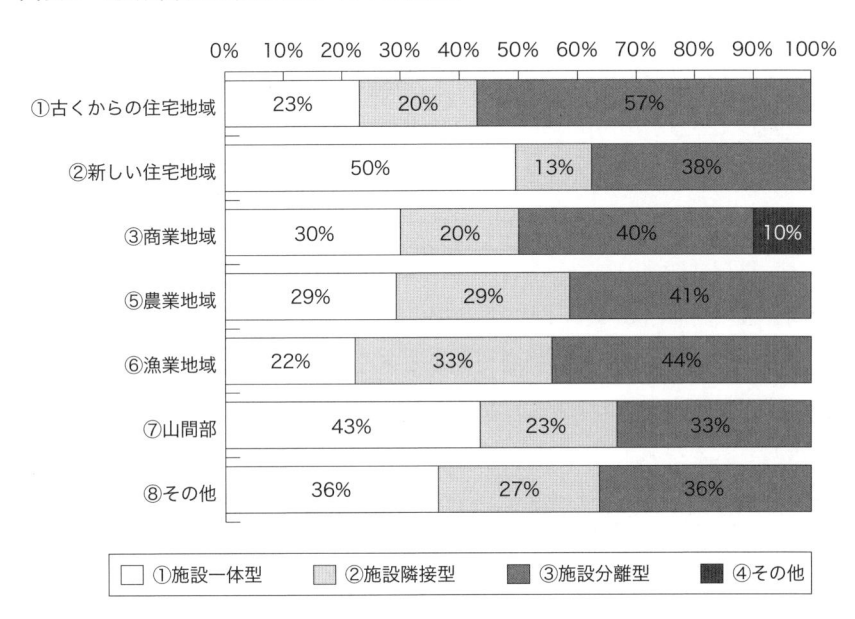

地域	①施設一体型	②施設隣接型	③施設分離型	④その他
①古くからの住宅地域	23%	20%	57%	
②新しい住宅地域	50%	13%	38%	
③商業地域	30%	20%	40%	10%
⑤農業地域	29%	29%	41%	
⑥漁業地域	22%	33%	44%	
⑦山間部	43%	23%	33%	
⑧その他	36%	27%	36%	

である。

　これは、新しい住宅地造りに当たり学校を新築する際には、新しい発想に基づく教育でしっかりした子育てをという積極的な考え方と、一方では近い将来避けがたいと想定される少子化対応として一体型校舎の建築ということであろうか。一方、山間部では、既に進行した過疎化等に伴う学校統廃合への対応策

の1つとして、一体型校舎が選択されたということであろう。

また、「施設分離型」は「古くからの住宅地域」が57％、以下「漁業地域」、「農業地域」、「商業地域」が共に40％台で続いている

(エ)　小中一貫教育を推進する組織の有無とその構成メンバー

小中一貫教育推進組織を「小・中合同でつくっている」が66.7％で最も多い。「校内組織」のみは12.2％にとどまる。

そして、この「両組織を作っている」は14.6％である。

また、合同組織の構成メンバーについて複数回答方式で尋ねると、「校長」「教頭」「教務主任」の3名は必須で、その他に「研究部主任」や「生徒指導部主任」をメンバーとしている事例が多い。さらに「小中一貫（連携）教育主任」を校務分掌に位置づけ、こうした会議のメンバーとしている学校も29.7％あった。

興味深いのは、保護者や地域住民等と連携協力しながら新設教科等の教育活動を展開している事例が全国的に多いにもかかわらず、そうした人々との窓口役を担うと思われる「渉外部主任」をメンバーとしているのは僅かに4.0％に過ぎないことである。

(オ)　一貫教育推進のための小・中合同組織での主要な審議案件

合同会議の開催回数は、「5回以下」が38.8％と最も高い割合を占め、次いで「6〜10回」が31.6％で、この両者で7割強を占める。ただし、「11回〜15回」が18.4、「21回以上」も7.1％あるのはやや驚きだが、これらは施設一体型一貫校の例であろうか。

その会議で話し合う主な案件については図表9に示すとおりで、「それぞれの教育方針の確認と共通理解」と「行事などの調整」がともに8割を超えて圧倒的に多い。次いで、「学習指導に関する情報交換」、「児童生徒の交流学習など」の順となっている。

(カ)　小・中学校全教職員による合同研修会開催の回数や主な研修内容

小中一貫教育校として全教職員合同の研修会を開催しているか否かについては、「行っている」と答えた学校が91.9％で圧倒的に多い。

また、研修会の年間開催回数については、「5回以下」が最も多く62.7％を

占める。次いで、大差がついて「6～10回」が18.2%、「11～15回」が8.2%で続いている。

さらに、こうした研修会での主な研修内容（複数回答）は**図表10**に示すとおりで、「学習指導に関すること」が最も多く89.6%である。次いで多いのは「小中連携の必要性やその在り方に関すること」であるが60.0%と大きく差がつき、「生徒指導に関すること」は58.3%とさらに低下する結果となっている。

図表9　小中合同の会議で話し合う主な案件（複数回答）

項目	割合
①それぞれの教育方針の確認と共通理解	86.5%
②行事などの調整	81.7%
③児童生徒の現状把握や理解について	54.8%
④学習指導に関する情報交換	63.5%
⑤乗り入れ授業など	46.2%
⑥児童生徒の交流学習など	56.7%
⑦保護者や地域に関する情報交換	34.6%
⑧その他	8.7%

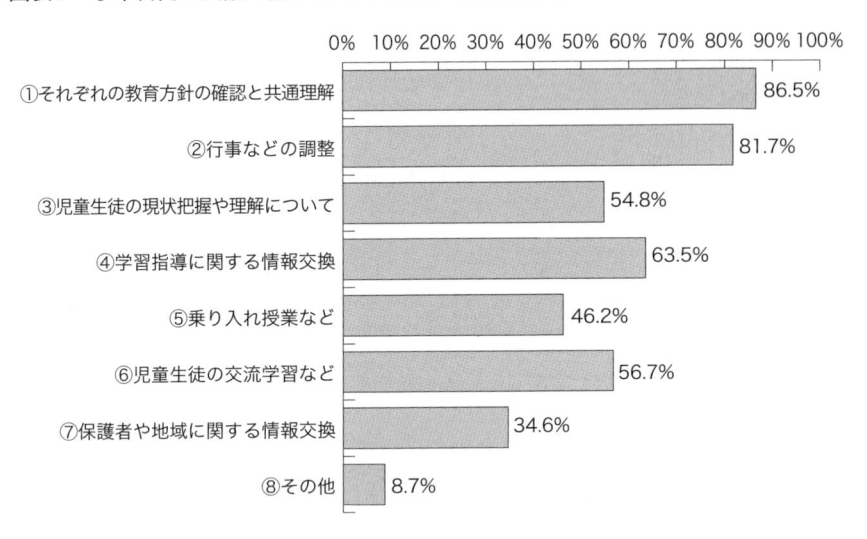

図表10　小中合同研修会で扱われる主な内容（複数回答）

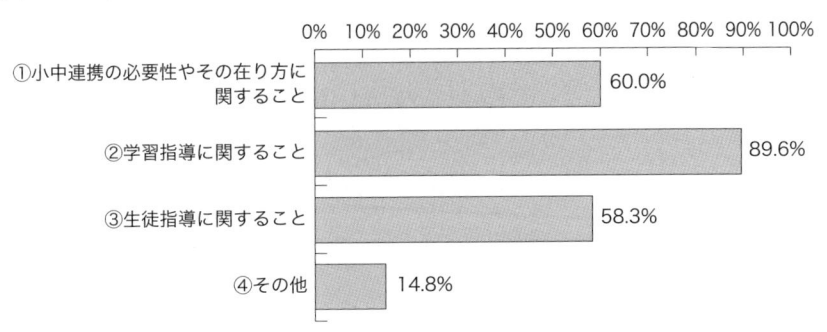

項目	割合
①小中連携の必要性やその在り方に関すること	60.0%
②学習指導に関すること	89.6%
③生徒指導に関すること	58.3%
④その他	14.8%

④ 校種別に見た小中一貫教育への取組み状況

A －小学校のみ－

(ア) 小学校における教科担任制の採否－小学校のみ－

前述したとおり、小学校と中学校との大きな相違点である、教科担任制を小学校で「実施している」としたのは63.1％であり、「実施していない」は36.9％である。

(イ) 中学校との間で実施している児童生徒の交流活動の主な内容（複数回答）

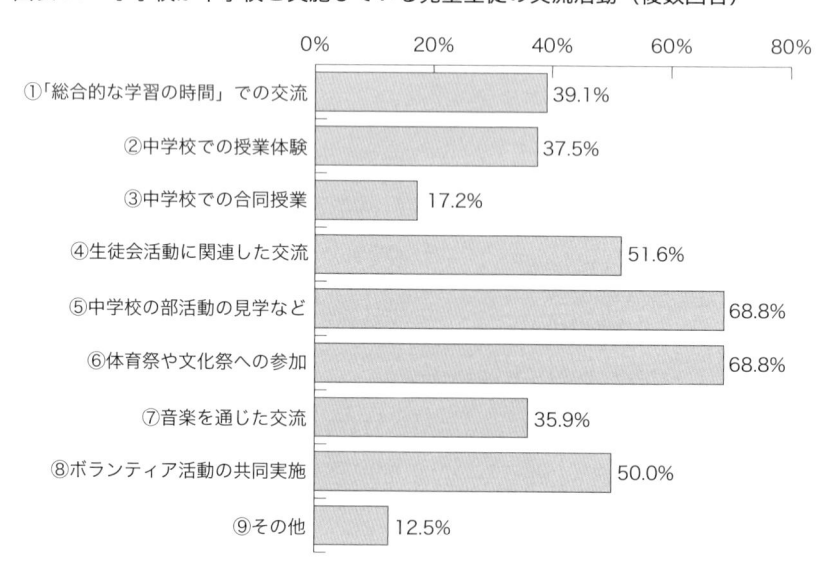

小学校が中学校との間で行う児童生徒の交流活動の主な内容は図表11に示すとおり、「中学校の部活動の見学など」と「体育祭や文化祭への参加」が共に68.8％で最も多く、次いで「生徒会活動に関連した交流」が51.6％、僅差の50.0％で「ボランティア活動の共同実施」という順で続いている。

このように部活動やボランティア活動等、課外で行う体験的な交流活動に取り組んでいる小学校が多い。これに対し、「『総合的な学習の時間』での交流」は39.1％、「中学校での授業体験」は37.5％、「中学校での合同授業」は17.2％にとどまるなど、学習指導に関連する交流は決して多くはないことに注目しておきたい。

図表11 小学校が中学校と実施している児童生徒の交流活動（複数回答）

項目	割合
①「総合的な学習の時間」での交流	39.1％
②中学校での授業体験	37.5％
③中学校での合同授業	17.2％
④生徒会活動に関連した交流	51.6％
⑤中学校の部活動の見学など	68.8％
⑥体育祭や文化祭への参加	68.8％
⑦音楽を通じた交流	35.9％
⑧ボランティア活動の共同実施	50.0％
⑨その他	12.5％

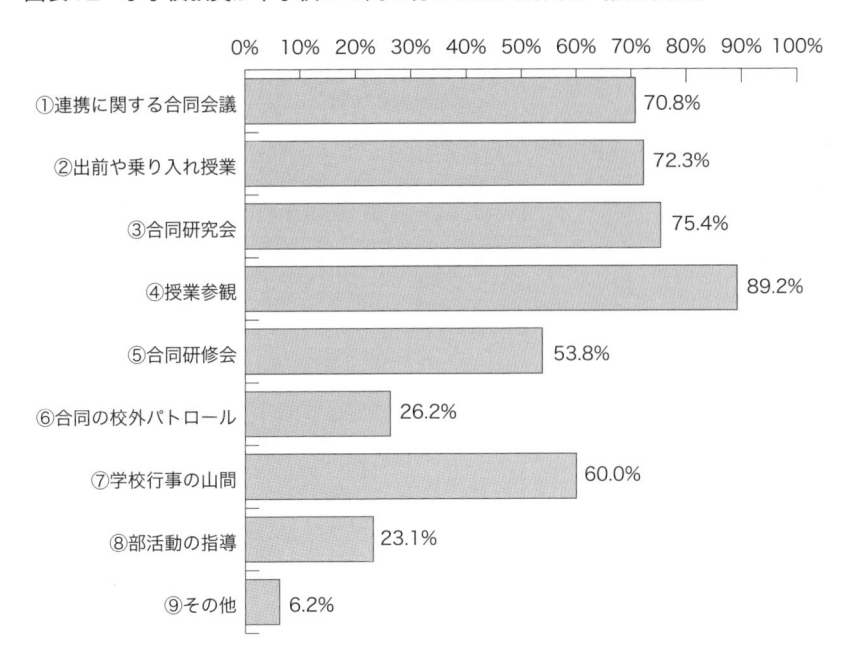

図表12　小学校教員が中学校との間で行う主な人的交流（複数回答）

項目	割合
①連携に関する合同会議	70.8%
②出前や乗り入れ授業	72.3%
③合同研究会	75.4%
④授業参観	89.2%
⑤合同研修会	53.8%
⑥合同の校外パトロール	26.2%
⑦学校行事の山間	60.0%
⑧部活動の指導	23.1%
⑨その他	6.2%

(ウ)　小学校教員が中学校との間で行っている主な人的交流活動（複数回答）

図表12に示すとおり、教職員の交流活動で最も高い比率を占めるのは学習指導に直結する「授業参観」で89.2％、次いで「合同研究会」が75.4％、「出前や乗り入れ授業」が72.3％と、いずれもかなり高い割合である。「連携に関する合同会議」は70.8％である。

逆に、校外や課外の活動である、「合同の校外パトロール」は26.2％、「部活動の指導」は23.1％といずれも低率にとどまっている。

B　－中学校のみ－

(ア)　中学校が小学校との間で行っている児童生徒の交流活動の主な内容

中学校が小学校との間で取り組んでいる児童生徒の交流活動の内容は、**図表13**に示すとおりである。これによれば、「体育祭や文化祭への参加など」が最も高率を占め70.0％、次いで「生徒会活動に関連した交流」が61.3％で続い

図表13　中学校が小学校と実施している児童生徒の交流活動（複数回答）

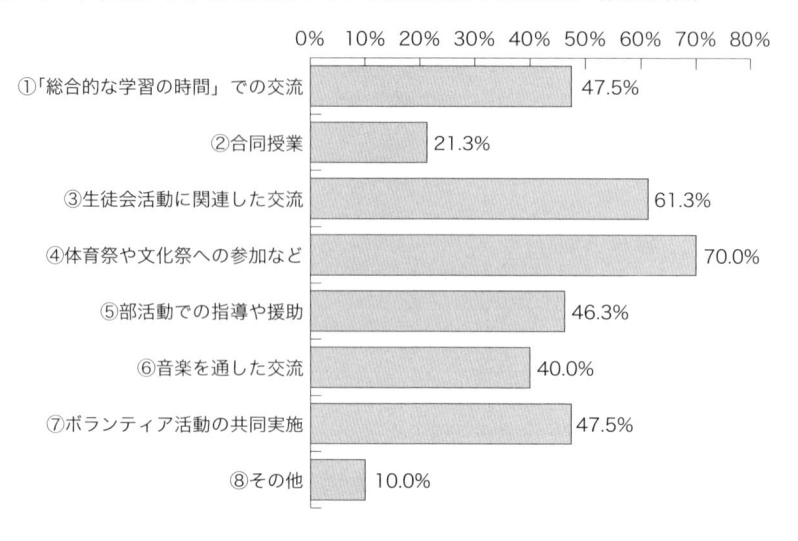

項目	割合
①「総合的な学習の時間」での交流	47.5%
②合同授業	21.3%
③生徒会活動に関連した交流	61.3%
④体育祭や文化祭への参加など	70.0%
⑤部活動での指導や援助	46.3%
⑥音楽を通した交流	40.0%
⑦ボランティア活動の共同実施	47.5%
⑧その他	10.0%

ている。

(イ)　中学校が小学校との間で実施している教職員の人的交流活動の主な内容（複数回答）

中学校が行っている教職員の人的な交流活動としては、「合同研修会」が85.9％で最も多く、以下に僅差で「授業参観」が80.8％、「連携に関する合同会議」が78.2％、「出前や乗り入れ授業」が70.5％の順で続いている。一方、授業に関連した活動としては「『総合的な学習の時間』での交流」が47.5％、「合同授業」が21.3％にとどまるなど、傾向としては小学校と類似しているようにも見える。

また、「部活動の指導」は35％であるが、「合同の校外パトロール」は24.4％に過ぎない。

C　兼務発令の有無－小・中共通－

小中一貫教育による取組みの「目玉」にされることも多い、いわゆる「乗り入れ授業」など異校種での授業をする際に必要な兼務発令の有無については、「発令は行われない」が36.1％で最も多い。けれども、「全教員が兼務発令を

受ける」が32.0％あり、これに「異校種で授業する教員のみが兼務発令を受ける」の28.7％を合わせると60％を超え、かなり状況に応じた対応策が講じられつつあるように思われる。

⑤ 小中一貫教育の中で学力向上策としての取組みの有無（複数回答）
－小中共通－

前述したように、関係者の小中一貫教育に取り組む最大のねらいが、学力向上にあることは疑う余地がないと思われる。そこで、小中一貫教育の中で学力向上策として想定されることに取り組んでいるか否かを、ストレートに尋ねた結果が図表14に示したとおりである。

これによれば、最も多く取り組まれているのは、「小中の教員が相互に授業参観」で実に95.2％を占める。次いで多いのは「小中合同で、指導のカリキュラムを検討する」と「他校種の教員がTTとして授業」で約70％ある。

図表14　学力向上を目指した取組の有無（複数回答）

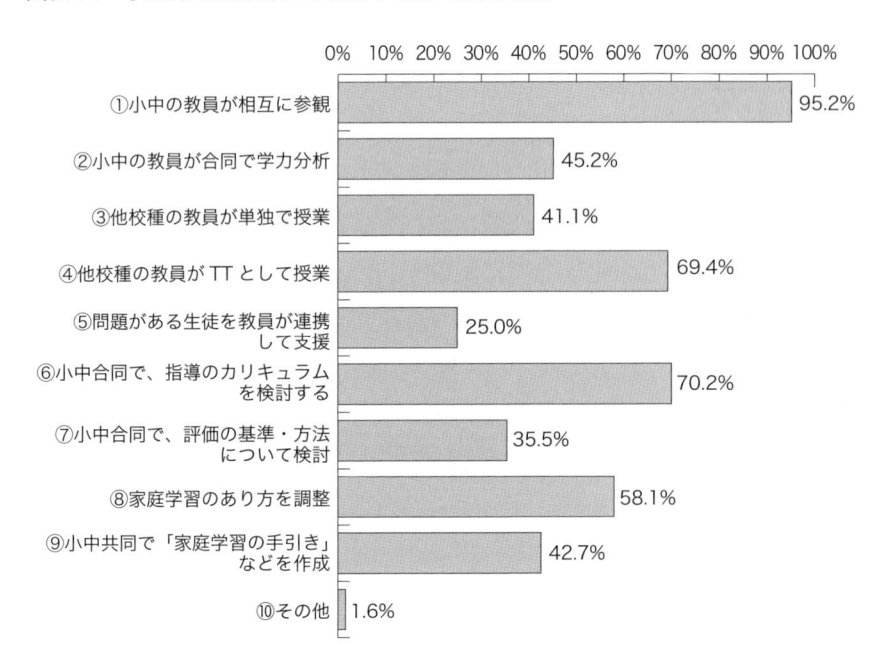

項目	割合
①小中の教員が相互に参観	95.2%
②小中の教員が合同で学力分析	45.2%
③他校種の教員が単独で授業	41.1%
④他校種の教員がTTとして授業	69.4%
⑤問題がある生徒を教員が連携して支援	25.0%
⑥小中合同で、指導のカリキュラムを検討する	70.2%
⑦小中合同で、評価の基準・方法について検討	35.5%
⑧家庭学習のあり方を調整	58.1%
⑨小中共同で「家庭学習の手引き」などを作成	42.7%
⑩その他	1.6%

さらに、学校での取組みだけではなく、「家庭学習のあり方を調整」が58.1％、「小中共同で『家庭学習の手引き』などを作成」も42.7％を占めることは極めて興味深いことである。

⑥　小中一貫教育の取組み成果に対する評価

前述した「小中一貫教育に取り組むねらい」の4項目に即し、その成果に対する評価について尋ねた結果を整理しておくことにする。

㋐　「学習指導上の成果」について

学習指導上の成果については、**図表15**に示すとおり、4段階評価中のトップ「大いにあった」は36.6％にとどまるが、「少しはあった」の54.5％を合わせると9割を超える。

これを学校が立地する地域環境とクロス集計した結果が**図表16**である。

これによれば、最も高い評価をしているのは「新しい住宅地域」で「大いにあった」が56％で、「少しはあった」を合わせると100％である。次いで「山間部」は「大いにあった」が50％、「少しはあった」を合わせると93％を占める。

逆に「大いにあった」との高い評価が少なかったのは「漁業地域」の11％、「商業地域」の20％、「古くからの住宅」の23％であるが、これらも「少しはあった」を合わせると100％、83％を占める。

さらに、施設の状況別に見たのが**図表17**で、最も高い評価をしているのは

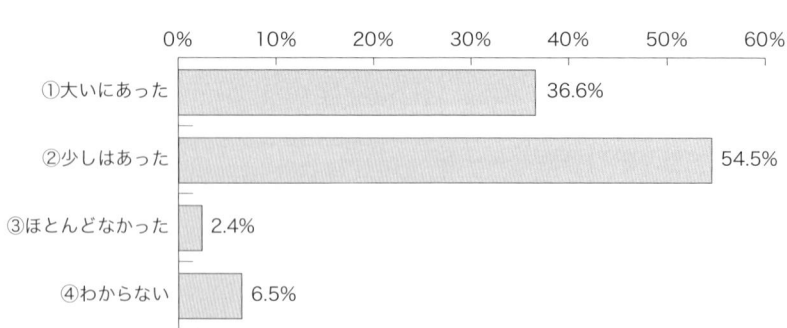

図表15　小中一貫教育によるの学習指導上の成果（評価）

①大いにあった	36.6%
②少しはあった	54.5%
③ほとんどなかった	2.4%
④わからない	6.5%

2 調査結果の概要

「施設一体型」で「大いにあった」が48％と他に比べて約15％ほど高率であり、これに「少しはあった」を合わせると9割を超える。

図表16　地域環境×学習指導上の成果（クロス集計）

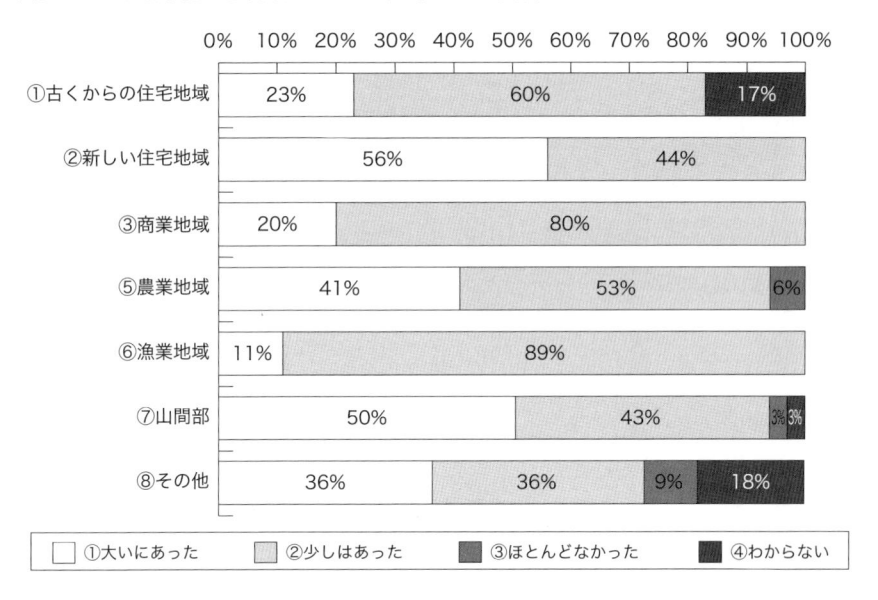

地域環境	①大いにあった	②少しはあった	③ほとんどなかった	④わからない
①古くからの住宅地域	23%	60%		17%
②新しい住宅地域	56%	44%		
③商業地域	20%	80%		
⑤農業地域	41%	53%		6%
⑥漁業地域	11%	89%		
⑦山間部	50%	43%	3%	3%
⑧その他	36%	36%	9%	18%

図表17　施設の状況×学習指導上の成果（クロス集計）

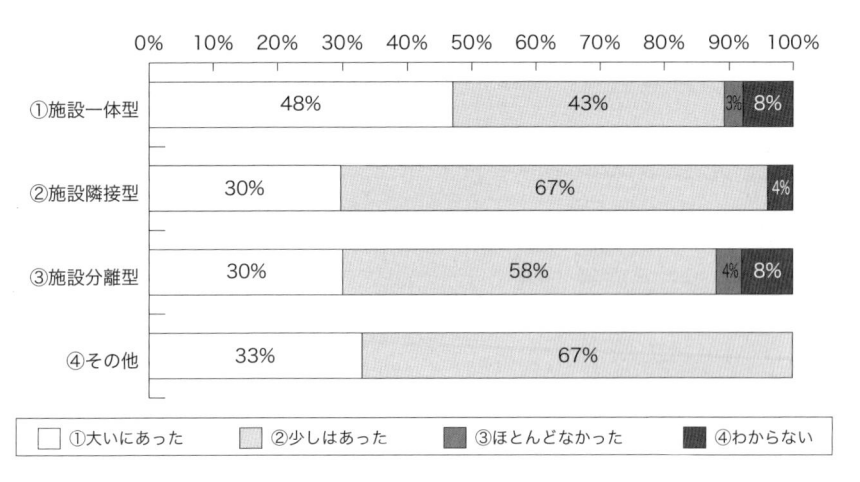

施設の状況	①大いにあった	②少しはあった	③ほとんどなかった	④わからない
①施設一体型	48%	43%	3%	8%
②施設隣接型	30%	67%		4%
③施設分離型	30%	58%	4%	8%
④その他	33%	67%		

第3章 アンケート調査の結果等から見た小中一貫校の実態

(イ)「生徒指導上の成果」について

　生徒指導上の評価については、図表18に示すとおりである。設問4項目で唯一「大いにあった」が最も多い51.2%を占め、「少しはあった」を合わせると実に95%を超えることは注目すべき結果である。

　これを地域環境別に見たのが図表19で、「大いにあった」が最も高率を占

図表18　小中一貫教育による生徒指導上の成果（評価）

項目	割合
①大いにあった	51.2%
②少しはあった	43.9%
③ほとんどなかった	1.6%
④わからない	3.3%

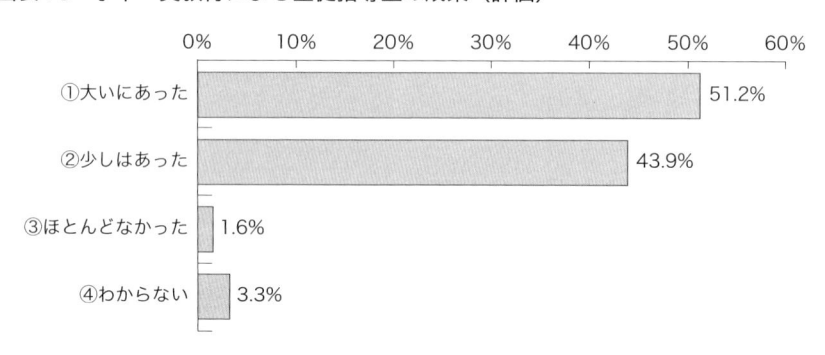

図表19　地域環境×生徒指導上の成果（クロス集計）

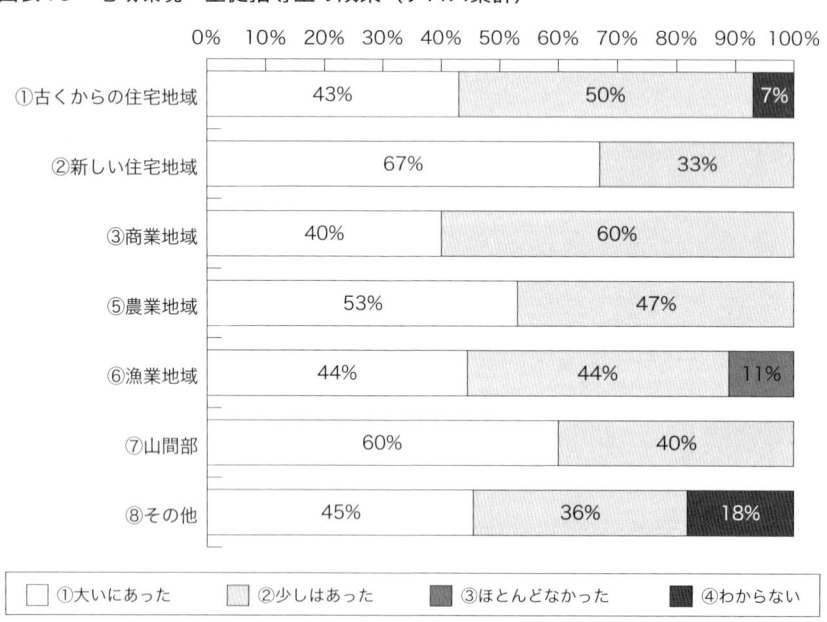

地域	①大いにあった	②少しはあった	③ほとんどなかった	④わからない
①古くからの住宅地域	43%	50%		7%
②新しい住宅地域	67%	33%		
③商業地域	40%	60%		
⑤農業地域	53%	47%		
⑥漁業地域	44%	44%		11%
⑦山間部	60%	40%		
⑧その他	45%	36%		18%

めたのは「古くからの住宅地域」で実に67％、次いで「山間部」の60％で、この両者とも「少しはあった」を合わせると100％である。

さらに、施設の状況別で見ると**図表20**に示すとおりで、成果は「大いにあった」が最も高率なのは「施設一体型」の60％、次いで「施設隣接型」の59％である。

(ウ)　小中一貫教育による教職員の意識改革や指導力の向上に関する成果

小中一貫教育の成否を決するのは、取組みの主役である教職員の意識改革ができるか否かにかかっている、と指摘されることが多い。

しかし、**図表21**に示す調査結果で見る限り、この面での取組成果に対する

図表20　施設の状況×生徒指導上の成果（クロス集計）

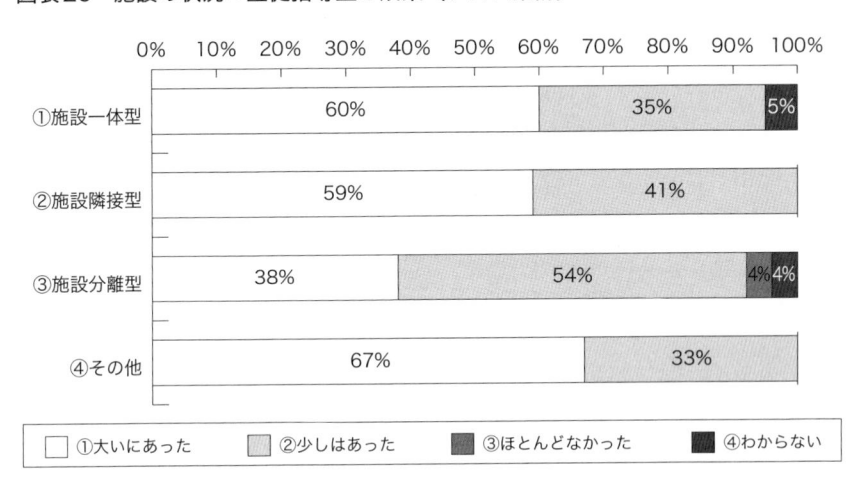

施設の状況	①大いにあった	②少しはあった	③ほとんどなかった	④わからない
①施設一体型	60%	35%		5%
②施設隣接型	59%	41%		
③施設分離型	38%	54%	4%	4%
④その他	67%	33%		

図表21　小中一貫教育による教職員職員の意識改革等の成果（評価）

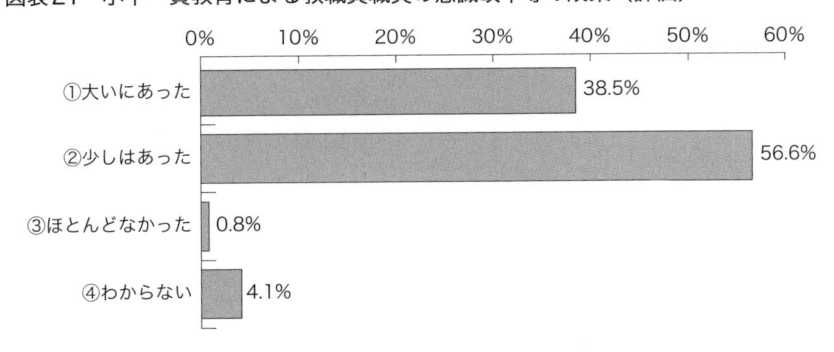

①大いにあった	38.5%
②少しはあった	56.6%
③ほとんどなかった	0.8%
④わからない	4.1%

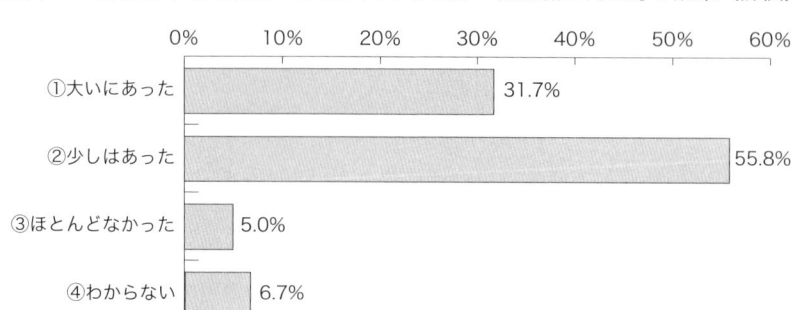

図表22　保護者や地域住民の学校に対する理解・協力度の向上等の成果（評価）

①大いにあった	31.7%
②少しはあった	55.8%
③ほとんどなかった	5.0%
④わからない	6.7%

校長・教頭らの評価はやや微妙でもあるが、好評価のようにも思われる。すなわち、「大いにあった」は38.5％と学習指導上の成果に対する評価を僅かに上回る程度であるが、「少しはあった」は4項目中最も高い56.6％を占め、「ほとんどなかった」は逆に最も低率の0.8％に過ぎないからである。

(エ)　小中一貫教育による保護者や地域住民による理解・協力に関する成果

小中一貫教育の取組事例を見ると、地域について学ぶなどの新教科を創設した場合には、その実施に当たり学校と保護者や地域住民が密接な連携協力している場合が多い。そうした取組みを通じて、保護者や地域住民の学校に対する理解が深まり、協力する姿勢等がさらに確固たるものになったかどうかについての評価を尋ねたものである。

調査の結果は図表22に示すとおりで、「おおいにあった」は31.7％にとどまるが、「少しはあった」の55.8％を合わせると87％以上になる。

⑦　小中一貫教育をさらに推進するために解決すべき課題（答えは3つ）

前述した評価を踏まえて、小中一貫教育をさらに推進するために解決すべき今後の課題について尋ねた結果が図表23である。

これによれば、最も高率なのは「打ち合わせや研修時間の確保が困難」で65.3％、次いで「業務量が増加し、人的資源面での支援が必要」が44.6％、これに「小中教員による交換授業は、中学校側の負担が大きくなる」も

2 調査結果の概要

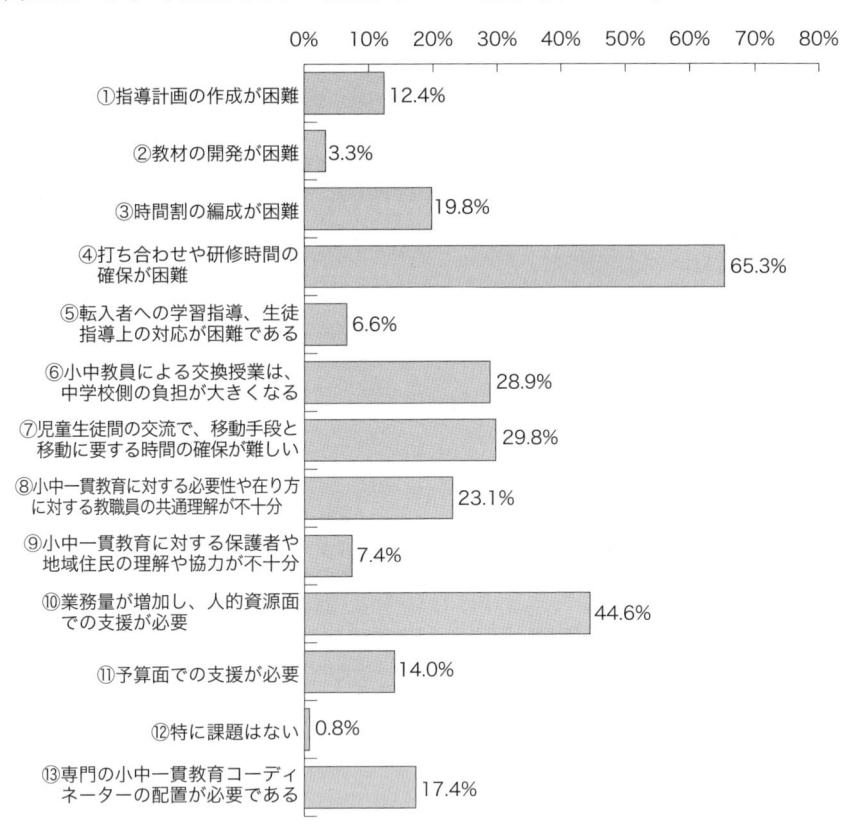

図表23 小中一貫教育をさらに推進するための課題（答えは3つ）

項目	割合
①指導計画の作成が困難	12.4%
②教材の開発が困難	3.3%
③時間割の編成が困難	19.8%
④打ち合わせや研修時間の確保が困難	65.3%
⑤転入者への学習指導、生徒指導上の対応が困難である	6.6%
⑥小中教員による交換授業は、中学校側の負担が大きくなる	28.9%
⑦児童生徒間の交流で、移動手段と移動に要する時間の確保が難しい	29.8%
⑧小中一貫教育に対する必要性や在り方に対する教職員の共通理解が不十分	23.1%
⑨小中一貫教育に対する保護者や地域住民の理解や協力が不十分	7.4%
⑩業務量が増加し、人的資源面での支援が必要	44.6%
⑪予算面での支援が必要	14.0%
⑫特に課題はない	0.8%
⑬専門の小中一貫教育コーディネーターの配置が必要である	17.4%

　28.9％を占める結果を合わせ考えれば、最大の課題が教職員の業務量、換言すればマンパワーの確保であることは明確である。こうした教職員の負担軽減策として有効だと考えられているのが「専門の小中一貫教育コーディネーターの配置が必要」であろう。

　この他に、約30％を占める「児童生徒間の交流で、移動手段と移動に要する時間の確保が難しい」や「小中一貫教育に対する必要性や在り方に対する教職員の共通理解が不十分」もかなり解決困難な課題であろう。

　これを施設の状況とクロス集計した結果を示したのが**図表24**である。

　施設の状況により具体的な取組内容が違うことを反映してか、それぞれに課

第3章 アンケート調査の結果等から見た小中一貫校の実態

図表24　施設の状況×推進のための課題（クロス集計）

	①指導計画の作成が困難	②教材の開発が困難	③時間割の編成が困難	④教職員間での打ち合わせ、研修時間の確保が困難	⑤転入者への学習指導、生徒指導の対応が困難	⑥小中教員による交換授業で中学校側の負担が大きい	⑦生徒間の交流で移動手段の確保が難しい	⑧専任のコーディネーターの配置が必要である	⑨一貫教育の必要性やあり方に対する教職員の共通理解が不十分	⑩一貫教育に対する保護者や地域住民の理解や協力が不十分	⑪業務量が増加し人的資源が必要	⑫予算面の支援が必要	⑬その他	⑭特に課題はない
①施設一体型	2%	4%	12%	22%	3%	10%	4%	4%	7%	2%	20%	7%	2%	
②施設隣接型	3%	3%	9%	23%	4%	17%	4%	7%	9%	3%	16%	3%	1%	1%
③施設分離型	1%	6%	4%	25%	1%	8%	19%	8%	8%	3%	13%	3%		
④その他				33%		22%			33%		11%			

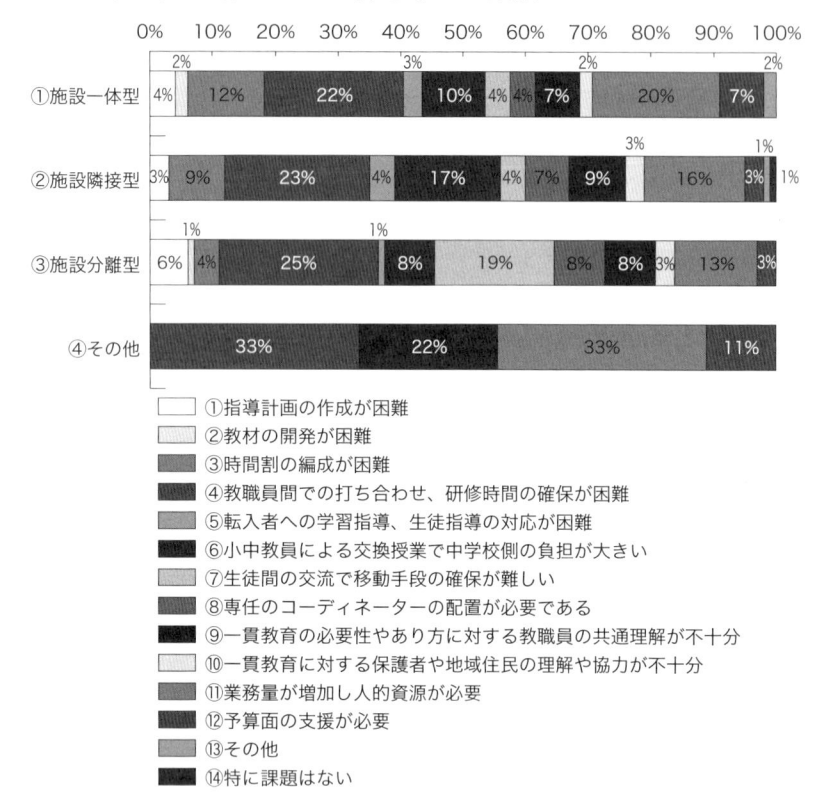

題としての軽重に差が見られるようである。

　すなわち、「施設一体型」では、小中一貫教育の取組みメニューがかなり多くなっているせいか、同じ施設内で仕事をしている教職員の「打ち合わせや研修時間の確保」が予想ほど容易になっていないこと、「時間割の編成が困難」と「業務量が増加し人的資源が必要」も他の型より高率であることなどが目立っている。

　また、施設分離型と施設隣接型とも「教職員間での打ち合わせ、研修時間の確保が困難」の占める割合が施設一体型よりやや高い点は共通しているが、施設隣接型では「小中教員による交換授業で中学校側の負担が大きい」の割合が3つの施設型で最も高率を占めるのに対し、施設分離型では「生徒間の交流で移動手段の確保が難しい」が19％、の高率であることなどが異なる。

第4章

特に注目すべき取組み事例

私は小中一貫教育に強い関心を持ち始めてから、この５年余りの間、沖縄から北海道まで多くの市町村を訪ね、教育委員会や学校関係者のご協力をいただきながら、参考資料の収集と聞き取り調査を行ってきた。

　調査の対象とした事例は、取組み開始後かなりの年月を経た事例もあれば、取組みを始めてまだ数年、あるいは構想や準備作業の段階を経て2014（平成26）年４月１日から本格実施したものまで様々であった。

　そして、これら聞き取り調査をした事例は、いずれも多くの点で興味深い取組みをしていた。また、関係者が抱く子どもたちと学校や地域の将来に対する熱い思いを強く印象付けられることが多く、「単なる学校統廃合の手段に過ぎない」などという短絡した一面的な批判をしてはならない、との自戒の念を一層強くさせられた。

　本書では、こうした取組みの中から、例えば基本構想や基本方針が幅広いメンバーにより時間をかけた論議を通じて策定されていること、これまでの取組みの経過がきちんと整理され資料等により確認できること、今後大きな課題になると思われることに積極的に取り組んでいること、地域や学校のおかれた状況に合わせた特色ある取組みをしている、などの点で私が特に注目すべきだと考える事例を取りあげ、その概要を紹介させていただくことにした。

　私は関係者のご協力により、ここで取り上げた以外にも多くの優れた取組み事例について学ぶ機会を得たが、紙数の関係もあり割愛せざるを得なかったことをお詫び申し上げたい。

　なお、各取組みがそれぞれの実情に応じ創意工夫をこらしながら、様々に展開されている実態からすれば、実施形態を截然と分けることは極めて困難だと考える。

　けれども、以下の事例紹介は、便宜上あえて次のように「施設中心」と「学年区分」の２つに大別して記述することとする。

1 実施形態Ⅰ−施設を中心にして（施設一体型）

(1) 奈良県奈良市−数年後の全市展開を目指したモデル事業として−

① 奈良市の概況

　奈良市は奈良県の北部に位置し、奈良時代に平城京がおかれるなど、文字どおり日本の代表的な古都である。

　現在の奈良市は、県の北部一帯を占め、県庁所在都市である。市域は東西に広く、東部の山間地、多くの文化財がある中東部の市街地、大阪の衛星都市であり住宅地として開発が進められた西部、という具合に多くの顔を持つ広域都市である。

　人口は36万4836人（2013年4月1日推計）で、中核市に指定されている。

② 小中一貫教育への取組みの経緯

1）小中一貫教育特区の認定を受ける（2004年3月）

　奈良市は2004（平成16）年3月、内閣府から「世界遺産に学び、ともに歩むまち−なら」小中一貫教育特区の認定を受けた。

　これに先立つ1998（平成10）年、奈良市では「古都奈良の文化財」として、東大寺や唐招提寺など8資産群が「世界遺産」のリストに登録された。奈良市はこれを契機として、これら世界遺産の優れた文化財を身近に感ずることができるのは奈良市の特色であるとして、2001（平成13）年度から、市立小学校5年生全員を対象に、現地見学を中心とした世界遺産学習を実施していた。

　こうした本物の文化財にふれる、奈良らしい教育を目指した取組みを教育特区の認定を得てさらに充実させようとしたのである。

2）田原小・中学校が一貫教育特区に認定（2005年4月）

　2005（平成17）年4月、前年に水間小学校と統合した田原小学校と田原中学校による、奈良市初の校舎一体型小中一貫校としての取組みが始まった。

なお、過疎化が進行し児童生徒の急激な減少などにより一部複式学級化するなど、この地域の学校における教育環境が厳しさを増す状況を踏まえ、市教育委員会から保護者に小中一貫教育への取組みについて初めて説明が行われたのは、2003（平成15）年10月22日だったという。

3）「奈良市学校規模適正化基本方針」の提言（2007年4月）

奈良教育大学副学長（当時）・重松敬一氏を会長として2006（平成18）年6月20日に設置された「奈良市学校規模適正化検討委員会」は2007（平成19）年4月、「幼児教育部会」と「義務教育部会」という2つの作業部会を設置して検討を進め、中間報告に対するパブリックコメントを約1か月にわたって実施した上で、さらに議論を重ねて提言した。

提言では、小規模校と大規模校それぞれのメリット・デメリットを指摘したうえで、まず「……子どもたちに望ましい教育環境を提供するためには一定の学校規模を確保する必要がある……」（同提言書5頁）と提言した。

ついで、1学級あたりの児童生徒数は「20人から35人が望ましい……（小学校）低学年では上限を30人とすることが望まれる」（同上頁）とした。

また、適正な学校規模について、「……重要な点は、適切なクラス替えが可能であるということ」（同上6頁）などを理由として、「小学校は1学年2〜3学級、全学年として12〜18学級」「中学校は1学年3〜6学級、全学年で9から18学級」（同上頁）とした。

さらに、前述した望ましい学校規模を踏まえ、適正な学校規模確保に向けた取組みについても検討し、「適正な学校規模を下回る場合」は、「基本的には、統廃合も視野に入れた検討が望ましいと考えます。その際、近接・隣接する学校との関係を検討することや、将来さらに規模が小さくなることが明らかな場合には、既成概念にとらわれない新たな発想を求めることも必要」（同上7頁）とかなり踏み込んだ提言をした。

4）小中一貫教育パイロット校を拡大（2008年4月）

同市は田原小・中学校での3年間の実践を踏まえ、2008（平成20）年4月から小中一貫教育パイロット校を6中学校区11小学校区に拡大し、取組みを

推進する姿勢を一層鮮明にした。

5)「奈良市教育ビジョン」に小中一貫教育推進を明示（2009年5月）

2009（平成21年）5月に策定された「奈良市教育ビジョン」は「教育のまち―なら」の実現のため、10年間に市が目指すべき教育の姿と、その前期計画である5年間に取り組むべき施策を示したものである。この中では、「奈良で学んだことを誇らしげに語れる子どもの育成」を目指し、「奈良らしい教育の推進」を基本目標の1つとして掲げている。その目標達成のための重点として、「小中一貫教育の推進」が、「世界遺産学習の充実」「小学校ハローイングリッシュ事業の充実」「30人学級の充実」とともに明確に位置づけられた。

なお、新学習指導要領の告示に伴い、小中一貫教育校の教育課程を見直し、教育課程特例校指定変更を申請し、同年2月23日に承認された。

6) 奈良市で2校目の施設一体型一貫校が開校（2011年4月）

市立富雄第三小学校の校舎を増改築し、中学校の校舎・設備を新設する形により、奈良市で2校目となる施設一体型の小中一貫校が2011（平成23）年4月に開校した。これにより、パイロット校は8小学校7中学校となった。

同市教育委員会では、2015（平成27）年度に小中一貫教育を全市展開することを視野に入れ、それぞれの中学校区の実態に応じた小中一貫教育の在り方について研究を進めている。

③ 小中一貫教育への具体的な取組みの内容

奈良市における小中一貫教育に対する取組みの概要について、以下に述べる。

1) 奈良市が小中一貫教育（小・中学校間の連携・接続）に取り組む背景

この点については、奈良市が考えていることも基本的には他の市町村と異なる点はないと思われる。すなわち、「子どもの発達の早まり」、「小学校5年・中学校1年の段差」「中学校での学習や生活への不適応（不登校やいじめ件数の急増等）」などに適切に対応し、子どもたちの発達に見合った教育をするため、小中の9年間を4（小1～4年・前期）・3（小5～中1・中期）・2（中2～3年・後期）制での滑らかな接続をしようとするのが小中一貫教育だとする。

2）奈良市における小中一貫教育の目標

奈良市は小中一貫教育の目標を「9年間の連続した学びの中で、確かな学力と豊かな人間性の育成を図る」としている。

3）奈良市における小中一貫教育の特徴

奈良市における小中一貫教育の最大の特徴は、一貫教育の目標としている「確かな学力」を身に付けさせるため、次のような様々な取組みを重視していることである。

【小・中学校教員の協働による学力向上】

◇9年間を見通したカリキュラムにより、子どもの発達段階に応じた系統的・継続的な学習指導を行い、基礎・基本の定着を図る。

◇小・中教員の協働により、指導観の共有を図り、それぞれの良さを活かしたきめ細かな指導や専門性を活かした教育を通して学力の向上を図る。

◇小・中合同の授業研究や研修を通して、一人ひとりの教師力・授業力の向上を図る。

【新設3教科で培う力（小中一貫したカリキュラム）】

小学校と中学校の学びをつなぎ、これからの社会で求められる力を育成するため、次の3科目を新設し、実施している。

◇「郷土なら科」（小5～中3年生）

世界遺産に学び、郷土「なら」の自然や文化、歴史に対する理解と愛情を育て、世界遺産をはじめとする「なら」の良さを継承し、次代の国際文化観光都市「奈良市」を創造するとともに、国際社会に生きる人として必要な資質の基礎を養う。

◇「情報科」（小3～中3年生）

情報機器の活用を通して、情報の取り扱いに関する基礎的な知識と技能を身に付け、積極的に情報を集め、分析し、発信し、進んで生活に活かそうとする態度を育てる。特に、世界遺産を核に交流するまち奈良を、より良く知ってもらうための情報発信を行う。

◇「英会話科」（小1～中3年生）

英会話学習を通じて、異文化に触れ、異文化を理解し、日本や奈良の文化との比較を通して、その良さを認識させるとともに、積極的にコミュニケーションを図ろうとする態度の育成を図り、活動や体験を通して、聞くことや話すことなどの実践的コミュニケーション能力を養う。特に英会話科では郷土なら科・情報科との教科横断的な学習が重視されている。

4）小中一貫教育推進体制の整備

奈良市における小中一貫教育の特徴として、前述したこととは別に特筆すべき点は、パイロット校による取組みを強力に支援するとともに、そうした実践を分析検討しつつ、2015（平成27）年度を目処に実現を目指している市内全校での小中一貫教育に向けた準備作業をするため、次のような推進体制を整備することにより作業を着実に積み上げていることである。

【奈良市小中一貫教育推進委員会】

　市教育委員会、市PTA代表、学識経験者、パイロット校の校長などで構成している。

　その任務は、小中一貫教育の推進に必要な調査・研究及び指導・助言を行い、パイロット校による実践の成果を他の市立学校に広めていくことである。

　委員会の中に作業部会として、指導の充実に向けて小中学校の義務教育9年間を見通したカリキュラムの検討・作成を行う「カリキュラム作業部会」「新設3教科作業部会」の2つが置かれている。

【外部評価の実施】

　市教育委員会職員やパイロット校による評価だけではなく、別に学識経験者（24年度は2名）による外部評価を実施している。

　推進体制や取組みの状況、今後における施策の展開等について評価や助言を受けることにより、より良い小中一貫教育が実現するよう改善を図ることが目的である。

【パイロット校長連絡協議会】

　推進委員会から助言・指導を受けながら小中一貫教育を推進する各パイロット校の校長が集まり、取組みや成果及び課題などについて情報交換をしな

がら、地域や学校の実態に応じた小中一貫教育の在り方について検討する。

④ 取組みの成果と課題

これまでのところ、市教育委員会が様々なパターンのパイロット校による取組み全体の成果と課題について、公式に明らかにしたものはない。

市教育委員会の関係職員及びパイロット校の教職員から聞き取ったところによれば、これまでは、あくまでも色々なパターンによる小中一貫教育への取組みを通じて、共通した、あるいは特有の成果と課題を探っている段階だという。

その一つの大きな手掛かりと考えられているのが、2008（平成20）年度からパイロット校の児童生徒及び教職員を対象として継続実施しているアンケート調査の結果を分析することである。

この調査には、毎回同じ設問が数問入っており、取組みの積み重ねによる差異なども比較できるのではないかと考えられる。しかし、一方で、パイロット校以外の学校対象の調査は実施しておらず、取組みの成果を比較検討するには限界があるのではないかと思われる。

なお、パイロット校別の成果と課題については、各校区が分析した結果を「奈良市小中一貫教育推進委員会報告書」の中に、市教委が示した同一の様式でまとめて公表されている。

同報告書の2011（平成23）年度版（2012年3月刊）の記述と私が校長から直接聞き取りをした内容を合わせて、同市で最も早くから取り組んでいる田原小・中学校の成果と課題について簡潔に述べる。

1) 小中一貫教育の推進体制

取組み開始から7年を経過し、学習環境、学習システムの構築から、小中一貫教育における学習内容の深化（ソフト面）の充実へと進んできた。

一方で児童生徒数の減少が続く中、ブロック活動の充実を図り、小中一貫教育を推進する上で複式学級の解消が今後の課題である。

2) 小・中学校教職員による協働の拡充

全教員がともに田原小・中学校の教員であり、9年間を通して共に児童生徒

を育てていくという意識が高まった。

　今後、異動により教職員が入れ替わることによって生ずる意識のギャップをどのように解消していくかが課題である。

3）児童生徒の交流拡大

　施設一体型の一貫校として、ブロック別活動や学校行事、日々の学習活動を通じて交流を深めてきた。その結果、今や小・中学校の隔たりがほとんどないほどに定着している。今後、児童生徒数がさらに減少していく中で、他の一貫校との交流も検討する必要がある。

4）地域・保護者への働きかけ（交流・広報活動など）の強化

　機会あるごとに田原小・中学校の小中一貫教育の取組みを見ていただくよう努めている。

　また、保護者や地域住民等がゲストティーチャーなどとして学校へ日常的に出入りすることを通じて、小中一貫教育への理解がさらに進むことが期待できるのであり、こうした活動を一層充実発展させていくことが引き続き大きな課題である。

[主要な参考文献等]
・「奈良市学校規模適正化基本方針（提言）」（市学校規模適正化検討委員会　2008年4月）
・「奈良市の教育ビジョン－確かな学力と規律あるたくましい子どもを育むために－（概要版）」（奈良市教育委員会　2009年）
・リーフレット「奈良市における小中一貫教育の展開」（市教育委員会　2008年3月）
・「平成23年度奈良市小中一貫教育推進委員会報告書」（市教育委員会・奈良市小中一貫教育推進委員会　2012年3月）
・「平成24年度奈良市小中一貫教育研究発表会」（市教育委員会　2012年11月）
・リーフレット「田原の小中一貫教育　地域とともに」市立（田原小中学校・田原中学校区地域教育協議会　発刊年月不詳）
・リーフレット「小中一貫教育はじまりの田原」（市立田原小中学校　発刊年月不詳）

(2) 千葉県鴨川市－取組みのプロセスを大切に－

① 鴨川市の概要

　鴨川市は、千葉県の南東部に位置し、東は勝浦市に、西は南房総市及び鋸南町に、北は大多喜町・君津市・富津市という、合わせて4市2町に隣接し、東南は太平洋に開けた観光・農漁村地帯であり、南房総、外房地域における中核都市である。

　1971（昭和46）年3月31日、安房郡鴨川町、江見町、長狭町の3町が合併・市制施行し鴨川市を新設した。

　次いで、2005（平成17）年2月11日、旧鴨川市と安房郡天津小湊町が合併し、改めて鴨川市を新設し現在の市域が成立した。

　人口は約3万4400人（2014年5月1日推計人口）である。

② 小中一貫教育への取組みの経緯

　鴨川市における小中一貫教育への取組みの経過を、千葉県下で初の施設一体型一貫校となった同市立「長狭学園」の設置をめぐる動きを中心として、以下でやや詳しく紹介する。

1）「少子化対策検討委員会」の設置（2003年度）

　本多利夫鴨川市長（当時）は2002（平成14）年度末の2003年3月に開催された市議会定例会において、議員からの「幼保一元化及び幼稚園・小中学校の統廃合について」の質問に対し、「5年後には、現在より小学校で130名、中学校で100名程度の人数が減少することが予想されております」と厳しい現状認識を示した後、「平成15年度には、教育委員会を中心として『少子化対策委員会』を設置いたしまして、本市の教育行政全般を見直す中で、幼稚園・小中学校の統廃合プランを作成することといたしております。現在のところ、市内の小中学生の人数から見て、小学校は5校から6校、中学校は1校から2校が適正規模の学校数だと考えております」と明確に答弁した。

　このような市の基本方針に基づいて2003（平成15）年度に設置された「鴨川市少子化対策検討委員会」は4回の会議を開催し、検討・協議を経て、同年

度内に「長期的な少子化による公立学校の小規模化が学校の活力を失っており、新しい学校作りに向けた教育環境の整備が必要」との提言を行った。

2）庁内組織「学校施設等整備推進会議」の設置（2005年度）

鴨川市は2005（平成17）年度、前述した「少子化対策検討委員会」からの提言を受け、その具体化に伴う諸問題を検討するための庁内組織として「学校施設等整備推進会議」を設置した。メンバーは副市長をトップに、市の関係部局長、教育委員会事務局から教育長、教育次長及び関係課長であった。また、事務局は学校教育課が務めることになっていた。

なお、小中一貫校設置に関する検討は、後述する「市学校適正規模検討委員会」設置時から開始された。

3）「第1次学校適正規模検討委員会」の設置（2006年）

鴨川市は2006（平成18）年7月、少子化の進展に伴う鴨川市の幼児・児童・生徒の教育環境、及び1965（昭和40）年代に建設した老朽化が進む教育施設の今後の在り方を検討するため、市議4名、学校関係者4名（小・中学校、幼稚園、保育所）、民間有識者7名（うち2名を公募）からなる「第1次鴨川市学校適正規模検討委員会」を設置し、直ちに教育委員長から諮問した。

諮問の内容は次の2点であった。

① 幼稚園、小学校、中学校の適正規模・適正配置に関すること

② 幼保一元化に関すること

4）「第1次学校適正規模検討委員会」から答申（2007年）

諮問を受けた市学校適正規模検討委員会は、2007（平成19）年1月まで9回の会議を開催し、すべて市民に公開する形で検討・協議を重ね、同年2月15日に答申した。

答申は冒頭の「はじめ」で、「本市の小・中学校における児童生徒数は、昭和50（1975）年と比較すると半数以下に減少し、特に小学校においては全12校中、第1学年から第6学年まで全ての学年が1学級といった学校が9校と、全校の4分の3を占める。10名に満たない学年が存在する学校も5校と全体の4割強を占めている。中学校においても、全4校中、1学年が1学級といった

学校も半数の2校存在し、少子化の影響を受け、学校の小規模化が急速に進展している状況にある」と少子化に伴う厳しい現状認識を明確に示した。

次いで、答申本論で述べられた主たる内容は次の3点であった。

① 義務教育9年間の学びの連続性を大切にする「小中一貫教育」を考える必要
② 豊かな人間性や生きる力を育むための「学校規模の適正化」を図る必要
③ 子育て支援と幼児教育の充実を目指し「幼保一元化」を実施する必要

また、小中一貫校設置に関する部分を改めて整理すると次のような答申であった。

① 長狭中学校と長狭地区の3小学校とを統合し、小中一貫校とする。
② 施設は、現在の長狭中学校が持つ広大な敷地を活用し、校舎を増築する形とする。
③ 実施時期は、長狭地区の幼保一元化の完全実施年度との関係から、平成21（2009）年度を目途に開校する。

なお、答申ではこの他にも次のような提言を行った。

④ 鴨川中学校と江見中学校を統合する。施設は規模的に大きい鴨川中学校も老朽化が激しいことから新たに建築することし、実施時期は両校舎老朽化の現状に鑑み平成23（2011）年度を目途とする。
⑤ 安房東中学校については、平成17（2005）年度に天津小湊地区の2中学校を統合したこともあり、今後の生徒数の推移等を勘案しながら、現在実施している小中連携教育の取組み等を通じて教育効果を上げることを目指してほしい。
⑥ 江見地区の3小学校を統合する。
⑦ 鴨川小、東条小、西条小、田原小、天津小、小湊小は、今後の児童数の推移を勘案し、小中連携教育の取組み等を通じ、地区の学校環境の整備について考え、教育効果を上げていくことを目指すべきである。

5）市の基本方針の決定（2007年3月）

鴨川市は2007（平成19）年3月、前述した答申での提言を受け、市の基本

方針としておおよそ次のような決定をし、公表した。

「長狭地区の小学校は、平成18（2006）年度、3校とも児童数が100名に満たない規模になっており、全体的に減少傾向となっていることに加え、全学年が単学級である。特に大山小学校は複式学級が存在するが、次年度は主基小学校でも複式学級の対象となる学年が存在する見込みである。

こうした地区の少子化傾向は今後もさらに進行していく見込みであることから、地区の小学校を統合し、小学校の小規模化に伴う課題に対応する。同時に、現在の長狭中学校の持つ広大な敷地を含めた素晴らしい環境を最大限に活用し、『中1ギャップ』等の現行義務教育6・3制の課題に対処するため、長狭中学校の敷地内に校舎を増築し、小中一貫校を設置する。これは、本市の最優先施策として推進する」

6）小中一貫校に関する地域や保護者への説明（2006年7月～）

鴨川市は2006（平成）年7月、「第1次学校適正規模検討委員会」に諮問した直後から、保護者や地域住民等に対して、小中一貫教育と小中一貫校設置について市の考え方を説明するとともに、意見を聞く大小様々な機会を20回余り設けた。

市がわざわざ設置した検討委員会で審議が行われるのと並行して、こうした説明会を持つというのはかなり異例なやり方とも思われるが、鴨川市の場合は功を奏したようで、その後も激しい反対運動が行われるようなことはなかったという。

当時、こうした取組みにかかわった職員から私が直接に聞き取った内容や、既に文章化されている市の関係資料等の記述内容によれば、市教育委員会側が説明で繰り返し強調したことは「児童数が減ったから統廃合ではない。あくまで、児童の教育環境を最善のものにするためである」ということだった。これに対し、地域住民や保護者等から多く出された主な質問や意見は次の3点だった。

① そもそも「小中一貫教育」や「小中一貫校」への理解が不足していることから来る不安や、実際の取組み内容に関する質問。

② もともと合併前の旧町村単位に小学校があったため、小学校の統合により地域から学校が無くなることで、地域の活力が失われるのではない

かとの不安。特に、学校が無くなる計画の大山・主基地区で多く出された。
③　通学距離が長くなることによる、スクールバスの運行に関する質問や意見。特に大山・主基地区の保護者から多く出された。

7）長狭地区小中一貫校整備推進委員会の設置（2008年5月）

鴨川市教育委員会は2008（平成20）年4月、「長狭地区小中一貫校整備推進委員会設置要綱」を策定した。

【委員会の目的・役割】

同要綱によれば、この委員会は、長狭中学校と長狭地区の3小学校を統合し、長狭地区小中一貫校に関する整備を推進することを目的としたものであり、その役割は次の2つの事項について検討することであった。

　ア　小中一貫校の教育構想
　イ　その他小中一貫校開設に伴う諸問題

【委員会の組織】

同要綱には同委員会を20人以内の委員で構成するとし、市議会議員、地区区長会代表、幼小中のPTA代表、小中学校代表、識見を有する者から、教育委員会が委嘱・任命する旨を規定していた（同3条）。

結果的には、市議4名、地元区長会から3名、小中PTAの代表4名、学校関係者4名（小中学校長）、民間有識者4名、合計19名が委嘱された。

【委員会での検討内容】

委員会は2008年5月に第1回会議を開催してから、翌2009（平成21）年7月まで11回の会議を重ね、すべての会議が公開された

会議で検討された主たる内容は、市の小中一貫教育・設計コンセプト、施設の配置、小中学校における取組み・検討推進体制、一貫校設置に向けた課題の整理、開校時期、学校名・校章・校歌の検討と選定、通学バスの運行（アンケート実施）、学校運営評議委員会の設置などであった。

また、注目すべきは委員会活動開始後まもない2008年7月、通常の会議とは別枠で、委員たちと児童生徒が校舎設計プランについて懇談する機会が設けられたことである。

7）施設建設（2008年11月から）

施設整備は「(仮称)鴨川市立長狭統合小学校建設工事」として、2008（平成20）年11月11日に着手し、2009（平成21）年6月26日に完成した。

小学5、6年生は既存の中学校校舎内に教室を確保し、小学1年生～4年生の教室と特別支援教室、多目的室兼図書室を新築した。

市が公表した資料によれば、事業費総額は2億7615万円で、その内訳は国交付金8363万6000円、市負担額1億9251万4000円であった。

工事開始時期が高校入試に備える大切な時期と重なったため、大きな騒音を発する作業は生徒が学習している時間を避けるとか、3小学校の統合に伴い小学生のバス通学実施を想定し、バスを下車してから安全に校舎に入れるようにするため校門を新設することなどに配慮して、工事が進められたという。

③　小中一貫教育の具体的な取組み内容

鴨川市における小中一貫教育への取組みは2010（平成22）年度、千葉県初の小中一貫校である市立長狭学園の開校により本格化していった。ここでも、上記と同様に長狭学園の取組みを中心として述べる。

1）小中一貫教育構想づくりに重要な役割を果たした「市教育政策研究委員会」

鴨川市教育委員会は2005（平成17）年度、いち早く「市教育政策研究委員会」を設置した。同委員会は、市立小学校長を委員長、同中学校長を副委員長、教頭を事務局長に充てるとともに、小中学校の教員を委員や協力員とし、合計18名で組織された。

この委員会は2005～2006（平成18）年度の2年間で、「鴨川市における小中一貫校教育課程構想」をまとめるとともに、小中一貫教育各教科・領域等の全体構想を冊子『小中一貫校教育モデル案－地域に根ざした新しい学びを拓く－』にまとめ、鴨川市の長狭学園をはじめとする小中一貫教育への取組みに大きな影響を与えることになった。

同委員会は、その後も委員を入れ替えながら様々な実践的研究を重ね、研究成果を明らかにすることで、鴨川市の小中一貫教育を強力に支える重要な役割

を果たしている。

これまでの主な活動内容と成果を簡単に整理すれば下記のとおりである。

【2007（平成19）年度】

第2次委員会。授業実践部会である「教科・領域推進委員会」を組織し、モデル案に基づく授業実践と検証を行ったうえで、モデル案に加筆・修正した冊子『鴨川市の小中一貫教育』を刊行した。

【2008（平成20）～2009（平成21）年度】

第3次委員会。市内全域で各中学校区における一貫教育研究体制が確立し、各中学校区ごとの特色を生かした研究や実践が始まった。各中学校区の研究への支援と併せて、「小中一貫教育『指導の重点』」を策定した。

【2010（平成22）年～2011（平成23）年度】

第4次委員会。新学習指導要領に対応した各教科・領域等の「小中一貫教育の指導計画」を作成。

【2012（平成24）年度】

第5次委員会。鴨川市漢字検定の実施。「指導の重点」の見直しや、「スタートカリキュラム＆アプローチカリキュラム（幼小連携）」の作成など。

2）小中一貫教育全体デザインの概要

鴨川市教育委員会は前述した市教育政策研究委員会の提案をもとに、小中一貫教育全体デザイン（各中学校区の特色を生かした教育課程を構想するためのモデルデザイン）を示した。これをもとに、各中学校区の実情に合わせて特色ある取組みをするよう求めている。この全体デザインの概要は以下に述べるとおりである。

【小中一貫教育で育てたい力】

「自学と自立を目指す鴨川小中一貫教育」で育てたい力として次の3つをあげる。

　㋐「生き方を考える力」
　　・自分のよさや適性を伸ばし自信を高める。
　　・多様な体験の中で目標や生き方を考えさせる。
　　・地域とかかわりながら夢をふくらませていく。

1 実施形態Ⅰ—施設を中心にして（施設一体型）

　(イ)　「基礎学力と自ら学び考える力」
　　　・基礎的な学力を向上させる。
　　　・考える力や課題を追求する力をはぐくむ。
　　　・新しい学習（英語、数学、古典等）に興味関心を持って学ぼうとする。
　(ウ)　「豊かな心と人間関係を作る力」
　　　・正しい生活習慣や規範意識をはぐくむ。
　　　・自然や文化の中で豊かな心をはぐくむ。
　　　・異学年や地域の人とのふれあいを通して自尊感情や社会性をはぐくむ。

【学年区分】

　義務教育の9年間を「6歳の入り口から、15歳の出発まで」とし、次のように4・3・2の3期に区分する。

　(ア)　前期（小1～小4）「学びや生活の基礎となる力を身に付けていく期」
　　基礎学力や規範意識を身に付け、自分のよさや友だちのよさを大切にしながら、学ぶ喜び・楽しさを知っていく。

　(イ)　中期（小5～中1）「学びを追求し、人間関係を作る力をつける期」
　　自分のよさや可能性を大切にし、人との関わりを豊かにしながら学びを追求する期。

　(ウ)　後期（中2～中3）「学びを伸ばし、自分の生き方を追求する力をつける期」
　　人や社会のとのかかわりの中で自分の生き方を見つめ、夢の実現に向かって学び続ける。

　なお、前期終了時（4年生）には「2分の1成人式」、小学校課程卒業時（6年生）には「はばたけ12歳」という節目となる学校行事を行う。

【「地域に根ざした鴨川教育」への取組み】

　鴨川市による小中一貫教育の大きな特徴の1つは、「地域ではぐくまれる小中一貫教育」という視点を大切にすることである。それを各地区で具体化する取組みとして次の3点を明示し、その取組みのポイントを解説している。

　(ア)　「地域に出る！『鴨川学』を学ぶ」

- 子どもたちに自分の足で地域をあるかせよう。
- 地域にたくさんある「鴨川学」を積極的に取り入れたプログラムを実現。

(イ) 「地域と学ぶ！ 学習が広がる」
- 学習活動に多くの人に参画してもらおう。
- 「○○のせんせい」として。共に学習を進めてくれる協同学習者」として、側面から手助けしてくれる「学習支援者」として。

学習内容に広がりや深まりが増すだけでなく、学習を進めながら多様な年代の人や様々な職業の人々にかかわっていける。子どもたちの社会性や人間関係を作る力をはぐくむ絶好の機会でもある。

(ウ) 「地域を求める！ 多様な力がある」
- 学校支援ボランティアの協力を得よう。
- 体験学習への支援に。安全な登下校や校外学習への支援に。環境や教材教具の作成に。
- 放課後の子ども教室に。図書館支援に。

一貫教育のプランは多様で広い。生き生きとした学習活動を進めるには、当然、教員の人員も能力も不足が生ずる。地域の子どもたちを慈しみ、学校を理解してくれる多くの方にボランティアという形で学校に入っていただくことは、大きな力となるだろう。

【2つのパターンによる小中一貫教育】

市教育委員会では、市内全校が鴨川市の小中一貫教育が目指すものを共有しながらも、それぞれの中学校区の特色を生かしながら実施することを原則としている。

そして、小中一貫教育の具体的な実施形態として、次の2つをあげる。

(ア) 統合型小中一貫教育

同じ敷地内で小中9年間の一貫したカリキュラムのもと、計画的・継続的な教育活動を行う。

(イ) 分離型小中一貫教育

中学校区の小中学校が連携や交流を強化して特色のある一貫教育を行う

ものである。9年間の積み重ねや連続性を大事にした教育活動を行う。

これら2つのパターンのうち、長狭学園が取り組んでいるのは統合型小中一貫教育である。

3）長狭学園による小中一貫教育の概要－2014年度－

前述したように、市教育委員会から鴨川市における小中一貫教育の全体デザインが示されている中、しかも千葉県下初の小中一貫校として注目される長狭学園による取組みの概要を簡単に整理しておくことにしたい。

【児童生徒数の状況】

　㈦　統合前の小・中学校の児童生徒数（学級数）

　　主基小学校　86人（6学級）　　吉尾小学校　76人（6学級）

　　大山小学校　52人（4学級）　　※長狭中学校　110人（4学級）

　㈣　統合後の児童生徒数（学級数）（2009年5月現在）

　　1年～6年　　　210人（9学級　うち特別支援学級2）

　　7年～9年　　　 90人（6学級）

　㈨　2013（平成25）年5月1日現在

　　1年～6年　　　187人（8学級　うち特別支援学級2）

　　7年～9年　　　 98人（6学級　うち特別支援学級2）

【学校経営方針及び教育目標（「学校要覧」による）】

　㈦　経営方針

　　すべての子どもの学びを保障する、校種・学年を超えた全員参加の学校経営

　㈣　教育目標

　　地域の次代を担う活力ある「長狭っ子」の育成

　　　・めざす子ども像

　　　　ふるさと長狭を誇り、確かな学力と豊かな心で、たくましく生き抜く長狭っ子

　　　　かしこく（勤勉）やさしく（至誠）たくましく（克己）長狭大好きな子（立志）

【学校教育目標達成のための方策（「学校要覧」から）】

(ア) 9年間の学びの連続性を目指した教育課程により、「確かな学力」を育成する（かしこく・勤勉）
- 基礎学力の定着
- 授業研究を通した授業力の向上
- グループ学習（協同学習）の積極的な導入
- 一人ひとりを大切にする指導と学級担任制から教科担任制へのスムーズな導入
- 自主的な家庭学習の習慣化

(イ) 人間尊重を基盤にした人とのかかわりの中で、「豊かな心」をはぐくむ（やさしく・至誠）
- 思いやりのある言動、心穏やかに過ごせる人間関係づくり
- よい生活習慣の定着
- いじめや暴力行為を絶対に許さない人権意識の醸成
- 読書習慣の定着
- 日常的に歌声が響く学校

(ウ) 目標達成に向けて最後まで励ましあい、「あきらめない強い心と身体を育てる（たくましく・克己）
- 自分で判断し、行動できる強い意志を持った児童生徒の育成
- 夢の実現に向けて精いっぱい努力し、チャレンジ精神を持った児童生徒の育成
- 勇気を持ち、困難を乗り越えるために励まし合える児童生徒の育成

(エ) 地域とともに歩む教育を推進し、「長狭に学び、長狭を誇り、自立できる子」を育成する。（長狭大好き・立志）
- 仲間、異学年との交流学習や地域に学ぶ学習活動
- 生き方教育（キャリア教育）や校外学習の計画的実施
- 「学校運営評議委員会」の機能を生かすとともに、学校支援ボランティアの活動を充実・拡充し、地域の教育力を結集した学園づくり

1 実施形態Ⅰ—施設を中心にして（施設一体型）

【教育目標を達成するための具体的な取組みの例】
　前述した学校教育目標達成のための方策として行う具体的な取組みのうち、主要なものについて述べる。
　なお、各学校がこうした取組みを行いやすいよう支援するため、市教育委員会では2013（平成25）年度から、市内の全校に「小中一貫教育コーディネーター」を配置し、その役割を校務分掌に位置づけるようにしている。
(ア)　「確かな学力を育成する」ための取組み
　　・英語活動
　　　1年生から英語活動に取り組んでいる。小学校教員がALTや英語担当教員と一緒になって英語を教えている。
　　・読み聞かせ
　　　保護者や地域住民のボランティア、あるいは上級生が本を読んで聞かせている。
　　・グループ学習の積極的な導入
　　　グループ学習による学び合いにより、学ぶことへの関心や意欲を高めることを目指す。
　　・TTと教科担任制の採用等
　　　一貫校のメリットを生かし、全学年で複数教員によるきめ細やかな指導を行うことを原則とする。具体的には以下の学年・教科の授業は、原則として複数の教員で指導に当たる。そして、こうした取組み等を行いやすいようにするため、全教職員に兼務発令がなされている。また、県教育委員会には小学校教員ではなく中学校教員の加配を要望し認められている。
　　※前期学年の国語・算数、3・4年の理科は複数教員で指導。
　　※中期学年の国語・算数数学・理科・英語の授業は一部教科担任制を導入。
　　※後期学年の国語・数学・理科・英語は教科担任等の複数教員で指導。
　　※音楽・図工美術・家庭・体育の授業は可能な限り複数教員で指導。
　　・ドリルタイムの実施
　　　帰りの会の中に設け、復習などを行う取組みをしている。

- 家庭学習の習慣化

  保護者と協力して「10分×学年＋10分」の家庭学習を習慣づける取組みをする。
(イ) 「豊かな心を育む」ための取組み
- 交流給食

  1年生から9年生まで縦割りの班をつくり給食を食べる。
- 縦割り活動

  学年を超えて掃除や集会等の活動を行う。
- 朝の10分間読書

  全学年で毎日実施している。
- 宿泊学習と修学旅行

  5、6、8、9年生は宿泊を伴う活動を通じて集団生活について学ぶ。
- 児童生徒会活動

  児童生徒会が中心になり、様々な活動を企画し運営を行う。
(ウ) 「たくましい心と体を育てる」ための取組み
- 小中合同大運動会

  幼保の子どもたちと1年生から9年生が一緒になって運動会を行う。
- 交通安全教室

  1年生から7年生までが、道路の横断や自転車の乗り方について学ぶ。
- 特別練習と部活動

  体操や陸上競技、部活動に積極的に取り組み自分の可能性にチャレンジする。

  5年生から部活動に参加する。
- フッ化物洗口

  1年生から9年生の全校生で虫歯の予防に取り組む。
(エ) 「長狭に学び、長狭を誇り、自立できる子を育てる」ための取組み
- 節分会

  1〜3年生が地元の伝統行事に参加する。

・前期遠足と中期遠足

　1～4年生は「らくのうの里」、5～7年生は「陸上競技場」までを歩いて往復し、地域のことを知る。

・「2分の1成人式」と「立志式」

　前期と中期の区切りに行う。

・「米つくり」と「しいたけ栽培」

　5年生が長狭の名産の米つくりを、6年生がシイタケ栽培を地元の人々の協力や指導を得て行う。

・キャリア教育

　6・8年生が市内の事業所で仕事の体験をし、将来の進路等について考える。

【その他の取組み－通学の便を図るスクールバス等】

　保護者や地域住民等に対し、一貫校設置について説明し協議する中で、特に小学生の通学距離が長くなる（例えば、旧大山小学校まで約6キロ）ことについての不安や批判があったことは前述した。

　この問題に対し鴨川市教育委員会は、スクールバスの運行により対処している。また、バス会社に委託し、会社が運行する路線バスにも児童生徒がフリー乗車できるようにしている。これに要する市費は年間約800万だという。

④　小中一貫教育への取組みの成果と課題－長狭学園を中心として－

　収集した取組み関係の資料、及び私が鴨川市を訪れ、同市の小中一貫教育に深くかかわってこられたという教育次長をはじめとする関係職員から直接聞き取った内容を勘案しながら、長狭学園を中心として小中一貫教育の成果と課題について述べる。

1）取組みの成果

①　お互いに「文化が違う」などと言い合いながら、とかく相互理解が不足しているとされる小・中の教職員が、職員室を共にし、授業を参観し合うなどの日常的な交流を通じて相互理解が進み、視野が広がったこと

による有形無形のプラス効果は大きい。
② 小・中9年間の学びを、発達段階から前期・中期・後期に大別し、教育活動の連続性や系統性を図った一連の教育が実現でき、いわゆる「中1ギャップ」が解消された。
③ 小中一体性のある教育活動（入学式や運動会などの行事や縦割り掃除、交流給食・レクなどの異年齢集団活動）が実現した。
④ 中期（小5）から教科担当制を導入し（国語・算数・理科・英語など）、小中のスムーズな移行が可能になった。
⑤ 少人数指導やTT等を全校的に導入し、きめ細かな指導による学力向上を図ることが可能になった。
⑥ 新校舎建設や通学用バスの導入等に伴う初期経費を要したが、小学校3校と中学校1校が1つに統合されたため、将来にわたり施設維持管理費が削減されるなどの財政効果が見込まれる。また、空いた小学校校舎を子ども園や地区センターとして有効活用できた。

2) 今後の課題
① 小・中学校両方の教育活動に関わることを通じて、教職員の資質は高まったが、一方で多忙感が強まった。
② 学力向上を目指す様々な取組みが可能となる体制は整ったが、それをどのように具体化し、取組みを持続するかは依然として大きな課題である。また、取組みが学力向上につながっているかどうか適正に評価することも難しい課題である。
③ 全校配置した「小中一貫教育コーディネーター」の役割をどのように位置づけ、実際に機能させていくかは課題として残されている。
④ 学校と地域との連携・協力関係を深めることが学校経営の重点とされているが、そうした関係をさらに拡充発展させ、教育活動の成果をいつそう大きくしていく具体的な取組みも課題である。
⑤ 学力向上の成果のみならず、そもそも小中一貫教育の取組みによる成果をどのように評価するかが大きな課題として残っている。

1 実施形態Ⅰ―施設を中心にして（施設一体型）

[主要な参考文献等]
- 『「鴨川市における学校の適正配置及び幼保一元化の推進について－答申－」（鴨川市学校適正規模検討委員会　2007年2月）
- 『鴨川市における小中一貫教育課程モデル案－地域に根ざした新しい学びを拓く－』（鴨川市教育政策研究委員会　2007年3月）
- 『鴨川市の小中一貫教育－地域に根ざした新しい学びを拓く－』（鴨川市教育委員会　2008年2月）
- 『鴨川市教育振興計画～学んでよかった、住んでよかったと　実感できる　鴨川市』（鴨川市教育委員会　2011年3月）
- 「平成26年度学校要覧」（2014年　小中一貫校「長狭学園」）

(3) 青森県三戸町－連携型の取組みを経て施設一体型へ－

① 三戸町の概況

　三戸町は青森県三戸郡の南端に位置し、南は岩手県二戸市、西は秋田県鹿角市に隣接する。総面積は151.55km²。東西28km、南北13kmと東西に長い地形である。また、同町は奥羽山脈北部の東斜面にあり、面積の約65％が山地である。

　鎌倉時代の初めから南部氏の支配地となり、戦国時代は南部氏の本城として三戸城が築かれ城下町として栄えた。江戸時代に本城が盛岡市に移されてからは代官所が置かれ、古くから三戸郡の中核機能を有する町として発展してきた。

　人口は1万580人（推計人口・2014年2月1日現在）であり、国勢調査によると1985（昭和60）年以降、一貫して減少し続けている。町内の学校は県立高校1校、中学校2校、小学校3校であるが、2013年（平成25）年度には三戸小学校と三戸中学校が施設一体型へ移行し、施設分離型の連携校である斗川小学校を含めた3校を総称する「小中一貫校三戸学園」が誕生した。

② 小中一貫教育への取組みの経緯
　　－企画立案及び実行のための組織体制を中心として－

　三戸町における取組みで注目すべきことの1つとして、取組みの進展状況に

応じて、推進する組織体制を見直し、常に望ましい体制にする努力を重ねてきたことがあげられる。

　三戸町における組織体制の整備と、そこでの検討内容等を中心とした取組み経過は、およそ次のとおりである。なお、教育課程特例校の指定を受けて以後の具体的な取組み内容については別に後述する。

1）小中一貫教育の実現に向けた検討（2006年度）

【検討会議への諮問】

　三戸町教育委員会は2006（平成18）年10月、青森公立大学副学長（当時）を議長とし、町内の教育機関、教育関係団体及び学識経験者16名の委員からなる「三戸町立小・中学校の義務教育振興に関する検討会議」（以下、「義務教育振興に関する検討会議」）を設置し、次の事項について諮問した。

　㈦　三戸町立小・中学校の適正配置と施設・設備の整備について

　㈧　三戸町立小・中学校の義務教育振興策としての小中一貫教育学校の導入について

　また同教育委員会はこの諮問事項について別紙を添付し、おおよそ次のような追加説明を行った。

　まず、小・中学校の適正配置に関連し、近年における同町の児童生徒の減少による影響については、「現在設置している小学校4校、中学校2校のうち、中規模校の三戸小学校と三戸中学校を除く4校は小規模校であり、これら小規模校は既に複式校となっているものや、近年中に複式学級の編成が避けられないもの、複式学級編制にまではいたっていないが、男女のバランスを大きく欠いた学級ができたり、児童生徒の興味・関心にそったクラブ活動が制限されたりするなど、教育上大きな問題となっている」などと説明した。

　また、施設面については、「昭和43年度に建設された三戸北小学校及び昭和49年度に建設された三戸中学校は老朽化や耐震強度が心配されるだけでなく、設備面においても現在の教育にそぐわない面がみられ改築に向けた検討が必要である」旨の説明をした。

　さらに、現在の6-3-3制の教育制度については、いじめや不登校などの

問題行動が特に中学1年生で多発しているとする全国的な状況について説明したうえで、「本町の中学校においても義務教育を中心とする学校間の連携・接続の在り方が大きな課題となっており、小中一貫教育を通したカリキュラムの区分の弾力化や学校種間の連携・接続を改善することの重要性が指摘されている」と述べた。

【「義務教育振興に関する検討会議」の報告】

　諮問を受けた同会議は5回の会議（起草委員会を含む）を経て2007（平成19）年3月、報告書「心豊かでたくましい児童生徒を育む小中一貫教育をめざして〜三戸町におけるこれからの義務教育の創造〜」を提出した。

　この報告書は、前述した2つの諮問事項について、それぞれ次のように提言した。

　(ア)　町立小・中学校の適正配置と施設・設備の整備について

　　まず、今後における児童生徒数の動向と施設・設備等の課題について論じた後、複式学級が恒常化する見通しが強く、校舎の老朽化・耐震強度が問題となる三戸北小学校については、改築を行わず三戸小学校へ早期に統合すべきであるとした。また、三戸中学校については、老朽化や耐震問題等から全面改築が必要であり、その際、小中一貫教育の導入について大方の理解が得られた場合には、現在の三戸小学校に併設する形で移転改築を検討することが望ましいとした。

　(イ)　町立小・中学校の義務教育振興策としての小中一貫教育学校の導入について

　　まず、町内各校における児童生徒の現状について述べた。ついで小中一貫教育に関する国の動向と全国における先進実践校の取組みについて報告している。そして、「小・中学校の施設・設備の整備の機をとらえて、三戸町の義務教育の将来的な在り方について、次のように推進していくことが望ましい」としたうえで、明確に「小中一貫教育学校を導入する方向で検討していくことが望ましい。その際、三戸町の地域や児童生徒の実情に即した、三戸町にふさわしいものとする工夫が必要である」とした。

第4章 特に注目すべき取組み事例

2）具体的な実施計画策定期の組織体制と検討内容（2007～2008年度）

同町教育委員会は、前述した「義務教育振興に関する検討会議」の報告を受け、その具体的な実施計画を策定するため、次のような組織体制を整備し作業を進めた。

【小中一貫教育実施委員会】

町立学校長と学識経験者及び青森県教育庁指導主事等から構成され、同町の小中一貫教育の導入に向けた具体的な検討結果について、町教育長に提言することを任務とした。

また、その下部組織として次の2委員会をおき、具体的な検討作業を行った。

(ア)「新教科開発専門委員会」（地域の課題や生き方を学ぶ町独自の新教科の開発）

メンバーは、各校教員の代表、学識経験者、出版社社員（オブザーバー）であった。

(イ)「教育課程専門委員会」（小・中の9年間を見通した教育課程編成について検討）

メンバーは、各校教員の代表者で組織し、各教科の課題とその解決法について話し合い、実施目前だった新学習指導要領に町独自の内容を加えた「三戸町小中一貫教育要領」を作成した。この要領は基本的に今日でも活用されている。

3）小中一貫教育導入期Ⅰ（2009～2010年度）の組織体制と検討内容

町教育委員会は2009（平成21）年2月、国から教育課程特例校の指定を受け、同年4月から連携型の小中一貫教育の取組みをスタートさせた。この時期の組織体制とそこでの検討内容は、次のとおりであった。

【三戸町小中一貫教育推進委員会（2009年度の名称は実施委員会）】

構成メンバーは、小中一貫教育実施委員会と同様で、町立学校長と学識経験者及び県教育庁指導主事等であり、小中一貫教育推進のための基本方針について検討し、教育長に提言することが任務であった。

この推進委員会の下に次のような各委員会を設置し、具体的な作業を進めた。

㈐　小中一貫教育実施委員会

　各校の教頭及び教務主任で構成する実働部隊であり、一貫教育の実施に関わる検討や各専門委員会の意見集約することを役割とした。

㈑　立志科専門委員会

　各校教員の代表者等から成り、町独自に創設した新教科の「立志科」で育てたい力を身に付けさせる具体的な指導や評価の在り方を検討するとともに、使用する教科書に準拠した指導書の開発を行った。

㈒　教育課程専門委員会

　各校教員の代表者で組織し、国・社・算（数）・理・英、及び特別支援の学習指導について、義務教育9年間を一貫した観点から、学習内容、指導方法、学習の定着度を分析するとともに、副教材の必要性等についても検討を行った。

㈓　カリキュラム専門委員会

　各校の教頭及び教務主任で構成。発達段階に応じた指導や、授業時数の確保と弾力的な授業の実施方法、特別活動（特に学校行事）、異年齢交流や体験活動の実施等について検討した。

4）小中一貫教育導入期Ⅱ（2011〜2012年度）の組織体制と検討内容

　この時期になると、小中一貫教育要領の作成や新教科開発に携わった教員と、そうでない教員間の意識格差が課題となった。そのため、すべての教職員が何れかの部会に参画し、町教職員全体で小中一貫教育に取り組む機運を醸成するとの発想で組織整備を行った。

　すなわち、前述した「小中一貫教育推進委員会」と「小中一貫教育実施委員会」はそのまま存続させるとともに、次の各部会を新たに設置し、すべての教職員が必ずいずれかの部会に参加することにより、当事者意識を持つようにしたのである。

①　学習指導部会（各教科及び学年の指導内容系統表や年間指導計画を作成）

②　生徒指導部会（小・中学校に共通する生活規律等について検討）

③　養護教諭部会（健康診断等の実施方法等に関する検討）

④　学校事務部会（学校事務の効率化・高度化と一貫校における事務分担等の検討）
⑤　特別支援教育部会（個別の児童生徒の支援計画及びキャリア教育の計画を検討）

③　小中一貫教育の具体的な取組み内容

　同町では、前述した各種の検討会議・委員会等での小中一貫教育実施に向けた、かなり綿密な準備作業を経て、2009（平成21）年2月23日付けで文部科学省から教育課程特例校の指定を受け、2009年度から具体的な取組みを始めた。

　同町における小中一貫教育は、連携型からスタートし実践を積み重ねた上で、2013（平成25）年度から校舎一体型の一貫教育に移行した町立三戸小学校と同三戸中学校及び施設分離型の町立斗川小学校による取組み、最初から校舎一体型でスタートした同町立杉沢小中学校の取組みの2例であるが、ここでは前者の取組みを中心に述べることにする。

1）一貫教育を目指す3校の位置関係等

　まず、一貫教育を目指すことになった3校の位置関係を見ると、同町最大の小学校である三戸小学校と斗川小学校間は6.3km、三戸小学校と三戸中学校間は2.1kmであった。この位置関係をも考慮して、三戸小学校と三戸中学校は一体型、斗川小学校は連携型の小中一貫校とし、この3校を総称して「小中一貫三戸学園」とされたのである。なお、すでに併置校となっていた杉沢小中学校と三戸小学校間は19kmの距離があった。

2）小中一貫教育で目指す子ども像

　同町は一貫教育により目指す子ども像として、「夢に向かい学び続ける子」（確かな学力に重点）、「ふるさと三戸町に誇りを持ち次代を担う子」（豊かな心を育てることに重点）、「基本的な生活習慣が身に付いた子」（健やかな体づくりに重点）の3項目を掲げている。

3）特色ある取組みの主な内容

1 実施形態Ⅰ―施設を中心にして（施設一体型）

　三戸町における実践の中で最も注目すべきことは、教育課程に関する様々な取組みであろう。その中から、特に重要だと思われる事項について概要を以下に述べる。

【取組みの方針や具体例を明示した各種印刷物の作成】

　他の実践自治体が青森県内では僅かに１市１村のみであり、全国的に見ても先行事例が多くあるとは言い難い小中一貫教育に取り組むに当たり、その方針や具体策について教職員間の共通理解を得ることが大前提である。さらに、取組みが進展する過程でも、関係者が折にふれ改めて方向性等を再確認できるような方策を講じておく必要があるが、必ずしも多くの市町村で実行されているわけではない。

　しかし、三戸町では取組みの開始に先立ち、前述した「教育課程専門委員会」で２年間かけて検討し、国が学習指導要領で示した学習内容に加え、三戸町ならではの内容や小中学校９年間を順序立てて指導するための工夫などを盛り込んだ「三戸町小中一貫教育要領」を作成したうえで、冊子にして全教職員に配布した。

　その内容を見ると、例えばその第１章「教育課程編成基準」の中で、「教育課程編成の原則」について、「三戸町においては、小中一貫教育の推進を図ることから、基本的には学習指導要領に準拠しつつも、教育課程特例校の指定に基づき、現行の学習指導要領によらない弾力的な教育の実現を図る『三戸町小中一貫教育要領』による」旨を明記した。そして、第２章では「各教科学習指導指針」について述べ、第３章「特別教科・領域の学習指導指針」では教育課程特例指定の内容である「英語科」と「立志科」の指導内容等について詳細に記述している。

　また、この要領は、教科ごとに１学年から９学年の教育内容を一覧できるようにしているため、教職員が小中の連携・一貫教育をより強く意識するものになっている点も注目される。

　この他、町独自の教科書や指導書、あるいは理科や社会科ではオリジナルの副読本など町独自の各種教材を作成し配布することで、教職員の取組みを

強力に支援している。

【教育課程特例による特別教科・領域への取組みの概要】

　三戸町が教育課程特例の指定を受けて取り組んだのは、小学校「英語科」の実施と町独自の新教科として創設した「立志科」の実施等である。以下に、「三戸町小中一貫教育要領」を基にしながら、その主要な内容について述べる。

　(ア)　学年区分の考え方－4・3・2－

　　同町における小中一貫教育は、「9年間の継ぎ目のない教育」や「小学校から中学校への滑らかな接続」の実現を目指し、小・中学校の9年間を次のように3区分し、発達段階に応じたキメ細やかな指導を目指している。

　　・初等部　　1学年～4学年（学級担任制）
　　　指導目標は、基礎的・基本的知識を定着させることである。
　　・中等部　　5学年～7学年（一部教科担任制）
　　　指導目標は、初等部で得た知識を、思考力・判断力・表現力を生かして活用することである。
　　・高等部　　8学年～9学年（教科担任制）
　　　指導目標は、中等部までに身に付けたものを発展させ、主体的な学習態度を育成することである。

　(イ)　「英語科」（小学校）の実施

　　図表25に示すような標準時数で、小学校5・6年生を対象とする外国語活動ではなく、英語科を1年生から取り入れ、9年間を見通した系統的・継続的な指導を行う。

　　「三戸町小中一貫教育要領－英語科－」（平成21年度）では、まず小学校において総合的な学習の時間の中で行われてきた英語活動の成果が不十分であるとの課題認識を示し、この課題解決のため、第1学年及び第2学年で年間20時間の英語活動を行い、第3学年から本格導入する英語活動の素地をつくるとしている。

　　そのうえで、「小中一貫教育における（英語科の）ねらいと育てたい力」については、次のように述べている。

1 実施形態Ⅰ―施設を中心にして（施設一体型）

図表25　三戸町の標準授業時数

	英語科／ 外国語活動	立志科	パワーアップ 学習	道　徳	特別活動	総合的な 学習の時間
1学年	20 ＋20	70 ＋70	35 ＋35	0 －34	0 －34	— —
2学年	20 ＋20	70 ＋70	35 ＋35	0 －35	0 －35	— —
3学年	35 ＋35	105 ＋105	35 ＋35	0 －35	0 －35	0 －70
4学年	35 ＋35	105 ＋105	35 ＋35	0 －35	0 －35	0 －70
5学年	35 0	140 ＋140	35 ＋35	0 －35	0 －35	0 －70
6学年	35 0	140 ＋140	35 ＋35	0 －35	0 －35	0 －70
7学年	140 0	120 ＋120	35 ＋35	0 －35	0 －35	0 －50
8学年	140 0	140 ＋140	35 ＋35	0 －35	0 －35	0 －70
9学年	140 0	140 ＋140	35 ＋35	0 －35	0 －35	0 －70

※下段は学習指導要領の標準時数との増減時数。（「三戸町小中一貫教育要領」による）

　「国際社会の中で主体的に生きていくためには、広い視野を持った実践的なコミュニケーション能力を育成していく必要がある。小中一貫教育において、国際理解の題材を取り入れながら、9年間継続的・系統的に指導することにより実現されると考える。

〔第1学年～4学年〕

　英語によるコミュニケーションに〈慣れ親しむ〉

〔第5学年～7学年〕

　英語によるコミュニケーション能力を〈身に付ける〉

〔第8学年～9学年〕

　英語によるコミュニケーション能力を〈活用する〉」（同1～2頁）

同町では、このような取組みをスムーズに進め教育効果をあげるため、複数のALT（外国語指導助手）を配置し、第1学年～第6学年までは学級担任とALTとのTT（ティーム・ティーチング）を基本として指導を行っている。

(ウ)　「立志科」の創設

　三戸町による小中一貫教育の柱として位置づけられているのが、町独自の新教科として創設された「立志科」である。これは、前述した「立志科開発専門委員会」（委員長・田中統治筑波大学人間総合科学研究科教授（当時））での研究協議を経て、学習指導要領の「道徳」、「特別活動」、「総合的な学習の時間」を融合した教科として設定されたものである。

　そのため、立志科は、この3領域が持っている意義や目標を基礎にしつつ、「21世紀を、心豊かに、たくましく生き抜く力を育む」ことを目標とするものである。各学年別の授業時間数は**図表25**に示すとおりである。

　そして、この立志科で育てる力は、**図表26**に示すとおり「3つの観点」「5つの領域」「10の能力」に体系化されている。

　町教育委員会では「3観点」について、「児童生徒の生活基盤を3つの観点に分類したものであり、立志科の学習内容はこの3観点のいずれかに分類される。また、この3観点はⅠ→Ⅲへと発達段階を踏んで学習するのではなく、第1・2学年、第3・4学年、第5・6・7学年、第8・9学年の各段階において、Ⅰ～Ⅲのすべての学習内容を扱い、次の学年でまたⅠ～Ⅲのすべてを扱うというように、スパイラル型の編成となっている」などと説明している。

　また、「5領域」については、「3観点を受け、具体的な指導目標と育てるべき心情面のねらいを示したものである。5領域の指導目標と心情面のねらいを明確にすることによって、指導の方向性や年間指導計画を作成する際、バランスのよい単元の配置が可能になる」と述べている。

　さらに、「10の能力」については、「単元ごとに示した、具体的な力のことである。三戸町小中一貫教育要領には、10の能力の学年ごと到達目

図表26 立志科で育む力の「観点・領域・能力」

3観点	5領域	10能力
Ⅰ 自分自身に関すること	(1) 自主・自律に関する領域	① 自己を律する力
		② 自己を啓発する力
Ⅱ 他の人とのかかわりに関すること	(2) コミュニケーションに関する領域	③他者を受容する力
		④仲間づくりする力
	(3) 集団生活に関する領域	⑤集団生活で協力する力
		⑥規範を尊重する力
Ⅲ 自然や社会とのかかわりに関すること	(4) ふるさと創造に関する領域	⑦伝統・文化や自然環境を理解する力
		⑧文化的活動を企画・表現する力
	(5) 生き方・夢に関する領域	⑨社会的役割を遂行する力
		⑩将来設計をする力

標と内容が示されている」と解説している。

　同町では立志科について、東京都品川区が作成した「市民科」の教科書等を参考にしながら、すべての学年別の教科書と教員用の指導書を作成した。

　教科書にはすべて巻末に、「道徳資料」として4～6編の読み物が掲載されており、指導書には主題設定の理由や授業をするに当たっての留意事項の他、板書例や学習の展開例まで示し、立志科が道徳の指導を含むことを鮮明にしていることも注目される。

　また、指導書では立志科の基本的な授業の流れが、「つかむ・把握」→「活動」→「まとめ」→「チャレンジ」の4段階であるとし、それぞれの段階での主な学習活動を指導事例として示しており、単元の特性や指導学年の実態に応じて各段階の指導を入れ替えるなどの工夫を適宜行ってもよいと明記している。

　さらに、単元を通しての評価の観点を示している。そして、立志科の評価の種類として「児童生徒による自己評価」、「教師による評価」、「児童生徒による相互評価」、「保護者による評価」があり、評価の方法としては「行動観察による評価」、「ワークシートやノートなどによる評価」、「アンケートや面接による評価」、「話し合いや自己目標シートによる評価」などがあるとし、これらの評価を組み合わせ適切な評価を行うよう求めている。

こうした教科書は立志科の実施初年度から、指導書は翌年度から使用されている。

(エ) 小中乗り入れ授業等の実施

中1ギャップの解消等を目的として、接続期の中等部のうち第5～6学年生に対して、一部教科担任制や中学校教員による乗り入れ授業を行っている。また、小学校教員が第7学年の一部授業にT2として入り、学習のつまずきを解消して確かな学力の定着を図る取組みも行っている。

(オ) 「パワーアップ学習」の導入

全学年で、各学習内容の基礎基本を確実に定着させることを目指す学習で、1単位時間の弾力的な対応を可能にしている（モジュールでの運用）。

さらに、高等部では、授業で学習した内容を十分に理解するための補充学習や、特定の興味関心に合わせた発展的な学習を通して、問題解決能力の育成を図る学習を行うが、各校が生徒の実情に応じて適切に時数を確保することになっている。

④ 取組みの成果と課題

すでに公表されている関係資料の記述や、同町教育委員会での聞き取り調査の内容などを勘案しながら、三戸町における小中一貫教育への取組みによる成果と課題の主要な事項を次に述べる。

1）成　果

① 不登校生の減少

町教育委員会によれば、小中一貫教育に取り組む最大の理由の一つである、不登校者数の減少は数値的にも明確であり、その点では中一ギャップが解消されつつあると評価している。その要因として同教育委員会は、小中一貫教育への具体的な取組みとして5・6年生の授業を通常の45分ではなく50分としたり、中学校と同様に定期テストを実施したりすることで計画性をもった学習を習慣づける取組みや、6年生を対象として「基本的な生活習慣の重要性に関すること」「勉強方法と学習計画の立て方に関すること」という2つの講

話を含む、中身の濃い「7年生進級前ガイダンス」を開催していることなどをあげている。

　ちなみに、町教育委員会がこのガイダンスに参加した児童を対象として行ったアンケート調査の結果によれば、7年生（中学1年生）への進級に対する期待が大きくなり、明らかに不安感が減少している状況が読み取れる。

　② 学力の向上

　小中一貫教育に取り組むもう一つの大きな目標は、児童・生徒に確かな学力を身に付けさせることであった。町教育委員会によれば、この点についても成果があったという。

　すなわち、青森県教育委員会が確かな学力育成のため、小学5年生と中学2年生の学習内容の定着度を継続的に調査している「学習状況調査」において、中学2年（8年）生の三戸町と県の平均通過率（問題ごとに正答した生徒の人数の割合が通過率であり、全問題の通過率の平均の数値）を経年で比べると明らかだという。その主張によれば、連携型の小中一貫教育への取組みが始まった2009（平成21）年度は県平均（8年生の5教科全体）を2.9点下回っていたが、2011（平成23）年度はその差がマイナス0.5点まで縮小し、2012（平成24）年度には僅か0.4点ながら上回り、2013（平成25）年度は2.1点上回ったとのことである。ただし、同時に、教科によっては下回っているものもあり、引き続き努力が必要だとの認識も明示している。

　そして、こうした成果をもたらした要因について同教委は、小中一貫教育への様々な取組みを通じて、全教職員が「義務教育の9年間を見通した学習指導。その中で、今自分が果たすべき役割は何か」という意識が徐々に強まってきており、そうした発想で組み立て実践している授業を、町教育委員会主催で町内の全教職員が参加する「授業交流発表会」で公開し、それをもとに分科会で授業に役立てる教材や情報を交換するなど研究協議を深めることを通じて、「授業力（指導力）」が向上した結果だと分析している。

　また、同教委は、こうした教職員の取組みを強く後押ししているのが、少しずつながら小中一貫教育への理解を深めてきた保護者や地域住民の協力だとす

る。さらに、この保護者や地域住民の理解を深めるのに大きな役割を果たしたのは、町の広報紙「広報さんのへ」に「心豊かでたくましい児童生徒を育む小中一貫教育をめざして　シリーズ　えでゅれぽ」のタイトルで、小中一貫教育の実現に向けた検討状況から連携型の一貫教育の実施状況、さらには一体型校舎の検討状況から建築工事の進捗の様子、そして一体型の一貫教育の実施状況などまで、実に33回連載するなどした普及啓発の努力だ、と私は考える。

2) 残された課題
① 課題が多く成果も未知数な「立志科」

　三戸町による小中一貫教育の目玉ともいうべき「立志科」への取組みの成果については、先にも述べたように教職員が立志科の目的とされる10の能力を「義務教育9年間の連続した学びで達成すべき力」との共通認識を持ち、長期的スパンで取り組んでいるため、徐々に成果があがってきていると積極的に評価する声もある。反面、教職員の中にも、そもそも成果を適正に評価するのは難しい教科であり、現時点では未知数だとのやや厳しい指摘もある。

　また、「立志科」は三戸町独自の教科であるため、当然のことながら他の市町村から異動してきた教職員にとっては、とまどいを覚え、日々の指導に苦悩することも多いとされる。

　もちろん、町教育委員会はそのような状況を想定し、前述したように細かな配慮をした指導書の作成・配布や研修機会を増やすなどの努力を続けている。

　それにもかかわらず、取組みが始まってから年月を経るにしたがい、立志科創設の検討やその教科書・指導書作成に深く関与し、校内で立志科指導のリーダー役を果たしてきた教員が減少したため、立志科創設の趣旨に即した指導を積極的に行っている教員と、特別活動や総合的な学習の時間とどこが違うか不明であり、道徳教育の内容も薄められたような指導に終始している教員と二極分化しているとの厳しい指摘もある。

② 取組みを推進する人的体制の脆弱さ

　どのような取組みでも期待される成果をあげるためには、最低限の人的体制整備が不可欠なことは言うまでもない。とりわけ小中一貫教育のように法的制

度が未整備なまま、関係者が確たる経験の裏付けもなく、文字どおり創意工夫をこらしながら実践しなければならない場合は、そうした教職員に対して指導・助言するなどの支援をする体制整備が重要になる。

けれども、同教委事務局には指導主事が配置されておらず、学校教育の経験を有するのは教育長のみであり、教職員の取組みをサポートする体制が極めて脆弱である。

この事務局体制の弱さは、隣接する町と共同で設置している三戸地方教育研究所の指導主事による各校への巡回指導を求めたり、町としてかなり多額の予算を投じ、TTや乗り入れの取組みを可能にするような町独自の教員（臨時講師）の加配を実施するなどの学校支援を続けており、町として可能な限りの努力がなされているものの、完全に克服されているとは言えず、今後の大きな課題と思われる。

[主要な参考文献等]

- 『心豊かでたくましい児童生徒を育む小中一貫教育を目指して－三戸町におけるこれからの義務教育創造－』（三戸町立小・中学校の義務教育の振興に関する検討会議　2007年3月）
- 「三戸地区小中一貫教育学校整備基本計画書」（三戸地区小中一貫教育学校整備基本計画策定委員会　2009年1月）
- 「三戸町小中一貫教育要領　－平成21年度－」三戸町教育委員会　2009年　月日不詳）
- 「三戸町小中一貫教育要領　－英語科－」（三戸町教育委員会　2009年　月日不詳）
- 「立志科指導書」（三戸町教育委員会　2010年4月）
- 「心豊かでたくましい児童生徒を育む　小中一貫教育をめざして　シリーズ　えでゅれぽ」No.1～No.33（「広報さんのへ」の連載）
- 村上純一「青森県三戸町におけるカリキュラム改革への取り組み－教科「立志科」－」大桃敏行・押田貴久編著『教育現場に革新をもたらす自治体発カリキュラム改革』学事出版、2014年所収）

2 実施形態Ⅰ－施設を中心にして（施設分離・連携型）

(1) 鹿児島県薩摩川内市
－各校区（地域）の特色を生かした連携型の取組み－

① 薩摩川内市の概況

　薩摩川内市は2004（平成16）年10月12日、1市4町4村による大型合併により成立した。鹿児島県の薩摩半島の北西部に位置し、変化に富む海岸線、緑豊かな山々と湖、地形の変化が美しいことで知られる甑島など、様々な自然環境を有している。

　人口は9万6762人（2014年8月1日現在推計人口）である。

　同市には、合併当初、小学校47校、中学校16校、合わせて63の学校があった。今日では小学校35校、中学校15校（休校1を含む）、合わせて50の学校（休校1を含む。2014年4月1日現在）がある。

　同市では、教育目標を次のように定めている。

　「ふるさとを愛し、心豊かにたくましく生きる薩摩川内のひとづくり」

　また、小中一貫教育推進事業の目標を次のように定める。

　「子どもの『中一ギャップ』の解消に努め、小・中学校間の円滑な接続を図るとともに、小・中学校の教職員の教育観の変革、指導力の向上を図る。

　また、ふるさと薩摩川内に学び、ふるさとを知り、ふるさとを愛し、将来にわたってふるさとに貢献しようとする子どもを育成する」

② 小中一貫教育に対する取組みの経緯

　薩摩川内市では2004（平成16）年10月に合併した後、一挙に増えた学校が共に連携して課題解決の努力をするとともに、新薩摩川内市らしい教育の創造を目指して取り組んだ。その取組みの特色は、中学校のリーダーシップの大切さを強調し、「中小連携」と呼称していたことである。

しかし、今日における同市の「小中一貫教育」につながる取組みが始まったのは、もう少し後のことで、その経緯は次のとおりである。

1)「教育特区」指定で「連携型一貫教育」の研究（2006年4月〜）

2006（平成18）年4月、内閣府から「小中一貫教育特区」の認定を受け、3中学校区をモデルとして、2009（平成21）年3月までの3年間取り組んだ。同市教委は、この期間を「ファーストステージ」としている。

市内の水引など3中学校区をモデルとしたが、これらは1中学校1小学校の組み合わせが2校区、1中学校4小学校の組み合わせが1校区、と連携の形態を異にしていた。

ただし、各地区とも共通して小・中学校の9年間を、次のような4・3・2の教育段階に区分して具体的な取組みをするものであった。

① 前期（1年〜4年）

基礎・基本の定着、学習習慣の形成、基本的な生活習慣の形成

② 中期（5年〜7年）

基礎・基本の徹底、学習意欲の向上、小・中学校間における児童生徒及び教員等の交流

③ 後期（8年〜9年）

基礎・基本の徹底と自学自習の習慣化、個性の伸長、適切な進路選択

このような教育段階の中で、中期に取組みの重点があり、中学校教員が専門性を生かして小学校で授業したり、小学校の教員が中学校1年生に小学校での授業を思い起こさせる授業を行った。

また、小学校における英語教育の充実を目指し、小学校低学年は年間10時間、中学年は25時間、高学年は35時間の指導を大学教員や地域人材の活用（GT）、ALTなどを組み合わせて実施した。

さらに、児童生徒の交流活動を活発に行うなどの取組みをした。

市教育委員会では、こうした一連の取組みを、「小中一貫教育研究推進委員会」を通して検証した。

それによれば、この3年間の取組みにより、小学校高学年での一部教科担任

制による学力向上、中学1年生の不登校ゼロ達成と中学校全体の問題行動減少、小中学生の交流機会拡大による中学校入学への不安感減少、合同研修や交流の充実による教職員の意識の高揚、などの成果があったと評価している。

なお、薩摩川内市において3年間行われたモデル校区の取組みの成果は、前述した「教育再生懇談会」の第4次報告にも大きな影響を与えたとされている。

2）市内の全14中学校区で「連携型一貫教育」を推進（2009年4月〜）

薩摩川内市教育委員会は2009（平成21）年4月から、前述した3中学校区によるモデル研究の成果を踏まえ、市内に14ある中学校区のすべてで、文部科学省から「教育課程特例校」の認定を受け、新教科「コミュニケーション科」を中心にすえ、小学校と中学校の児童生徒の積極的な交流と小中学校の教員による相互の交流を重視しながら、連携型小中一貫教育に取り組んだ。同市教委では、この期間を「セカンドステージ」と位置付けている。

この「コミュニケーション科」とは、市教委の説明によれば、「国語でもない、算数でもない、市独自の新しい教科です。望ましい人間関係を築く力や自分の思いや考えを効果的に表現する力などを育て、子ども一人ひとりの学力や豊かな心をはぐくむもの」（市教委作成によるリーフレット）ということである。

同市教委はこの3年間にわたる取組みの成果を、まず児童生徒に関しては、小学生の中学入学時における安心感の高揚、小学生の中学生に対する憧憬の気持ちの醸成、中学生の小学生に対する慈しみや優しい気持ちの醸成などができたと評価している。

また、教職員に関しては、小学校教員が中学校までの学習の系統性を意識するようになったこと、中学校教員が小学校における問題解決型学習を意識するようになったこと、小中教員とも小中一貫教育推進に対する意識が高まったことを積極的に評価している。

さらに、不登校や生徒指導上の課題の減少や学力向上など、総じて大きな成果があったと評価している。

③ 小中一貫教育への取組み内容

薩摩川内市では2012（平成24）年4月、改めて文部科学省から「教育課程特例校」の変更認定を受け、同市教委が「サードステージ」と位置付ける取組みが市内全14中学校区で開始され、ほぼ同一の取組み内容で今日に至っている。

これまで述べてきたことと重複する部分も多いが、2012年度の主要な取組み内容の概要を改めて整理しておくことにする。

1）児童生徒の交流活動

小中学校間の円滑な接続を図るため、特に中期（小学5〜6年、中学1年）に重点をおきながら、小中学校の教員が相互に乗り入れ授業をしたり、児童生徒が学校行事や学習を合同で実施したり、お互いに参加し合うなどの取組みをしている。

また、こうした交流活動の中には、「テレビ会議システム」を使用したユニークな取組みもある。

なお、この児童交流活動のための移動手段としては、「借り上げバス」を利用できるようになっており、2012年度当初予算には大型41台、中型75台、小型39台分の借り上げ代が措置されている。もちろん、従来から受益者負担であったもの及び受益者負担が望ましいものには当予算は使われないルールになっている。

2）小学校における英語教育の充実

小学校1年生から英語学習を実施する「英語教育の充実」にも引き続き取り組んでおり、年間指導時間数も変わっていない。これらの学習は、小中学校の教員が共同で作成した9年間を見通した英語学習のカリキュラムに基づいて行われる。同市教委は市内にある全43小学校へ英語に堪能な地域の人々（GT）やALTを派遣することにより、各校の実践を支援している。

なお、このGTには英語活動の授業を含む1時間あたり2500円の謝金と交通費が毎月支払われており、2012年度当初予算に報償費分約400万円が盛り込まれている。

また、市教委による取組みとしては、英語検定受験料の補助、英語サマーキャ

ンプの実施や各種英語発表大会への助成等も行っている。

3)「ふるさと・コミュニケーション科」の創設

　これは、薩摩川内市による最も特色ある取組みと思われる。市教委によれば、モデルの3校区で新教科として3年間取り組み、その後の3年間は市内全校でも継続実施した「コミュニケーション科」をさらにバージョンアップすることを目指したものだという。

　すなわち、市教委は次のように説明している。

【「ふるさと・コミュニケーション科」の目標】

　「自分を取り巻く人、社会、環境（＝ふるさと）との関わりの中で、『自己表現力』・『人間関係構築力』など、他教科との関連を図った確かな言語力に基づく『コミュニケーション能力』を育成するとともに、社会の中でよりよく生きようとする意欲や態度を養う」

【「ふるさと・コミュニケーション科」で育てたい4つの力】

　(ア)　望ましい人間関係を形成する力
　(イ)　自分の思いや考えを効果的に表現する力
　(ウ)　豊かな言語力をもとに互いの思いや考え方を伝え合う力
　(エ)　よりよく生きるために意思決定したり将来を設計する力

　　こうした目標を達成するため、各中学校区ではそれぞれの特色を生かしながら、例えば「地域や世の中のことを知ろう」「ふるさとの中のわたしたち」「ふるさと再発見　英語交流学習」「焼酎『島立ち』をつくろう」など、様々な内容の学習が行われている。

　　なお、この「ふるさと・コミュニケーション科」では、市が県内外で活躍する方や地域の人々、卒業生等を講師等として派遣する事業「薩摩川内元気塾事業」を活用し、講演会や実技指導などを行うことにより学習内容をいっそう豊かにすることもできる。

4)「小中一貫教育実践発表会」等の開催

　各中学校区の取組みについては、「小中一貫教育実践発表会」を毎年開催し、各校が輪番で3年に1回程度実践発表を行うことで、その成果と課題の共有化

を図ってきた。

　そして、2013（平成25）年8月には、小中学校の全教職員が一堂に会する「第1回小中一貫教育シンポジウム」を開催し、家庭や地域とのつながりを大切にした取組みなどについて紹介し合うと共に、文部科学省の小中一貫教育担当室長の講演で全国的な動向について学び、自らの実践について改めて考えたりする機会を持った。

④　小中一貫教育による成果と課題

　同市の取組みに関する様々な資料や関係者から直接聞き取った内容をもとに、成果と課題について整理しておくことにする。

1）取組みの成果

　同市教育委員会は、2011（平成23）年度までの取組みによる成果について、市教委が自ら実施した意識調査等の結果や各中学校区が行った評価などをもとに、次のように総括している。

ⅰ）小学生が中学校に入学する際の安心感が高まった。

　　市教育委員会が中学入学者を対象として2009（平成21）年度から実施している意識調査の結果によれば、中学に入学する際の不安感が少しずつだが減少していることは明確だという。

　　すなわち、2009年度には「とても不安」と「少し不安」を合わせると65％、逆に「あまり不安なし」と「不安なし」を合わせた数値は35％であった。それが、2011年度の調査では、「とても不安」と「少し不安」が合わせて54.1％に低下し、逆に「あまり不安なし」と「不安なし」を合わせた数値が45.9％に上昇したのである。

ⅱ）小学生の中学生への憧憬の気持ちの醸成

ⅲ）中学生の小学生に対する慈しみの気持ち、やさしい気持ちの醸成

ⅳ）小学校教員は中学までの学習の系統性を意識するようになった。

ⅴ）中学校教員は小学校における問題解決型学習を意識するようになった。

ⅵ）小学校教員と中学校教員双方ともに、小中一貫教育推進に対する意識

が高まった。

　これは、市教委が、3年間の取組みの総括として2011（平成23）年に全小中学校教員を対象に小中一貫教育に関する意識調査を実施した結果に基づくものである。

　また、ⅳ）、ⅴ）、ⅵ）で前述したような教員の意識の高まりが影響してか、小中教員による合同研修会の開催回数が2009年度は87回だったものが2011年度は169回と増加、同様に部会等研修も286回だったものが実に509回と大幅に増加したという。

ⅶ）不登校や生徒指導上の課題が減少し、学力も向上しつつある。

　このことに関して市教委は、2009年度からのセカンドステージ開始と時期を同じくして不登校が明らかに減少に転じており、小中一貫教育が有効だと思われると説明している。ただし、小学校に比し、中学校の不登校者がやや多く、これを小学校なみに減少させることが今後の目標だという。

2）今後の課題

市教育委員会関係者からの聞き取り内容等を勘案すれば、今後の主要な課題は次の3点だと考える。

① 学校規模や各地域（学区）の特色に応じた取組みの工夫

　14の中学校区における児童生徒数（平成24年4月1日現在推計）を見ると、川内北の2395名が最多で、川内中央と川内南が共に1700人台でこれに続いている。

　一方で、最少は離島の上甑で僅かに48名、次いで70〜80人台の学区が高江、海陽、里の3つある。こうした学校規模の大きな差異と、当然ある各学区（地域）の特色に合わせた取組みが現状では必ずしも十分ではなく、今後のさらなる工夫が必要である。

② 市への転入教職員の小中一貫教育に対する理解の促進

　これは、他の事例についても繰り返し述べてきたように、小中一貫教育が国による制度的な裏付けのある取組みではなく、したがって鹿児島県内において取り組んでいる市町村も少ない現状では当然に生ずる課題である。

この課題解決策は、第一に研修等の充実ということになるであろうが、先に成果として前述したように小中合同研修や部会別研修が活発に行われている現状からすれば、すでに解決に向けた取組みが続けられていると考えていいようにも思われる。

③　教員及び児童生徒の交流の移動や事前打ち合わせなどの時間確保

　同市が小中一貫教育の目的の1つとして、「教職員の教育観の変革と指導力の向上」をあげ、そのための取組みとしての授業交流と、児童生徒の交流活動の充実を重視していることは前述した。

　同市教委が公表したデータによれば、2009（平成21）年度中に実施された中学校区の授業交流時間数は平均22.8時間、翌2010年度は32時間だった。この交流時間数を2014（平成26）年度には35時間、つまり各中学校区で毎週1時間にすることが、市教委の当面の目標である。

　また、児童生徒の交流活動は2009（平成21）年度は6.3回、同2010年度は12.3回とほぼ倍増した。これを、2014（平成26）年度には11回、つまり毎月1回にすることが市教委の目標だという。

　授業交流にしろ、児童生徒の交流活動にしろ、その実施のためには教員同士の綿密な打ち合わせが必要なことは言うまでもなく、取組みの回数が増えれば増えるほど打ち合わせ回数も多くなり、そのための時間確保が重要な課題になることは言うまでもない。

[主要な参考文献等]
・「平成24年度版薩摩川内市小中一貫教育ガイドブック」（薩摩川内市教育委員会　20012年）
・「平成24年度薩摩川内市の学校教育」（薩摩川内市教育委員会　2012年）
・「16中学校区における『連携型』小中一貫教育」との見出しがついたリーフレット（同市教育委員会　発行年月不詳）
・「14中学校区における『連携型』小中一貫教育」との見出しがついたリーフレット（同市教育委員会　発行年月不詳）

(2) 広島県呉市
　－「小中一貫は特別ではなく、当たり前の教育」との発想－

① 呉市の概況

　呉市は広島県の南西部に位置し、瀬戸内海に面した臨海都市で2000（平成12）年に特例市となった。人口は約23万人（2014年8月現在）である。

　明治時代以降、帝国海軍や海上自衛隊の拠点として発展してきた。特に、第2次世界大戦中は呉海軍工廠で「戦艦大和」が建造されるなど、帝国海軍の拠点として約40万人の人口を抱え、全国10大都市の1つに数えられるほどであった。

　2005（平成17）年3月20日、周辺の安芸郡や豊田郡の各町を編入し、一挙に人口25万人を超える県下第3位の規模となった。

　2014（平成26）年4月1日現在、市内の小学校は41校（うち、2校が休校中）、中学校は26校である。

　呉市は文字どおり、我が国における小中一貫教育のパイオニアとも言うべき存在である。

② 小中一貫教育への取組みの経緯

　呉市による小中一貫教育への取組みは、全国における市町村のトップを切って2000（平成12）年度から始まったが、以後の経過はおおよそ次のとおりである。

　なお、呉市の取組みはあくまで学習指導要領に則ったものであることを、予め確認しておく必要がある。

１）文部科学省から「研究開発学校」の指定（2000年度～）

　呉市は2000（平成12）年度、文部省（当時）から「研究開発学校」の指定を受けた。

　これは、旧市立二河中学校・同二河小学校・同五番町小学校の3校による共同研究である。

　2000（平成12）年度から2002（平成14）年度までは、小・中学校の9年間を、

4・3・2の前期・中期・後期に区分し、9年間を見通し発達段階に応じたカリキュラム開発に取り組んだ。

また、2003（平成15）年度から2005（平成17）年度までは、研究開発したカリキュラムの実践とその評価を行った。

さらに、この指定研究は2006（平成18）年度まで延長され、研究実践を現行の学習指導要領の中で継続実施するための研究が行われた。

2）指定研究の成果を中央教育審議会に報告（2004年度）

呉市教育委員会は2004（平成16）年、文部科学省中央教育審議会の求めに応じて前述した研究の成果を報告した。

呉市教育委員会によるこの報告は、翌2005（平成17）年の中教審答申「新しい義務教育を創造する」の提言内容に大きな影響を与えたとされる。

3）「呉中央学園」の誕生（2007年4月）

前述した「研究開発学校」の指定を受けた実に7年間にわたる研究と実践を経て2007（平成19）年4月、小学校2校を統合し、小・中学校の名称をそれぞれ呉中央小学校、呉中央中学校に改め、愛称「呉中央学園」として施設一体型の小中一貫校が誕生した。

ただし、2007年度から2010（平成22）年度までの4年間は、1～4年生が旧五番町小学校、5～6年生が旧二河小学校と旧二河中学校、7～9年生が旧二河中学校で分離生活をした。そして、2012（平成24）年には、一体型の新校舎が落成した。

4）市教育委員会が、全中学校区を第1期研究指定（2007年度～）

呉市教育委員会は2007（平成19）年度、市独自の事業として、2010（平成22）年までの期間、市内全中学校区で第1期の小中一貫教育の研究に取り組むことにした。予算は1校区あたり20万円であった。

5）市教育委員会が、全中学校区を第2期研究指定（2011年度～）

同市教育委員会は2011（平成23）年度、第1期の指定に引き続き、全中学校区を第2期研究指定した。1校区当たりの予算額は40万円と前期から倍増した。

なお、この年、呉市は「第6回小中一貫教育全国サミット」の会場となった。

③　小中一貫教育の具体的な取組み内容の概要

1）呉市が考える6・3制に伴う教育課題

　私が行った聞き取り調査や同市教育委員会が作成した各種印刷物等の記述によれば、同市教育委員会が現行の義務教育6・3制に伴う問題点と考えることは次の諸点である。

- ・中1ギャップ
- ・中学校へ進級する時の学びの不安や人間関係への不安
- ・心身の発達の加速化
- ・思春期に落ち込む自尊感情

2）学年区分を4・3・2とする基本的な考え方と実践

　　　－あくまで指導要領に準拠－

　各種調査等のデータをもとにした1）で前述した課題意識を反映させながら、「学びの不安解消」と「自尊感情の回復」の2点を特に重視して、9年間を4・3・2と区分したカリキュラムを開発した。

　すなわち、身長の伸びや自尊感情が大きく変化する時期が小学5年生であること、問題行動や不登校の発生率が中学1年で急増していることなどを重視し、そうした課題に適切に対応することを目指して、次のような3区分としたのである。

【前期（第1学年～4学年）－学習は具体物を使う思考が中心－】

　教育内容は、繰り返しにより基本的な生活習慣や読み・書き・計算などの基礎的な力を身に付ける時期との位置づけである。

【中期（第5学年～7学年）－移行期として重視し指導体制の充実策を－】

　学習が具体物による思考から、中学校での論理的・抽象的な思考への移行期との位置づけ、小学校から中学校へのスムーズな移行を目指して、5～6学年に一部教科担任制を導入している。すなわち、市教育委員会から「小中兼職辞令」を受けた中学校教員が、5・6年生を対象に、国語・算数・外国語・体育に各60時間、音楽に75時間、いわゆる「乗り入れ授業」を行う。また、小学校教員が第7学年生に授業する相互乗り入れ方式をとっている。

　この一部教科担任制について、呉中央学園では、㈦学級担任制から教科担

任制へのゆるやかな移行が可能となる、(イ)確かな学力を身に付け学習意欲を高める、(ウ)教員による児童の理解をより確かなものにする、などのメリットがあると評価している。

　また、この中期の指導の充実策としては、5・6年生の期末試験実施も大きな成果があるとされる。すなわち、単元ごとのテストで、あまりテストに対する学習が必要のない小学校から中学校に進んだとたんに、範囲が広く事前のテスト対策が必要な定期テストがあり、その差にショックを受けたり学習意欲を失ったりする生徒が多いことに配慮した、スムーズな移行を目指す取組みである。

【後期（第8学年～9学年）－論理的・抽象的な思考が中心－】
　「社会で自立して生きていく基礎づくり」のため、前期・中期で身に付けたことを発展させ、自立して社会で生きていく基礎である学力と社会性を身に付けることを目指す。

3）その他の特色ある教育活動
　各地域や学校の特色を生かして行われる教育活動には興味深いものが多い。その中から、呉中央学園を例として主要なものを以下に紹介する。

【選択学習】
　「総合的な学習」の時間で、5・6・7学年が共同で取り組む活動である。これまでの例では「自分の体！不思議発見」や「こだわりシェフを目指そう」など、教科に関するテーマ学習で、自分で課題を発見し解決する力や人間関係能力の養成を目指すものである。

【「生き方学習」】
　義務教育9年間を通して系統化された進路学習であり、「夢チャレンジの時間」と呼ばれ、呉中央学園による教育活動のシンボルともいうべき特設カリキュラムである。テーマは「人との関わりの中で自分のよさに気づく（前期）」、「人との関わりの中で自分の可能性を追究する（中期）」、「人との関わりの中で、これからの生き方をさぐる（後期）」とされている。

　具体的な取組みとしては、地域の人々や企業等の協力を得て行う「職場ウ

オッチング・職場体験」や「異学年交流」などがある。
【学校行事】
　学校行事も一貫校の特色を生かしたものが多い。例えば、9年生が1年生の手を引いて入場行進するところから始まり、異学年の団体競技などが行われる「呉中央学園大運動会」、3つの学年区分を意識し前期と中期の間に行われる「2分の1成人式」、中期と後期の間に行われる「立志式」などがある。

4）学校による取組みを推進する市教育委員会の施策

　すでに前述したように、法制度上の裏付けがない小中一貫教育を実践するためには学校側の努力だけでは不可能であり、設置者たる市町村による強力な支援が不可欠である。

　これまで述べてきた呉中央学園を中心とした取組みを可能にした要因とみられる、呉市教育委員会による学校支援策の主要なものについて述べる。

【市内全域への普及啓発】
　「小中一貫市民フォーラム」の開催、各種のリーフレットや事例集等の作成・配布などを通じて、市内全域への普及啓発を積極的に行っている。

【加配講師配置事業】
　2012（平成24）年度、市単独経費で非常勤講師（週30時間）を9名採用し、相互乗り入れ授業などに伴う教職員の負担の軽減を図っている。

【「小中一貫教育推進コーディネーター」の配置】
　各校に、㋐小学校と中学校の「組織」をつなぐ、㋑小中の「教員」をつなぐ、㋒実践する学校の現場と大学等の「研究者」とをつなぐ役割を担う教師を「小中一貫教育推進コーディネーター」として配置している。

　そして、今日では、こうした小中一貫教育のカギを握る「小中一貫教育推進コーディネーター研修会」を開催するなどして実践の担い手育成に力を注いでいる。

④　小中一貫教育に対する取組みの成果と課題

　収集した多くの関係資料の記述内容と、筆者が市教育長や校長をはじめとする関係者から直接聞き取った内容を勘案しながら成果と課題について述べる。

1) 取組みの成果

　市教育委員会が2009（平成21）年11月に保護者（回答者1万965名）及び教職員（同1144名）を対象として実施した「小中一貫教育に係る意識調査」によれば、保護者の7割以上が「小中一貫教育は効果がある」としている。また、教職員も「児童生徒への理解が深まった」など様々な面で小中一貫教育の効果を実感しているようである。

　こうした調査結果などを踏まえて、市教育委員会が挙げる成果は次の2点である。

【児童生徒の意識の変化】

　自分のよさがわかる（自尊感情の回復）、意見の違う人と協力できる（人間関係力の向上）児童生徒が増えた。

　また、児童生徒の学習意欲が向上し、学習時間が増えた。その結果として、全国学力・学習状況調査で全国平均を上回るようになった。

【教職員の意識の変化】

　児童生徒への理解が深まり、9年間で子どもを育てるという意識が定着した。こうした意識の変化は、教職員の指導方法改善への意欲を向上させた。

　さらに、この教職員の変化は、小・中教員の日常的な交流（職員室は1つ）でいっそう確かなものになった。

2) 今後の課題

【非常勤講師確保の予算措置が困難】

　最大の課題は施設分離型における乗り入れ授業時の教職員の負担増と多忙化だと考える。市教育委員会はこの課題解消策として、前述した非常勤講師が授業の補助などを行う施策を講じているが、抜本的な解消策とはなっておらず、教職員のやる気と達成感に頼りきっているのが現状である。

　しかし、非常勤講師をこれ以上増員することは財政的にも困難だという。

【保護者や地域住民に対する普及啓発のさらなる拡充】

　取組みを始めてから既にかなりの年月を経た呉市においても、今なお小中一貫教育への理解が十分ではなく、批判や反対する保護者や地域住民もいる。

こうした人々に対する普及啓発をいっそう拡充していくことも残された課題である。

〈付　記〉－印象深い長谷川教育長のご発言－

　これまで述べてきたことは、呉市で最も早くから取り組んでいる施設一体型小中一貫校である呉中央学園の事例を中心としたものである。同市では現在、この他に警固屋、広南、倉橋の3学園が施設一体型一貫校になっている。

　同市における聞き取り調査の最後にお会いした、前述の文部科学省作業部会委員も務められた長谷川晃教育長（当時）による印象深いお話を参考までに紹介し、本事例に関する記述の締めくくりとする。

　そのお話は、おおよそ次のようなものであった。

　「呉市の小中一貫教育の最大の目的は『中1ギャップの解消』と『自尊感情の向上』であって、他の自治体のように『学力向上』ではない。結果として、この数年、わが市の子どもたちの学力は明らかに向上しているが、決して学力向上を目的とした取組みではなかった。しかし、教員同士が小中の垣根を越えて学び合い、協力し合うことで中学校での問題行動が減り、学校が落ち着けば自然と学力があがってくるものではないかと思う。……」

　「わが市ではあくまで学習指導要領に沿い、その範囲内でのカリキュラム編成をしている。芸術科目や体育などの授業時数を減らして、まさに知・徳・体のバランスを崩してまで小中一貫のカリキュラムを編成している自治体もあるが、長い目で見ればあまりにマイナスが大き過ぎ、私は反対である……」

　「学校の統廃合を契機として小中一貫教育を導入している地域も多いが、呉市では分離型も含めて全市で展開していることが特徴だ……」と。

[主要な参考文献等]

・天笠茂監修・市立五番町小学校・二河小学校・二河中学校編著『公立小中で創る一貫教育』ぎょうせい　2005年11月
・萩原和夫「子どもの〈育ち〉にこだわった一貫教育づくりへの挑戦」（雑誌『悠＋』

2009年2月号26～28頁　ぎょうせい）
・天笠茂監修・呉市教育委員会編著『呉市の教育改革　小中一貫教育のマネジメント』（ぎょうせい2011年1月）
・リーフレット「呉中央学園が創る小中一貫教育」（呉中央学園　2012年）
・リーフレット「小中一貫教育校　呉中央学園」（呉中央学園　2012年）

(3)　島根県松江市
　　－「たての一貫」と「よこの一貫（環）」の組み合わせで成果－

①　松江市の概要

　松江市は島根県東部に位置し、同県の県庁所在都市である。同県雲南市・出雲市・安来市及び鳥取県境港市と隣接している。

　松江は古代出雲の中心地として早くから開け、江戸時代の初めに堀尾吉晴が1607年から1611年の足かけ5年をかけて亀田山に築城を行ったことから、城下町・松江として市の基礎が築かれたとされる。江戸時代中期以降は親藩・松平家の城下町として栄えた。

　また、明治時代に松江を訪れ、移り住んだラフカディオ・ハーン（小泉八雲）が松江の町を「日本の面影」として広く世界に紹介したため、今日では京都・奈良の両市と並ぶ国際文化観光都市と評されている。

　現在の松江市は2005（平成17）年3月31日、旧松江市と八束郡鹿島町・島根町・美保関町・八雲村・玉湯町・宍道町・八束町の1市6町1村が新設合併し、旧松江市を廃して新・松江市として成立した。さらに、2011（平成23）年8月に八束郡東出雲町を編入合併、翌2012（平成24）年には特例市に移行した。

　山陰地方で事業展開する企業の本社のほか、県外企業の島根・鳥取両県を統括する支店が多くおかれている。

　人口は20万6333人（2014年8月1日　推計人口）である。

②　取組みの経緯

　松江市による小中一貫教育への取組みは2005（平成17）年に萌芽があった

とされるが、それ以後の経緯を以下に整理する。

1）学校教育プラン策定作業の中で「小中一貫教育」に着目（2005年度〜）

前述したように2005（平成17）年3月31日、8市町村の合併により誕生した新生・松江市では、新市にふさわしい「学校教育のプラン」作成を検討することになった。

その時、島根県の大きな教育課題として注目されていたのは、国の調査によれば同県中学生の不登校率が全国トップクラスの高率を占めていることであり、中でも松江市の状況が厳しいことであった。しかも、松江市の状況をつぶさに検討した結果、小学校6年時に比べ、中学1年生の不登校率が数倍に達していることが明らかになったため、その対策の1つとして小・中学校の連携が大きな課題として認識されるようになり、その後の取組みの契機になったという。

2）「松江市学校教育プラン」を策定（2006年度）

松江市教育委員会は2006（平成18）年度、合併成立後の新生松江市の「学校教育プラン」を策定した。このプラン策定の過程では「小中一貫教育推進構想」も検討されたため、プランには随所で「学校外の人々の協力」、「保護者や地域住民の意見を適切に反映」、さらには「小学校と中学校が一貫・連携」などの言葉が盛り込まれ、後に策定されることになる「市小中一貫教育推進計画」、とりわけ「よこの一貫（環）」につながる内容が多く含まれていた。

以下に、学校教育ビジョンと学校教育のプランの概要を紹介する。

① 学校教育のビジョン（松江市の学校教育が目指す方向性）

近年の地方分権の流れの中で市町村教育委員会は、これまで以上に主体的にこれからの教育を構築していくことが求められているところであり、松江市の学校教育がめざす方向性を「学校教育ビジョン」とし、その観点に立って学校が共通して取り組むべき教育内容を「松江市学校教育プラン」として策定

1. 求められる教育の充実
   - 「確かな学力」や「豊かな心」、「健やかな体」のバランスのとれた児童生徒の育成。
   - 学ぶ意欲の高揚、基礎基本の確実な定着による自ら学び自ら考え行動

する力の育成、学習習慣の確立、国際社会を日本人としての自覚をもって生きる力の養成。
- 指導内容や指導体制についても個に応じた教育の充実、特別支援教育の充実等。

2. 教職員の指導力の向上
- 尊敬され、信頼される質の高い指導者の養成。
- 研修、評価、指導・支援等のサイクルを総合的に高めていく日常的な研究と実践。
- <u>優れた知識・技能等を持つ学校外の人々の協力を得ていくこと</u>。（以下、下線は筆者）

3. 学校の主体性と<u>保護者・地域との協働運営</u>
- <u>保護者や地域（市民）の意見や要望を的確に反映</u>し、学校が主体的に特色ある学校づくり。
- <u>保護者や地域（市民）の、学校運営にも積極的に参加協力をしていく協働運営の意識</u>。

4. 松江らしい特色ある教育の推進
- 国際文化観光都市として、歴史と文化を活かし、国際的感覚や視野をもった人材の育成。
- 学校における各地域の特色を教育内容等に活用した活動の展開。
- <u>小学校と中学校が一貫・連携した</u>、地域とともに特色ある教育の創造。

② 松江市の学校教育プラン
1. 確かな学力を育成するための教育を推進します。
- 確かな学力とは、知識・技能に加え、学ぶ意欲や、自分で課題を見つけ、自ら学び主体的に判断し、行動し、よりよく問題を解決する資質や能力等。
- 教育課程や指導方法及び内容の改善により、わかる授業を行い、確かな学力の育成をめざす。
  (1) 基礎基本の徹底　　(2) 自ら学び自ら考える力の育成

2．豊かな人間性をはぐくむための教育を推進します。
　・いろいろな場面で様々な体験をするとともに、児童生徒間あるいは指導者との関わりの中で心のふれ合いを大切にすること。
　・<u>保護者や地域社会との一層の連携強化。</u>
　　⑴ 子どもの心をゆさぶる体験活動
　　⑵ 心と心が響きあうコミュニケーション能力育成
3．児童生徒の健康と体力を増進するための教育を推進します。
　（詳細は省略）
4．松江市の特色を生かした教育を推進します。
　・<u>ふるさと松江に対する理解を深め、将来にわたって松江に誇りをもつことができる児童生徒の育成</u>をめざす。
　　㈠ 環境について考え行動する力を育てる。
　　㈡ 国際化に対応したコミュニケーション能力の育成。

3）「小中教職員相互交流研修事業」を開始（2006年度）

同市教育委員会は2006（平成18）年度、小中一貫教育に向けた事前準備とも言える市単独予算による新規事業「小・中学校教職員相互交流研修事業」を始めた。

同事業は年度により若干内容を変えながらも今日まで続いており、同市が小中一貫教育を本格実施するに先立つ条件整備として取り組んだ重要な意義を持つものだと思われる。

事業が定着したかに見える2008（平成20）年度の実施要項によれば、事業の概要は次のとおりである。

① 研修目的

　小学校及び中学校の教諭等が異校種の学校において研修することを通して、相互の教育活動・教育内容等についての理解を深めるとともに、教職員の資質及び指導力の向上を目指す。

　今年度はできるだけ多くの教諭等の交流を促し、この研修成果を校内及び中学校区研修等で共有することにより、小中一貫教育推進に役立てる。

② 研修の対象

　各学校の校長が、所属する教諭等から適任者1名以上を異校種の学校へ派遣する。

③ 研修期間と研修日数

　平成20年5月～平成21年1月の期間で実施する。研修日数は2日以上、連続日は問わず、半日・時間単位の実施及び複数教諭等での実施も可とする。

　校区内に複数の小学校がある中学校については、全小学校に1名以上研修者を派遣する。

④ 研修内容及び研修方法

　研修内容等の詳細については、次の(ア)～(イ)に留意し、各ブロック（各中学校とその中学校区内に所在する小学校で構成するグループ）及び当該小・中学校間で十分に協議し決定する。

　(ア)　研修者は、この研修成果が自校の教育の充実に生かせるよう課題を持って研修に臨む。

　(イ)　事前に研修先の学校等と十分に協議のうえ実施する。

　(ウ)　研修終了後、校内及び中学校区で研修報告を行うとともに、「研修実施報告書」を作成し、研修先の学校へ提出するとともに、その写しを松江市教育委員会へ提出する。

　(エ)　研修においては、次のような研修方法等により、研修が充実するよう工夫する。

　　　　今年度は、授業参加・指導を積極的に計画すること。

（研修方法例）・授業参加や指導（TTなど）

　　　　　　　・授業参観

　　　　　　　・職員朝礼や各種会議等への参加

　　　　　　　・学習指導や生活指導等についての協議等

　　　　　　　・児童、生徒の諸活動の観察等

　この事業では、単なる参観（授業等の）だけでなく、実際にTTなどとして参加・参画することを強く求めていることに注目すべきだと考える。

また、小中一貫教育の本格実施前後の2009（平成21）・2010（平成22）年度には全教員に研修を義務付ける形で実施され、本格実施後直後の2011（平成23）年度からは各学区の裁量に任されるよう緩和され、現在まで続けられていることも注目すべきことだと思われる。

4）八束中学校区（小中学校隣接・一体型）をモデルに指定（2007年度）

この年以後、4つの違うパターンのモデル校区を指定して研究事業を開始した。

5）第四中学校区（小学校同規模型）をモデル指定（2008年度）

玉湯中学校区（小学校異規模型）をモデル指定

6）第一中学校区（小学校多数型）をモデル指定（2009年度）

7）市教育委員会に小中一貫教育推進課を設置（2009年度）

2009（平成21）年6月、小中一貫教育に取り組むに当たり市教育委員会事務局の体制整備を図ったものである。事実、この年度は松江市の一貫教育が大きく前進する節目の年になった。

　この体制整備に関し特に注目すべきは、「よこの一貫（環）」を重視して、地域社会との連携協力関係づくりにノウハウを持つ社会教育主事（教員籍）を配置したことである。この措置は、後述する学校支援地域本部事業の立ち上げから進展に大きく貢献したし、今も一貫教育の充実のため大きな役割を果たしていると考える。

8）小中一貫基本カリキュラムを作成（2009年度）

　市教育委員会は、4つの中学校区をモデル地域に指定し調査研究を進めながら、次の3つの基本方針に基づき、次年度から15の中学校区すべてで小中一貫教育を推進することにし、その基本カリキュラム作成に取り組んだ。

【基本方針】

① 既存の中学校区と新学習指導要領をもとに取り組む。

② 4・3・2の教育区分により、義務教育9年間の連続した教育の充実を図る。

③ 学校・家庭・地域が協働し、地域（校区）で子どもたちを育てるまちづくりを進める。

そして、市教育委員会はこの基本方針に基づき、島根大学教育学部教員と、

松江市教育研究会から推薦された人々に、市が島根県と共同で実施した学力調査の分析結果をもとに「松江市の子どもにつけたい力」などを明らかにし、4・3・2の教育区分で、重点をおく指導を段階的に示すことにより、義務教育9年間を見通した「松江市小中一貫基本カリキュラム」の作成を依頼した。こうして作成された国語、社会、算数・数学、理科、外国語活動・英語の基本カリキュラムを冊子にまとめて学校等に配布し、市教育長名で「～ここに示された教育委員会としての考えや内容を全教職員で共有し『すべての子どもたちに確かな学力を！』の合言葉のもと、小・中学校の教職員が共同して小中一貫教育の取組みを一層充実させていくこと」を強く求めた。

9)「松江市小中一貫教育推進計画」を策定（2009年度）

こうして取組みの経緯を追ってみると、松江市の小中一貫教育にとって文字どおり大きな節目の年となった2009（平成21）年度の締めくくりは、「松江市小中一貫教育推進計画」（以下、「推進計画」とする。）を年度末の2010（平成22）年3月に策定したことであった。

同推進計画は、市教育委員会事務局学校教育課・小中一貫教育推進課・生涯学習課の各課長・係長、前述した市内モデル校の校長、及び小中一貫教育コーディネーター4名で作成作業を行い、まとめられた原案を市教育委員会で審議した。そして、最後に、学識経験者・各界代表・地域代表・保護者代表、幼保園代表等で構成する「学校教育改革推進委員会」（外部評価委員会）での議論を経て決定された。

松江市における小中一貫教育推進構想の概要は図表27に示すとおりであるが、同推進計画の主要な内容について以下で整理しておくことにする。

【推進計画の主たる内容】
① なぜ、「小中一貫教育」を目指すのか（推進理由と背景）
　㋐ 子どもたちをとりまく社会環境の変化とそれに伴う教育諸課題に対応
　㋑ 6・3制では対応しきれない子どもたちの心身発達度の変化に対応
　㋒ 「小中一貫教育」による教育諸課題の改善と子どもたちの健やかな成長への期待

第4章 特に注目すべき取組み事例

図表27　松江市小中一貫教育推進体系図

■ 推進の背景とめざすもの

- 子どもたちを取り巻く教育環境（少子化、情報化等）の変化に対応
- 子どもたちの心身の発達度の変化（思春期の早期化等）に対応
- 子どもたちをとりまく教育諸課題（学力、いじめ、不登校等）に対応

幼児期から義務教育9年間を見通し、学校・家庭・地域が協働して、
~子ども達の健やかな成長と活力あるまちづくりへ~

めざす子ども像

ふるさと松江を愛し、確かな学力と豊かな人間性・健やかな体をもち、国際社会の一員として、力強く未来を切り拓く児童生徒

めざす学校・地域像（教育諸課題に対応した新しい義務教育のあり方を求めて）

○小中学校の教職員が、幼児期から義務教育9年間を見通し一貫した教育に共同して取り組むことにより、教育力の向上を図る学校。　たての一貫教育（縦のつながり）
○保護者や地域住民が学校教育に積極的に参画するとともに、学校・家庭・地域が協働した地域ぐるみの教育を進める学校・地域。　よこの一貫教育（横のつながり）

■ 推進構想図　地域の子どもたちを地域の力で

中学校区小中一貫教育地域推進協議会（中学校区の地域代表、保護者代表、学校代表等）「よこの一貫教育」推進協議

↓支援・助言　↓支援・助言

中学校区小中一貫教育推進委員会(学校組織) 小中管理職、担当者、地域コーディネーター等

学校支援地域本部（地域コーディネーター）学校教育への地域住民参画による「地域で子どもを育てる学校づくり」

たての一貫教育

小中教職員共同指導体制の構築
小・中学校の教職員が連携し、共同して子どもたちの9年間の学習・生活面の一貫した指導を進める。

よこの一貫教育

学校・家庭・地域の協働
「学習・生活習慣づくり」「あいさつ運動」「地域安全活動」「地域行事」などを学校・家庭・地域が協働して取り組み、子どもたちの健やかな成長を図る

中学校 — 小中一貫教育校（○○学園） — 小学校・小学校・小学校

小中9年間を見通した教育課程の編成と実施
4-3-2教育区分を基にした小中一貫基本カリキュラムや小小、小中児童生徒交流活動などによって、子どもたちの発達段階に応じた教育の充実を図る。

高校等
連携

小・中学校
◎9年間の連続し一貫した教育の充実を図る

連携

幼稚園・保育所
○基本的生活習慣の形成、等

各中学校区を学校・家庭・地域のまとまりのある「学園」（愛称募集等）に

松江市教育委員会

保護者
◎家庭の教育力を高める

地域
◎地域の教育力を高める
公民館、自治会、諸協議会・団体、行政関係、企業等

作成：松江市教育委員会学校教育課

以上の3点をあげており、他市町村の取組み事例と格別異なることはない。
② 松江市による「小中一貫教育」の定義

同計画によれば、松江市教育委員会では「小中一貫教育」を次のようにとらえ、推進していくと述べている。

まず、一貫教育を「義務教育9年間の連続し一貫した教育に、小中学校が共同して取り組む教育」と簡潔に定義した。ついで、次のように説明している。

「小中学校がそれぞれの目標を設定し、必要に応じて「連携」する形から、小中学校9年間を一体のものとしてとらえ、中学校区の小中学校が、めざす目標を共有し、共同して子どもたちの育成にあたる「一貫教育」の構築です。

このような小中学校の縦のつながりを「たての一貫教育」とし、あわせて、学校を支え、学校・家庭・地域が協働した地域ぐるみの教育を「よこの一貫教育」(横のつながり)として、本市の「小中一貫教育」を推進していきます。」(下線は筆者。以下、同様とする。)と。

③ 市小中一貫教育の基本方針

以下に述べるとおり、最終決定された推進計画に盛り込まれた基本方針は、前述した小中一貫教育基本カリキュラムの検討に当たって示された基本方針とは若干の差異があり、次の5項目にまとめられた。以下に引用する。

(1) 学習指導要領をもととし、各中学校区の特色を活かした教育を進める。
(2) 「4・3・2」の教育区分を基に、幼児期からの連携を図りながら、義務教育9年間の連続し一貫した教育課程を編成・実施する。〜たての一貫教育〜
(3) 学校・家庭・地域が協働して、学校・地域の教育諸課題の改善を図り、地域で子どもを育てる学校・まちづくりを進める。〜よこの一貫教育〜
(4) 各小・中学校がそれぞれ特色ある学校づくりを進めると共に、小中一貫教育を推進するために、各中学校区を所属感のあるまとまりのある「組織」に構築する。
(5) 9年間を見通した松江市の特色ある教育として、「ふるさと(松江)教育」「国際理解・英語教育」「生き方・キャリア教育」などを各校区の特色を活かした取組みとして推進する。

④　市による一貫教育が目指すもの

　同推進計画では、市が一貫教育を目指す理由は「学校・地域の教育諸課題を改善し、子どもたちの健やかな成長を図る」と簡潔に述べられている。

　そして、「めざす子ども像」や「めざす学校・地域像」、こうした取組みにより期待する具体的な成果、さらにはこのような「取組みが求める教職員像」等について、それぞれ次のように簡潔に記述している。

【めざす子ども像】

　ふるさと松江を愛し、確かな学力と豊かな人間性・健やかな体をもち、国際社会の一員として、力強く未来を切り拓く児童生徒

【めざす学校・地域像】

○　小中学校の教職員が、幼児期から義務教育9年間を見通し一貫した教育に共同して取り組むことにより、自らの指導力を高め、教育力の向上を図る学校。

○　保護者や地域住民が学校教育に積極的に参画し、学校・家庭・地域が協働して子どもたちの教育に取り組む学校・地域（コミュニティースクール）。

　そして、このことについて同推進計画は、次のように解説している。

　「『中1ギャップ』の解消は喫緊の課題ですが、それは小中一貫教育の『目的』ではなく、『成果』の一つと考えています。『小中一貫教育』は『目的』ではなく、子どもたちの健やかな成長をはかるための『手段』です。

　そのねらいは、幼児期から一貫した教育を学校・家庭・地域が協働して進めることにより、松江市学校教育プランの具現化を図ることにあります」と。

　さらに、「また、この小中一貫教育の取組は、小中学校の教職員が義務教育9年間の教育課程を構造的に理解することであり、そのことによって教職員が自らの指導力を一層向上させ、子どもたち一人一人の育ちに応じた教育の充実につながるものです」とも述べている。

【小中一貫教育の取組みが求める教職員像】

　松江市が小中一貫教育へ取り組むにあたり求められる職員像については、

次の2点をあげる。

　(ア)　子どもたちの育ちを、幼児期から義務教育9年間を見通して考えることができる。

　(イ)　子どもたちの育ちを、保護者・地域と協働して考えることができる。

　つまり、この(ア)は「タテの一貫」教育を、(イ)は「よこの一貫（環）」教育を適切に担いうる資質であり、松江市の教職員にはこの2つとも持つことを求めているのである。

10）小中一貫教育の本格実施（2010年度）

　松江市は2010（平成22）年度、15（その後2011年8月の八束郡東出雲町を編入合併したのに伴い、現在は16）の中学校区を次の3つのタイプに分け、各中学校区の特色を生かしつつも、次に述べるような3本の共通する柱のもと、小中一貫教育を本格的に実施した。

【校区別の3タイプ（型）】

① 施設一体型（1校区）

　同じ敷地・校舎内で小学校1年生から中学校3年生（9年生）までが一緒に生活し、9年間の一貫した学習や活動を進める。

② 施設隣接型（4校区）

　隣接した校舎を活用して、小中教員乗入授業や学校施設の相互利用等を工夫し、9年間の一貫した学習や活動を進める。

③ 施設分離型（10校区。現在は11校区）

　校区の小中学校が離れているが、一貫した指導支援の確立と小中児童生徒交流の促進によって、9年間の一貫した学習や活動を進める。

【共通の取組みの三本柱】

① 小中教職員の共同指導体制の構築

　子どもたちの健やかな成長をめざし、小・中学校の教職員が連携し共同して、義務教育9年間の学習・生活面の一貫した指導と支援を行う。

② 小・中9年間を見通した教育課程の編成と実施

　義務教育9年間を「4・3・2」に教育区分し、それをもとに小中一貫基本

カリキュラムを編成し、子どもたちの発達段階に応じた教育の充実を図る。
③　学校・家庭・地域が協働した教育の創造
　「学習支援」「ノーテレビ・ノーゲーム」「あいさつ運動」「地域行事」などを学校・家庭・地域が協働して取り組み、子どもたちの健やかな成長を支えるまちづくりを進める。

11）全中学校区に「地域推進協議会」と「学校支援地域本部」を設置（2010年）
　同市は小中一貫教育の本格実施が始まった平成22年（2010）年度、この取組みを支える組織として中学校区単位で市単独経費による「地域推進協議会」と国庫補助事業による「学校支援地域本部」を設置した。
　これら2つの組織の詳細については後述する。
　また、同市ではこの学年の3学期に同市初の施設一体型一貫校「八束小中一貫校（八束学園）」を開校させたが、松江市における特徴的な取組みとはやや異なると考え、本書では詳しく述べることはしない。

12）「小中一貫教育」から「学園教育」への取組み充実化を開始（2011年〜）
　各中学校区（学園）毎に愛称名とシンボルマークを設定し、松江市における小中一貫教育への取組みの基礎となっている中学校区として所属感のあるまとまりを構築するとともに、一貫して指導・支援すべき内容を明確化・重点化し、各中学校区（学園）の特色を生かした教育をしようとするものだ。2013（平成25）年度に、市内16中学校区すべての学園名が決定した。

13）「松江市保幼小接続カリキュラム」の作成（2013年度）
　松江市では小中一貫教育（学園教育）の充実に取り組む中で、幼児期と学童期の連携を推進し、「小1プロブレムの解消」「保育所・幼稚園からの円滑な接続」「学習に向かうための基盤づくり」を目指す施策をも展開するようになっていった。
　具体的には、保幼小の相互理解を深める合同研修会の実施、各学園小中一貫教育推進協議会への保育所・幼稚園の代表者の委員としての参加などを通して、保幼小の連携推進を図っている。また、保護者向けには、『すくすく子育て手帳』（発達・教育相談支援センター作成）、『オフにしようメディアのスイッ

チーオンにしよう家族の絆』（メディア対策委員会作成）を配布するなど、子育てや家庭教育の手がかりとなるような情報の提供を行っている。さらに、各保育所・幼稚園・小学校では、幼児と保護者が安心して就学を迎えられるよう「小学校一日入学」や「保幼小交流活動」「保護者説明会」などを行っており、今後は「保幼小相互の研究会」や「情報交換会」など保育・教育の相互理解と情報共有を図る取組みを奨励し、連携を強めていくことをも検討している。

同市教育委員会は、こうした取組みの一環として2013（平成25）年度、島根県立大学短期大学部松江キャンパスの山下由紀恵副学長の協力を得て、松江市保幼小中連携推進委員会の意見をもとに、松江市教育研究所から推薦された方々を中心として、「松江市保幼小接続カリキュラム」を作成し、配布した。

このカリキュラムは、「保育所・幼稚園・小学校と、同じ発達段階グループに属しながら、ばらばらに過ごす子供達のために、せめて4・5歳のギアチェンジから7・8歳のギアチェンジまでを同じ目線で育てよう、と考えられた保育教育課程」（山下由紀恵氏による「『松江市保幼小接続カリキュラム』の発行にあたって」から）である。

14）「小中一貫教育推進本部」を設置（2013年度）

前述したとおり、松江市では2009（平成21）年6月以来、同年に市教育委員会に新設された「小中一貫教育推進課」を中心として、小中一貫教育に取り組んできた。

しかし、同市では各学園による取組みの進展に伴い、小中一貫教育を特別な教育と見るのではなく、教育全体という広い視点で一層推進する必要があるとの判断から2013（平成25）年4月に、両副教育長を本部長・副本部長、教育委員会事務局の各課長及び関係職員等、市長部局の総務部、市民部、健康福祉部の関係職員をメンバーとする松江市小中一貫教育推進本部を設置し、小中一貫教育推進課を学校教育課の係に組み込む組織改革を行った。

市長部局の関係職員が本部のメンバーに入ったのは、同市の取組みが小中一貫から幼保小中連携へと拡大したことなど、市長部局との連携が必要になったためだと説明されている。なお、この改革に際しても前述した社会教育主事は

そのまま配属されたことを特記しておく。

　本部の役割については、同本部設置規則第2条で次のように定められている。
「次の事項を調査し、審議し、推進する。
(1)　たての一貫教育に関すること
(2)　よこの一貫（環）教育に関すること
(3)　幼児期と小中学校の連携に関すること
(4)　教職員の研修に関すること
(5)　その他小中一貫教育の推進及び充実に関すること

　これまで述べてきたように、松江市における小中一貫教育への取組みの経緯をたどってみると、例えば取組みを始めるに際して実施したモデル事業も、初めから無理せず1地区から始めるとともに、全教職員対象の相互交流研修を2年間集中的に実施するなど、条件整備を行ったうえで、本格実施につなげたことなどに端的に示されているとおり、一見地味でインパクト不足とも見える取組みを着実に積み上げ、確かな成果を生み出すというのが松江市の特徴のように思われる。

③　取組みの具体的な内容

　松江市における小中一貫教育への取組みは多岐にわたっている。ここでは、その取組みの主要なもの、とりわけ「2　取組みの経緯」で全く言及しなかったこと及び後述するとして詳しく述べなかったことを中心として、その概要について整理しておくことにする。

1) 松江市における学年区分－「4・3・2」－

　市教育委員会は、教育区分を「4・3・2」にすることを明確にし、それを前提にして小中一貫基本カリキュラムを作成し提示したことは前述したとおりである。

　各区分の位置づけは次のとおり考えられている。

【前期】（定着期　－小学1～4年－）
　　○基礎・基本の習熟を図り、学校や家庭での学習習慣を定着させる時期。
　　○くらしの中から疑問を見つけ、考える楽しさ、わかる喜びの体験を重ね

る時期。

【中期】（活用期 －小学5～中学1年－）

　○基礎・基本を活用し、自ら考え判断する力、表現する力をつける時期。

　○自ら進んで学ぶ姿勢を育て、自分に合った学び方を身につけると共に、他者と学び合う楽しさ、自分の課題をもって追求する喜びを経験させる時期（小学校5・6年で一部教科担任制の導入を工夫）。

　〈中期の取組み重視〉

　松江市教育委員会は特にこの中期を重視し、各学園（中学校区）単位で次のような取組みをするよう求めている。

・小中学校の授業、学習方法、評価等について十分検討することにより、児童・生徒の「学びの連続」を図ること。
・教員間で児童生徒理解の共有化に努め、児童生徒一人ひとりへの指導・支援の充実を図ること。
・小学校6年時に、例えば「中学校体験活動」等を実施することにより、中学校への不安感を期待感へ変える取組みをすること。
・小中教員の相互乗り入れ授業や出前授業等の工夫をすること。
・子どもの発達段階に対応した「小学校5・6年一部教科担任制」の導入を工夫すること。

【後期】（発展期 －中学2～3年－）

　○基礎・基本を生かし、学んだ内容や学び方を活用し発展させる時期。

　○他者の考えのよさに気づいたり、自分の考えに取り入れたりしながら、広い視野にたって課題解決に取り組む力を育てる時期。

2）小中学校の教職員による共同指導体制づくり

　小中一貫教育の基礎となる中学校区が、「まとまり」や「一体感」を持って取組みに向かえるよう学園名を持ち、シンボルマークを作成するなどの取組みをしていることは前述した。

　この他にも、各中学校区をまとまりのある組織にするため次のような取組みを行っている。

① 「小中一貫教育地域推進協議会」の設置

　各中学校区（学園）で通称を使用してもよいことになっているため名称は様々であるが、全中学校区に設置されている。

　松江市教育委員会学校教育課が2013（平成25）年4月に示した「平成25年度『小中一貫教育推進協議会』の設置・運営に係る確認事項」という文書によれば、この組織の概要等は次のとおりである。

　(ア)　委員の選出

　　委員の選出は次のような手順で行う。

- 中学校区内の各小中学校長が地域の関係機関（公民館、支所等）と相談のうえ委員を推薦し、市教育委員会が委嘱する。

　　概ね、地域代表、保護者代表、学校代表（小・中学校長と必要に応じて高校長）、幼稚園・保育所代表の選任を想定している。その際、充て職にはこだわらず、人数制限も行わない。

- 男女共同参画の観点から、委員の男女比を考慮する（6：4をめど）。
- 会長は地域または保護者代表から選任し、副会長（複数名）は学校代表を含めた各代表から選出する。

　(イ)　主な活動

- 学校・家庭・地域が協働した「よこの一貫（環）教育」を推進するために必要な事項について協議し、地域ぐるみの教育の推進を図る。
- 小中学校の「たての一貫教育」推進を支援するために必要な事項を協議し、そのために必要な活動等をそれぞれの委員の立場で進める。
- 「よこの一貫（環）教育」の柱の1つである「学校支援地域本部（地域コーディネーター）」への支援と助言をする。
- 「学校評議員」の役割も兼ね、各学校の教育活動への意見を述べるとともに、学校評価等を行う。
- 市教育委員会による教育行政への意見・要望等を述べることができる。

　(ウ)　活動回数等

- 全員会合は、「年3回」（学期1回）程度としているが、学区の必要によ

り開催する。
・各学区の必要に応じて、活動がしやすいよう専門部会等を設置して開催することも可能である。
・各学校は、委員が中学校区内の各学校の授業・行事及び地域教育活動等へ積極的に参加できるよう工夫する。
(エ)　事務局
・校区の小中学校におき、主な担当者等は校区内学校間で分担する。
・学校支援地域コーディネーターと学校事務職員も事務局の一員として参加する。
② 全中学校区に「学園（学校）支援地域本部」を設置

　この学校支援地域本部事業（以下、「本部事業」とする。）は、保護者だけでなく幅広い地域住民が学校教育への関わりを深め、地域全体で学校教育を支援する体制づくりを推進することを目指すものである。もともとは文部科学省が2008（平成20）度から、都道府県（市町村）を対象とする委託事業（必要経費の全額を国が負担）として始めたものであり、松江市では事業開始当初、市内4中学校（一中・四中・湖南中・本庄中）をモデルにスタートした。

　松江市は2010（平成22）年度から全市で小中一貫教育を実施することを検討する過程で、4中学校によるモデル事業の実施状況を踏まえ、この本部事業が小中一貫教育を推進するため極めて有効な方策の1つだと考え、前述した推進計画に市内の全中学校区で取り組むことを明記した。

　文部科学省による本部事業は、翌2009（平成21）年度に早くも補助事業に変わり、国の助成額は必要経費の3分の1に減り、残りの3分の2を都道府県と市町村が3分の1ずつ負担するという具合に大きく後退した。この突然の負担増に対応できない多くの県や市町村は事業の継続を断念し、実施市町村数は最盛期の約3分の1まで激減した（実施校数は増加した。）。

　けれども、松江市は推進計画どおり実施に踏み切り、小中一貫教育をしっかり支えるために大切な取組みという視点で、充実させながら今日に至っている。「平成26年度『松江市学校支援地域本部事業』実施要項」によりながら、

松江市の今日における本部事業の概要についてやや詳しく述べる。
1．趣　旨
　地域全体で学校教育を支援する体制づくりを推進することにより、教員や地域の大人の子どもとの向き合う時間の増加、住民等の学習成果の活用機会の拡充及び地域の教育力の活性化を図るものであり、学校・家庭・地域が協働した地域ぐるみで子どもを育てるという松江市小中一貫教育「よこの一貫（環）教育」を推進するものである。
2．運　営
(1)　実行委員会の設置
　①　学識経験者、各界代表、地域代表、保護者代表、幼保小中学校代表等で構成する松江市全体の学校支援地域本部実行委員会を置き、本事業を円滑に推進するための評価を行い、教育委員会、学校支援地域本部事業実施校区関係機関などへ指導、助言および提言を行う。
　②　設置にあたっては、「松江市小中一貫教育地域推進協議会会長等連絡会」がその役割を兼ねる。
(2)　学園（学校）支援地域本部の設置
　①　市内全中学校区（以下「学園」という。）に学園（学校）支援地域本部（以下「本部」という。）を設置し、「学校支援地域コーディネーター（以下「コーディネーター」という。）」を配置する。
　②　本部は、学園代表校長を中心に、学園の各校長が共同で管理する。
　③　本部は、地域住民の積極的な学校教育支援のための体制づくりを構築し、地域の教育力向上や地域とともにある学校づくりの推進に寄与する。
　④　本部の運営は、学園の教頭及び本部事業担当教員等（複数が望ましい）とコーディネーターが担当する。
　⑤　本部は、「小中一貫教育（学園）地域推進協議会」で企画立案及び助言支援を受けることとする。
(3)　コーディネーターの配置
　①　コーディネーターは、学校関係者や地域の団体、地域住民等の学校支

援ボランティア（以下「ボランティア」という。）、保護者等と連携しながら活動する。選任に当たっては、学校関係者や地域の様々な関係者と良好な関係を保ち、定期的な連絡調整を行うことが可能な者が望ましい。

② コーディネーターは各学園から推薦し、教育委員会が委嘱する。なお、コーディネーターの委嘱期間は１年間とし、再委嘱は妨げない。

③ 学校は、空き教室等コーディネーター及びボランティアの活動場所を確保するよう努める。

④ コーディネーターの活動は、学園代表校長を中心に、学園の各校長が共同で管理する。

⑤ コーディネーターは、学校（学園）のニーズに合わせ、教科や放課後等の学習支援、学校内外の環境整備支援、部活動支援、通学時の安全支援、図書館支援などに関わるボランティアとの調整を図る。

⑥ コーディネーターは、以下の職務を遂行する。
・学校との連携を密にし、常に情報交換を行う。
・公民館等と連携し、ボランティアの確保・登録・配置及び活動の企画等を行う。
・地域の「ひと・もの・こと」を生かしたふるさと教育や学校教育活動の支援を行う。
・島根県及び松江市が実施する連絡会や研修会に参加する。
・島根県及び松江市が実施する研修会等にボランティアの参加を促す。また各校区単位で必要に応じてボランティア対象の研修会等を行う。
・地域推進協議会の運営補助を行う。

⑦ コーディネーターの引き継ぎ等で特に必要がある場合は、期間を設けて複数名を委嘱することができる。

(4) 事業内容と運営上の留意点
① 学校（学園）のニーズに合わせ、教科や放課後の学習支援、学校内外の環境整備支援、部活動支援、図書館支援などに関わるボランティアとの調整を図り、多様な学校支援を推進する。

② その他、子どもたちが地域の中で安心して健やかに育まれる環境づくりを推進するために必要な活動を行う。
③ 本事業の円滑な実施を図る観点から、島根県及び松江市が実施するコーディネーター・ボランティア等を対象とした研修への積極的参加に努めるものとする。
④ 本事業の実施に当たっては、ふるさと教育推進事業及び放課後子どもプラン推進事業、また松江市で実施している各種事業との有機的な連携を図り、より充実した教育支援活動となるよう努めることとする。

3．費　用

　コーディネーター報償金は1時間当たり885円とし、活動時間及び日数は以下を目安とする。松江市から直接本人の口座へ振り込む。

・＠885円×4H×4日×35週（29名）

　ボランティアへの謝金は、無償とする。これ以外の詳細は省略。

4．その他

　コーディネーターはスポーツ安全保険、ボランティアはボランティア活動保険に加入する。これ以外の詳細は省略。

　これまで見てきたとおり、この事業実施要項はとてもよくできていると思われるが、各種の会議等で本部事業の実施状況について点検や評価を繰り返し、それをもとに改正を重ねてきたものだという。

　また、同市教育委員会が公表しているボランティア延べ人数の変化は図表28のとおりである。これにより、年度別のボランティア延べ人数の変化を見ると、2013（平成25）年度のボランティア数は、小中一貫教育の本格実施初年度である2010（平成22）年度から激増したことも興味深い。けれども、支援種別で見ると全体に占める「学習支援」の割合が取組み2年目に一挙に5割を超え、そのままの状況が続いていることこそ最も注目すべきことだと思われる。なぜなら、学校行事等の支援は教職員から歓迎されやすいのに対し、学習支援は本来教職員の抵抗感が強く、十分な理解と積極的な受け入れ姿勢がなければ、ボランティアによる取組みが困難な

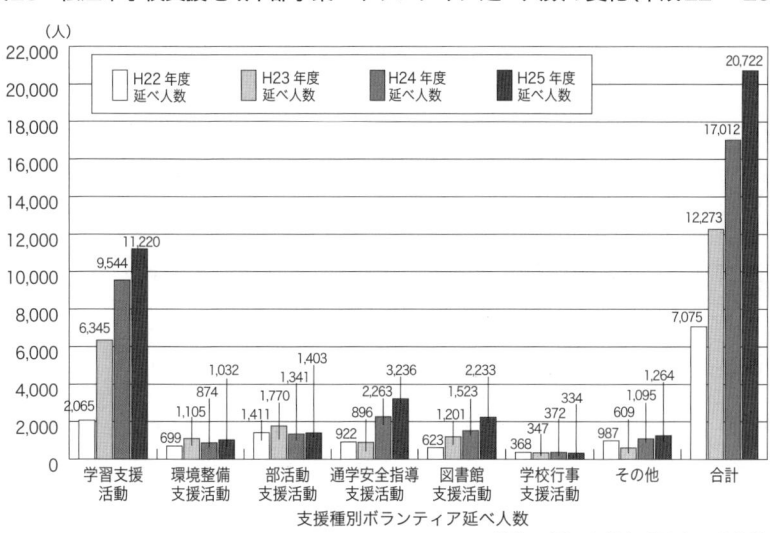

2 実施形態Ⅰ—施設を中心にして（施設分離・連携型）

図表28　松江市学校支援地域本部事業　ボランティア延べ人数の変化（平成22～25年）

支援種別ボランティア延べ人数

提供：松江市教育委員会　学校教育課

活動であり、この高い数値は松江市における学校と地域との連携協働（「よこの一貫（環）」）の深化をうかがわせるものだと考えるからである。

④　取組みの主要な成果と課題

　松江市における小中一貫教育への取組みによる主な成果と課題について、私が収集した各種の参考資料から得た知見や、数回の聞き取り調査の内容等を勘案しながら述べる。

1）取組みによる成果

① 　小中及び学園内小小、保幼小で協働して教育に取り組む基盤ができた。そのため、小中一貫教育の必要性に対する教職員の意識が高まるとともに、従来は必要性を感じていてもなかなか実現が難しかった、例えば「小学6年生の中学校体験授業」や、「合同授業研究」、「出前授業」、「小小交流」、「生徒指導」、「保幼小研修」等の取組みが格段に実施しやすくなり、全学園に定着していった。
　　また、学園の重点的な取組みとされている「道徳教育」「ふるさと教育」「キャリア教育」「図書館活用教育」等にもスムーズに取り組めるようになった。

② 学校を支援する保護者・地域住民の増加が顕著になった。例えば、前述した本部事業による地域ボランティアの増加、地域推進協議会による積極的な支援の充実などに表れている。

2）取組みの課題
① 教職員の負担感が増加し、会合等の時間の確保が困難になった。これを解消するため、組織及び取組みの見直しが喫緊の課題である。
② 教職員の異動により、取組みの蓄積した成果が引き継がれず、もとに戻ってしまうこともあることが課題である。
③ 小中一貫教育に取り組む大きな理由の1つである学力向上と不登校率減少のうち、まず学力は全国学力テストの結果から、全国平均を上回る教科もあるが、年度ごとに結果のばらつきが見られ、小中一貫教育の推進と共に右肩上がりに学力が上昇しているとはいえず、依然として課題である。
　また、不登校率は小学校においては減少傾向にあるが、中学校では依然として高いことが課題としてあげられる。
④ 小中一貫教育による学園教育・学校教育の充実を図るため、各学園において小中教科ごとの指導計画や全体計画の作成が課題となっている。例えば、小中一貫教育を生かした「ふるさと教育」や「キャリア教育」の取組みを、9年間でどのように体系的・系統的に進めるかが課題である。
⑤ 小中一貫教育の意義や必要性等について、保護者や地域住民の理解はかなり進んできた。しかし、未だ十分とは思われず、引き続き啓発や情報発信が必要だと思われる。
⑥ 小・中間のPTAの連携強化も課題として残されている。

[主要な参考文献等]
・「松江市小中一貫教育推進計画」（松江市教育委員会　2010年3月）
・「松江市保幼少連携カリキュラム」（松江市教育委員会　2013年）
・市報「松江」No.68（松江市　2010年11月）
・リーフレット（保護者向け）「松江市小中一貫教育の取組」（松江市教育委員会　2010年4月）

・「学校支援地域コーディネーター通信　糸（いと）」第1号〜第10号（松江市教育委員会学校教育課　2013年4月〜2014年1月）

3　実施形態Ⅱ－学年区分を中心にして（4・3・2の区分型）

(1)　兵庫県姫路市
　　－独自の「市小中一貫教育標準カリキュラム」を基礎とした取組み－

①　姫路市の概要

　姫路市は兵庫県南西部に位置し、播磨地方の中心都市で、加古川市・高砂市・加西市・たつの市・宍粟市などの自治体と隣接している。人口53万4599人（2014年5月1日現在の推計人口）で、1996（平成8）年に中核都市に指定された。

　江戸時代には池田氏の城下町として栄え、明治維新における廃藩置県の時には飾磨県の県庁所在地となったが、1876（明治9）年に兵庫県へ編入された。1889（明治22）年の市制施行当初の行政区域は姫路城周辺のみであったが、数度の合併を繰り返すことで拡大し、今日に至っている。

　県下第2位の商工業都市で、国宝であり1993（平成5）年には世界遺産に登録された姫路城、「西の比叡山」などと称される書写山圓教寺などの観光資源も豊富なため、国外からの観光客も多い。

　姫路市立学校数は2014（平成26）年4月1日現在、小学校が69校、中学校35校、特別支援学校が1校、高等学校が3校である。

②　小中一貫教育への取組みの経緯

姫路市における小中一貫教育への取組みの経過について、以下に述べる。
　1）「魅力ある姫路の教育創造プログラム」の策定
　　　－一貫教育への出発点－（2008年12月）
「魅力ある姫路の教育創造プログラム」（以下、「教育創造プログラム」とする。）

は2006（平成18）年度、まず市教育委員会事務局内部で検討した後、首長部局の職員もメンバーに加えた市役所全体のプロジェクト会議で原案がまとめられた。

2007（平成19）年度から2008（平成20）年度までは、学識経験者や教育関係者、PTA、市議会、その他の関係団体の代表等で構成する「策定会議」を設置し、8回にわたって審議を重ねた。

一方、この間に2度にわたるパブリック・コメントを実施して市民の意見を集約するとともに、学校やPTAを対象とした説明会や意見交換会等を開催し、教職員や保護者等の意見を可能な限り教育創造プログラムに反映するよう努力がなされた。

こうして策定された教育創造プログラムは図表29に示すような体系を持つものであり、姫路市において、教育基本法で自治体が策定する努力を求められている「教育振興基本計画」に準ずるものとしての位置づけがなされているものである。

また、教育創造プログラムには「平成21年度から姫路市の学校教育行政の基本的な方針を示すとともに、学校園・家庭・地域社会、教育関係機関が十分な連携を図りながら取り組む教育課題を示しています」と、その位置づけ（役割）が明記されている。

【テーマ】

　教育創造プログラムは、まず「はぐくもう子どもの夢、高めあおう姫路の教育～教育は未来の担い手をはぐくむ学校・家庭・地域の協働の営み～」をテーマとして掲げている。

　次いで下記の3つの基本方針をあげる。

【基本方針】

① 教職員の資質向上のための支援システムを構築し、子どもの学力や能力を伸長する取組みを充実・強化する。

② 子どもの発育・発達の連続性を重視した教育制度の見直しを図り、学校の魅力を引き出す取組みを推進する。

③ 地域社会が学校を支える仕組みを再構築し、教育責任を共有しながら、心身ともに健全な次代の担い手を育てる市民意識を醸成する。

3 実施形態Ⅱ―学年区分を中心にして（4・3・2の区分型）

　この基本方針に基づき、重点目標として次の「6つの力」を高めることとしている。

【重点目標（6つの力）】

　① 「授業力」を高める

　　「わかる授業」を創造するため、教員の授業力向上を支援するシステム

図表29　「魅力ある姫路の教育創造プログラム」体系表

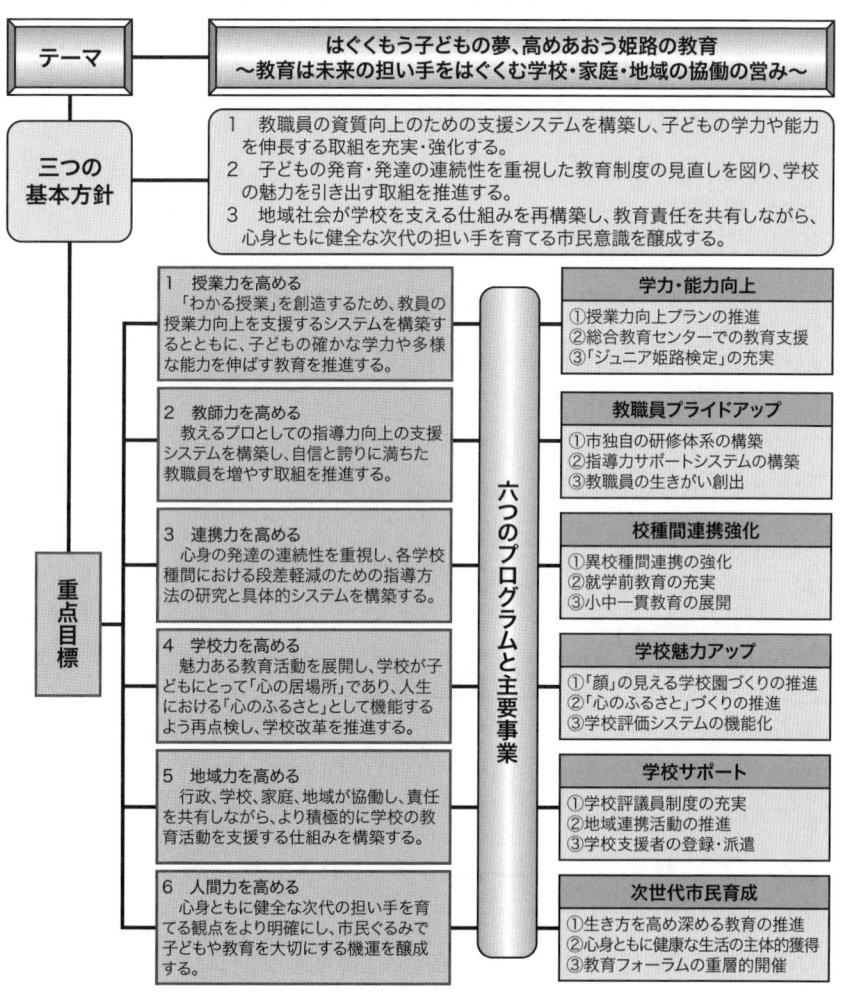

テーマ：はぐくもう子どもの夢、高めあおう姫路の教育
～教育は未来の担い手をはぐくむ学校・家庭・地域の協働の営み～

三つの基本方針
1. 教職員の資質向上のための支援システムを構築し、子どもの学力や能力を伸長する取組を充実・強化する。
2. 子どもの発育・発達の連続性を重視した教育制度の見直しを図り、学校の魅力を引き出す取組を推進する。
3. 地域社会が学校を支える仕組みを再構築し、教育責任を共有しながら、心身ともに健全な次代の担い手を育てる市民意識を醸成する。

重点目標

1. 授業力を高める
　「わかる授業」を創造するため、教員の授業力向上を支援するシステムを構築するとともに、子どもの確かな学力や多様な能力を伸ばす教育を推進する。

2. 教師力を高める
　教えるプロとしての指導力向上の支援システムを構築し、自信と誇りに満ちた教職員を増やす取組を推進する。

3. 連携力を高める
　心身の発達の連続性を重視し、各学校種間における段差軽減のための指導方法の研究と具体的システムを構築する。

4. 学校力を高める
　魅力ある教育活動を展開し、学校が子どもにとって「心の居場所」であり、人生における「心のふるさと」として機能するよう再点検し、学校改革を推進する。

5. 地域力を高める
　行政、学校、家庭、地域が協働し、責任を共有しながら、より積極的に学校の教育活動を支援する仕組みを構築する。

6. 人間力を高める
　心身ともに健全な次代の担い手を育てる観点をより明確にし、市民ぐるみで子どもや教育を大切にする機運を醸成する。

六つのプログラムと主要事業

学力・能力向上
① 授業力向上プランの推進
② 総合教育センターでの教育支援
③ 「ジュニア姫路検定」の充実

教職員プライドアップ
① 市独自の研修体系の構築
② 指導力サポートシステムの構築
③ 教職員の生きがい創出

校種間連携強化
① 異校種間連携の強化
② 就学前教育の充実
③ 小中一貫教育の展開

学校魅力アップ
① 「顔」の見える学校園づくりの推進
② 「心のふるさと」づくりの推進
③ 学校評価システムの機能化

学校サポート
① 学校評議員制度の充実
② 地域連携活動の推進
③ 学校支援者の登録・派遣

次世代市民育成
① 生き方を高め深める教育の推進
② 心身ともに健康な生活の主体的獲得
③ 教育フォーラムの重層的開催

提供：姫路市教育委員会

の構築など。
② 「教師力」を高める
　教えるプロとしての指導力向上の支援システムを構築し、自信と誇りに満ちた教職員を増やす取組みの推進。
③ 「連携力」を高める
　<u>心身の発達の連続性を重視し、各学校種間における段差軽減のための指導方法</u>の研究と具体的なシステムを構築する。（下線は筆者）
④ 「学校力」を高める
　魅力ある教育活動を展開し、学校が子どもにとって「心の居場所」であり、人生における「心のふるさと」として機能するよう再点検し、学校改革を推進する。
⑤ 「地域力」を高める
　行政、学校、家庭、地域が協働し、責任を共有しながら、より積極的に学校の教育活動を支援する仕組を構築する。
⑥ 「人間力」を高める
　心身ともに健全な次代の担い手を育てる観点をより明確にし、市民ぐるみで子どもや教育を大切にする機運を醸成する。
　さらに、この目標（柱）を達成するために取り組む、次の6つのプログラムと主要な事業を明らかにした。

【6つのプログラム】

　6つのプログラムは、前述した各重点目標に連動しており、①には「学力・能力向上」、②には「教職員プライドアップ」、③には「校種間連携強化」、④には「学校魅力アップ」、⑤には「学校サポート」、⑥には「次世代市民育成」が組み合わされている。

　次いで、これら各プログラム毎に、それを具体化する主要事業が明記されている。

　例えば、重点目標の「③連携力を高める」に連動したプログラムである「校種間連携強化」を具体化する「主要事業」として、次の3事業をあげている。

3 実施形態Ⅱ—学年区分を中心にして（4・3・2の区分型）

【主要3事業】

① 異校種間連携の強化

　これについて、教育創造プログラムは「義務教育を中心として、その前後の各校種との積極的な連携を支援する体制を再構築し、学校行事や学習活動での交流を通して、子ども同士や教職員相互の交流を推進する。連携を重ねることで、単なるイベント交流の域から脱却し、互いの教育内容の一層の理解を深め、教育活動の質的向上を図る契機とする」と述べている。

② 就学前教育の充実

　教育創造プログラムでは、「『姫路市幼稚園教育振興計画 実施計画』の策定によって、本市における就学前教育のあり方を示すとともに、健康福祉局との連携により、幼・保の一体化や教職員の人事及び研修等の交流を推進し、就学前教育の体系化を図る」と説明している。

③ 小中一貫教育の展開

　本書のテーマである小中一貫教育については、次のように述べている。

　「小・中学校の教職員による協働実践のもと、義務教育9年間を見通した一貫した指導を行い、子どもの心身の発育、学習の連続性を重視した取組みを推進するほか、思春期発達の早期化や思考形態の変容にも弾力的に対応した指導を実現する。

　また、一貫教育の推進拠点校である小中一貫教育推進モデル校における取組みを通じて、新しい義務教育の在り方を提言する」

　教育創造プログラムは、こうした「校種間連携強化プログラム」への取組みにより期待する効果として、次の3点をあげる。

【期待する効果】

① 子どもの視点に立った各学校園文化の融合が図られ、<u>校種間の段差軽減・解消</u>につながる。

② 幼稚園、保育所で区別することなく、小学校就学前の子どもの育ちを支える仕組みづくりができる。

③ 　義務教育9年間における子どもの発育・発達の連続性に配慮した指導が可能となり、生徒指導上及び学力形成上の課題解決が図られる。

(下線は筆者)

2)「姫路市小中一貫教育標準カリキュラム」初版の発行（2009年1月）

　姫路市教育委員会は学習指導要領に準じた6・3制の教育課程を編成しつつ、義務教育の9年間を、4年（前期）、3年（中期）、2年（後期）に区分し、子どもの発達段階を重視しながら、学習の系統性や連続性を保証する教育課程の編成を構想した。そして、この発達段階や系統性という観点で前期・中期・後期に区分した際のポイントとなる事項を集約して示したものが「姫路市小中一貫教育標準カリキュラム（以下、「標準カリキュラム」）」である。

　小・中学校の教職員が協働して、適時性を踏まえ一貫性・連続性のある学習が構築されることを目的として作成された。

　なお、同市教育委員会は同時に、4歳児から小学1年生までの3か年にわたって、共通して取り組むべき内容をまとめた「姫路市幼児教育共通カリキュラム」を作成・配布した。

3) 市初の「小中一貫教育推進モデル校」の指定（2009年4月）

　市立白鷺小学校・同白鷺中学校〔1中・1小型　隣接スタイル〕を同市初の小中一貫教育推進モデル校として指定した。

　同一敷地内に小・中学校があるという施設的なメリットを生かした先導的な実践を行い、市内の他校に対する提言・啓発を期待してのことである。

4)「標準カリキュラム」第2版の発行（2011年1月）

　初版発行時は、折しも新学習指導要領が告示されるなど、教育課程の移行期であった。そのため、初版は発行と同時に新学習指導要領に対応した追録作成や改訂を迫られることになった。また、初版は7教科（領域）で編集されており、市の小中一貫教育の標準としては不十分なものであったため、初版発行後も継続して検討を重ね作成したものである。

5)「小中一貫教育推進モデル校」の第2号を指定（2011年4月）

　市立広峰小学校・同城北小学校・同広嶺中学校〔1中・複数小型　分離スタ

イル〕を同市2校目の小中一貫教育推進モデル校として指定した。

6）市の全35中学校区で、小中一貫教育の展開が実現（2011年4月）

「小中一貫教育の導入時期は、あくまでも学校長の判断による」というのが市教育委員会の一貫した姿勢であったが、この2011年度に期せずして全校が小中一貫教育に取り組む結果となった。

7）「小中一貫教育推進期間（小中一貫ウイーク）」の設定（2013年11月）

小中一貫校を新築し、そこで小学1年から中学3年までの9年間を共に学ぶ施設一体型の小中一貫教育とは違い、姫路市のような連携型一貫教育の取組みはともすれば地域住民から動きが見えにくく、地域住民の理解と協力も進みにくいとされる。現に姫路市でも、地域住民からそのような声があったため、ブロック毎に行われている小中一貫教育に関する様々な取組みを、全市一斉に保護者や地域住民に公開する期間を設定するものである。

例えば、9年間の系統性や連続性に配慮した授業や、ブロック内の児童生徒の交流活動等を公開するものである。

③ 小中一貫教育への具体的な取組み内容

姫路市における小中一貫教育は、前述した教育創造プログラムを基礎に実施されている。そのため、これまで述べてきたことと重複する部分もあるが、姫路市による小中一貫教育への具体的な取組みの主たる内容を以下に述べる。

1）姫路市が目指す小中一貫教育

姫路市教育委員会は、「小中一貫教育は、目的ではなく教育の質の向上を図る手段の1つ」であることを繰り返し確認しつつ、次の三要素を満たした教育活動が姫路の小中一貫教育であることを明確にしている。

① 小中学校が共通の教育目標を持つこと－キャリア教育の視点が不可欠－

姫路市において小中一貫教育に取り組んでいる中学校区を単位とした35のブロックが、それぞれの地域ごとに小中共通の教育目標（目指すこども像）を定めていることである。

同市の小中一貫教育が目指しているのは「学力の向上」と「人間関係力の

育成」であり、そのねらいは一人ひとりの子どもに将来の社会的・職業的な自立へ向けた必要な能力や態度を身に付けさせることである。小中一貫教育が行われる義務教育の9年間は、子どもたちの人格形成に極めて大きな影響を与える期間であり、社会への入り口でもある。

したがって、この時期に子どもたちが生涯を見据えて学ぶ意義や目的を見いだし、夢や目標を持ち、具体的な計画を立てそれに向かっていく力を養うなどして、自分らしい生き方を実現していくための「学力」と「人間関係力」を培う必要がある。

そのため、市教育委員会は、各ブロックが共通の教育目標を定めるに当たりキャリア教育の視点が不可欠であることを強調している。

② 9年間を見通し一貫した指導

　　－地域資源の活用と標準カリキュラムの活用－

(ア) 地域資源の活用

　姫路市の小中一貫教育は中学校区を単位とする、「地域を核とした取組み」であり、各ブロックが様々な地域の特色を生かした取組みを行っている。

　地域には、様々な人材、姫路城をはじめとする史跡、あるいは地域特有の環境、あるいは祭りなどの伝統行事や伝統文化等が豊富にある。

　こうした姫路ならではの強みとも言える地域資源を教育活動に結びつける取組みは、小中一貫教育が目指す「学力の向上」と「人間関係力の育成」のため極めて大切なことである。

(イ) 「標準カリキュラム」の活用

　学習指導要領に準じた6・3制による教育課程の編成を基本としつつ、小中学校教職員の協働により、適時性を踏まえた一貫性・連続性のある学習指導を実現するため姫路市が独自に作成した標準カリキュラムを活用することである。

　姫路市における小中一貫教育の中で、この標準カリキュラムが持つ役割（位置づけ）は決定的に重要だと思われるので、改めて詳細に後述する。

3　実施形態Ⅱ―学年区分を中心にして（4・3・2の区分型）

③　小中学校の教職員の協働による実践－小中教職員間の意識差の克服－

　小中一貫教育のため小中教職員の協働は不可欠であり、姫路市教育委員会の印刷物では随所に「小中一貫教育は究極の小中連携」との表現が見受けられる。けれども、これは「言うは易く行うは難し」の典型であるとされてきた。その背景として、子どもたちの発達段階の違いや、長い間に形成された小・中それぞれの「学校文化」の違いなどが指摘されている。

　姫路市教育委員会は、この小中教職員間の意識の溝を克服し、文字どおりの協働を実現することを強く求めているのである。そのため、各ブロックでは、小中一貫教育推進委員会や下部組織の部会を設置するなどして、計画的で、組織的・継続的な取組みについて協議し、それを踏まえて実施している。

　例えば、市の推進モデル校指定第2号となった、1中学校・2小学校から成る「施設分離型」の広嶺中ブロックでは、校長・教頭・各部の部長と小中一貫教育係から成る「小中一貫教育推進委員会」を設置し、そこでの協議を経てブロックとしての小中一貫教育推進計画の策定などを行う。また、その下部組織として「学習指導部」「生活指導部」「交流部」が設置されている。さらに、「校長・教頭会」と、地域住民をもメンバーとした「小中一貫教育地域協議会」も置かれている。

2）保幼小連携を前提とした小中一貫教育

姫路市における小中一貫教育の特色の1つとして、保幼小連携を前提としていることがあげられる。

同市には様々な就学前施設があり、異なる施設で幼児期を過ごした子どもたちが各小学校に入学してくる現状を踏まえ、就学前教育と小学校教育の円滑な接続を図ることで、いわゆる「小1プロブレム」を解消するとともに、子どもたちの「育ち」と「学び」の段階に応じた豊かな体験（学び）を大切にした活動を展開するため、次のような取組みを行っている。

【「保幼小連絡会」の開催】

　2009（平成21）年度から、小学校区を単位として、公立、私立、保育所、幼稚園などの校種の枠を越えて、校区内のすべての園所と小学校による連絡

会が開催されている。
　この連絡会では、校区毎の推進計画を策定し、その計画に基づいて、5歳児と小学1年生の様子などについて情報交換や協議をすることで教職員の相互理解を深め、「保幼小のスムーズな接続」という、ねらいを明確にした取組みを行っている。

【「姫路市幼児教育共通カリキュラム」の作成】
　姫路市教育委員会は2009（平成21）年1月、4歳児から小学校1年生までの3か年にわたって共通して取り組むべき内容をまとめた「姫路市幼児教育共通カリキュラム」を発刊し、市内の各園所と学校で日々活用しながら保育や教育に取り組んでもらうことで、就学前教育と小学校教育の充実と連携推進に努めている。

【「ひめじ保幼小連携教育カリキュラム」の作成】
　姫路市教育委員会は2011（平成23）年12月、前述した「姫路市幼児教育共通カリキュラム」の作成過程で明らかになった、就学前と小学校の接続期に焦点を当てたカリキュラム開発や特別支援体制の整備の必要性を踏まえ、小学校入学前後の比較的短い期間にポイントを絞って「ひめじ保幼小連携教育カリキュラム」を作成した。

　この作成作業は2010（平成22）年6月、公・私立を問わず、保・幼・小の教職員と学識経験者で組織された作成会議を立ち上げ、保育所・幼稚園・小学校の参観などを行いながら研究協議を行い進められた。

　この「ひめじ保幼小連携教育カリキュラム」は、ベースとなる「姫路市幼児教育共通カリキュラム」とともに、市内の各校種で活用されている。

3）姫路市独自の「標準カリキュラム」の作成とその活用
　　－姫路市による取組みの根幹－
この「標準カリキュラム」については、「取組みの経過」の中で既に述べた。けれども、姫路市の小中一貫教育にとって極めて重要な意義を有するものと思われるので、ここで改めて基本的な考え方や作成プロセスなどを含む主要なポイントについて、整理しておくことにする。

3 実施形態Ⅱ―学年区分を中心にして（4・3・2の区分型）

【学習指導要領との関係－学習指導要領に準じながら「姫路バージョン」を－】

「標準カリキュラム」は、姫路市独自の教育創造プログラムに基づくものであるが、あくまで学習指導要領に準じた6・3制という枠内での教育課程編成である。

すなわち、標準カリキュラムでの記述をそのまま引用すれば、「本市においては、現行制度（6・3制）運用上の中で教育を行うこととしている。したがって、学習指導要領の内容を超えたことを指導したり、一部入れ替えたりする等の教育課程を編成するものではない」（下線は筆者）ということである。

一方で、世界遺産・姫路城に代表される姫路特有の資産や、教育創造プログラムに盛り込まれたカリキュラム作成に当たってのビジョンの独自性などを、「姫路らしさ」として可能な限り盛り込む努力がなされている。

【作成委員会】

標準カリキュラム作成委員会は2007（平成19）年7月、小中学校の教職員と兵庫教育大学教員及び市教育委員会指導主事をメンバーとして立ち上げられ、国語科、社会科、算数・数学科、理科、外国語科、道徳、総合的な学習の7教科（領域）の部会に分かれ、教科等の特性に応じてカリキュラムの作成を進めた。

初年度は、小・中教職員が各教科・領域の特性や学習内容について議論するところから作業を始めたが、教職員から「同じ教科・領域でありながらも、そのとらえ方や指導上の留意点が小中では全く違う」と驚きの声があがったという。

しかし、2年目にあたる2008（平成20）年度に作成作業を終えるに際しては、「異校種のことがよくわかった。今後の指導に生かしたい」とか、「同じ教科・領域でありながら用語や学習内容についてのとらえ方が全く違うことが分かり、小・中教員間で意識の共有化が図れた」などの声が多くあったという。

全12教科・領域から成る第2版の作成は、2009（平成21）年度から作成委員会を立ち上げ、初版で扱われた7教科・領域のカリキュラム作成にかか

わった部会では、学習指導要領の改訂に伴う標準カリキュラムの追録・改訂を担当した。未作成教科・領域については初版作成時と同様の委員構成で新しく部会を立ち上げて作業を進め、2011（平成23）年1月に発刊された。

【学年区分】

義務教育の9年間を一体としてとらえ、子どもの発達段階を重視した一貫性・連続性が確保された教育活動を展開するため、次のように4・3・2の区分で「育ち」と「学び」をとらえ、重点ポイントを明示する。

① 前期（小学1年～同4年）－基礎基本の習得・定着期－

この時期は一般的に、自己有用感や自己肯定感に裏付けられた自尊感情が強い時期であり、その夢や希望を大切に育みたい時期である。と同時に、学習の基礎・基本となる事項を習得し、反復を繰り返すことで確実に定着させる時期である。

② 中期（小学5年～中学1年）－基礎基本の定着・活用期－

思春期特有の心理不安やメタ認知により、理想と現実の中で自分探しをする時期であると同時に、知的好奇心も旺盛になるため、中学校教員の専門性を一部取り入れることが有効な時期でもある。この中期は小学校と中学校がクロスする時期でもあり、特に充実した小中連携が求められる。

③ 後期（中学2年～同3年）－基礎基本の活用・応用期－

義務教育9年間の総括ともいえる時期で、前期と中期で学んだことを活用・応用しながら自己実現を図る時期である。

【標準カリキュラムの構成】

現行の第2版は次の3部構成になっている。

① 全体構想版

12教科（領域）を網羅し、前述した学年区分の各期でテーマと各期において育てたい力や系統性・連続性を保障するためのポイントを集約して示している。

標準カリキュラムの目指すビジョンが集約され、体系的に示されたバージョンである。

② 領域別集約版

　教科（領域）毎に、学年区分の各期で育てたい力や系統性・連続性を保障するための指導上のポイント及び主な学習内容について記述している。

　教科（領域）毎に、義務教育9年間の学習内容やその系統性を見通し、総括的に見通すのに適したものである。

③ 詳細版

　教科（領域）毎に、集約版で記述できなかった内容、集約版の内容をより具体化・明確化するために必要な内容について記述したものである。

　集約版の内容をより深く理解したり、教科（領域）の特性をより深く研究するために役立つものである。

【標準カリキュラムの活用支援】

　姫路市教育委員会は、教職員をはじめとする関係者がこの標準カリキュラムを十分に活用しながら小中一貫教育に取り組むことを支援するため、基本2色刷として分かりやすくしたペーパー版の配布に加え、電子版を初版はCD-ROMで、第2版はSSA（イントラネット）にてコンテンツ配信もしている。

【標準カリキュラムと各校のカリキュラム】

　標準カリキュラムは、あくまで市教育委員会が示した「標準」に過ぎない。これをベースとして、各ブロックの実情や取組みの経緯などを勘案しながら、工夫・改変しながら取り組むべきものだとされている。

4）ブロックによる一般的な取組み内容の概観

　姫路市における小中一貫教育の基盤である中学校区単位の各ブロックでは、それぞれの地域の実情やニーズに合わせて、実に様々な取組みを展開している。

　例えば、推進モデル校の指定第1号となった白鷺小（23学級、児童数666名）・中学（8学級、生徒数214名）校における2013（平成25）年度の取組みを概観すれば、次のとおりである。

【学校教育目標】

　確かな学力を基盤とした　総合的な人間力の形成

〈重点目標〉自学力を身につけた児童生徒の育成

　　　　　　○「分かる授業」（思考力・判断力・表現力をつける）の創造
　　　　　　○「家庭学習力」の育成
【教職員の交流】
①　楢の木小中一貫教育プロジェクト
　「研究推進委員会」（校長・教頭・研究主任等）の下に、「育成委員会」（生活習慣部会・学習習慣部会）、「わかる授業創造委員会」（理数部会、言語部会、交流部会）から成る。
　メンバーは前期・中期・後期の担当教員代表）を設置して、「自学力を向上させるための『わかる授業』とはどのようなものか」と「自学力を向上させるための『家庭学習力』をどのように育てるか」という、重点目標に即した2つの研究課題を設定して研究活動を行う。
②　授業交流等
　異校種の教員が授業を担当する。ちなみに、2013年度の授業交流の状況は下記のとおりであった。

■小学校教員→中学校　　　　　□中学校教員→小学校
　理科　　　　中1　　　　　　　外国語活動　小5、小6
　家庭科　　　中1、中2、中3　　音楽　　　　小5、小6
　　　　　　　　　　　　　　　　図工　　　　小5、小6
　　　　　　　　　　　　　　　　体育　　　　小5

　また、小中教員が授業参観を行った後の合同授業研究会などの研修も行われる。
【児童生徒の交流】
　児童生徒の交流も工夫をこらした様々な取組みがなされている。
　例えば、中学生が小学生に勉強を教える「合同学習」、中学生と小学生が歓迎遠足、スポーツフェスティバル、合同掃除、合同百人一首大会等の行事に一緒に参加する「合同行事」などが行われている。
　また、地域活動としては、「姫路お城まつり（ソーラン）」や「姫路ゆかたまつり（ソーラン和太鼓）」、「愛城会」などへの参加がある。

【校区住民中心の学校支援活動】

　学校の教育活動を様々な形で支援するため、校区の住民等で組織されている「学校支援地域協議会」は下部組織として「サタデースクール実行委員会」を設置し、土曜日にボランティア学生を中心として児童生徒の自主学習をサポートする「サタデースクール」を開設していることも特筆すべきであろう。

④　取組みの成果と課題

　姫路市の小中一貫教育は2014（平成26）年度、全市展開から4年目を迎えた。これまでの主要な成果と課題について、収集した関係資料等へ記述された内容や、私が取組みの関係者等から直接聞き取った内容等を勘案しながら述べることにする。

1）取組みの主要な成果

【教職員の意識の変化】

　小・中学校教職員の意識が大きく変化した。その結果、子どもの発達段階を重視した、「『つながり』のある指導」を意識して様々な取組みをするようになった。

【問題行動等の減少傾向】

　各種の統計結果から見ても、モデル校での先行実施以降、問題行動の件数や不登校数などに、少しずつながら明らかな減少傾向が見られるようになったという。

　なお、姫路市教育委員会では、「教育の効果はすぐに現れるものではない。また、様々な要因が複雑に作用しているため、数値だけでは即断できない」などの考えから、平成21年度の取組み開始から9年を経る2018（平成30）年度に、指標をもとにして、市の小中一貫教育の中間検証を行う予定である。

2）主要な課題

【小中一貫教育について保護者や地域住民等への周知不足】

　小中一貫教育について保護者や地域住民等への周知が行き届いていないために、理解が十分に進んでいない。そのため、頼りになる貴重な人材の参画

や協力を得る機会を失っていることは、小中一貫教育の進展のため大きな損失である。

　なお、この課題解決策の1つとして、「小中一貫ウイーク」を既に実施し始めたことは前述した。

【取組みに対する学校間の温度差】

　全市展開から4年目を迎え、小中一貫教育の意義や必要性に対する教職員の共通理解を深め、「目指す子ども像」の育成という目的を明確にし、計画的・組織的に積極的な取組みを進めている学校が多くなった。反面、指導者自身が明確な目的意識をもって取り組んでいないため、せっかくの取組みの成果を正確に見取ることができず、「やらされている」との負担感を感じている教職員もいる。

　こうした、取組みに対する学校間の温度差（格差）を拡大しないようにすることが大きな課題である。

[主要な参考文献]
- 「魅力ある姫路の教育創造プログラム－24年改訂版－」（姫路市教育委員会　2012年3月）
- 「姫路市がめざす　保幼小連携・小中一貫教育（リーフレット）」（姫路市教育委員会　2011年7月）
- 「平成26年度　学校園教育指針」（姫路市教育委員会　2014年3月）
- 「姫路市小中一貫教育標準カリキュラム－初版－」（姫路市教育委員会　2009年1月）
- 「姫路市小中一貫教育標準カリキュラム－第2版－」（姫路市教育委員会　2011年1月）
- 「ひめじ保幼小連携教育カリキュラム」（姫路市教育委員会　2011年12月）
- 「ひめじ保幼小連携協力カリキュラム活用リーフレット」（姫路市教育委員会　2012年12月）
- 「平成24年度　小・中学校連携に係る効果的な取組み事例集」（兵庫県教育委員会　2013年2月）
- 広報紙「ふれあい　つながり　かわら版」第1号（2010年6月30日付）～第36号（2014年6月12日付）（姫路市教育委員会学校指導課）
- 「夢抱き　未来に輝く　白鷺っ子　2013学校要覧」（姫路市立白鷺小学校・同中学

校　2013年)

(2) 神奈川県横浜市
－「横浜版学習指導要領」の策定と具現化を重視した取組み－

① 横浜市の概要

横浜市は神奈川県の東部に位置し、同県の県庁所在都市である。また、政令指定都市であり、18の行政区を持っている。

市制が施行された1889（明治22）年当時の市域の面積は、僅かに5.4km²に過ぎなかったが、その後6次に及ぶ拡張と埋め立てなどを経て、2006年には約437km²となり、神奈川県の約18%を占め、県内の市町村では最も広い面積を持つ都市である。

また、人口も市制施行時は約12万人だったが、今日では約370万人と日本の市では最も多くなっている。

同市立小・中学校の設置状況（平成26年度）は小学校が342校（約19万人）、中学校が148校（約8万人）、特別支援学校12校（約1500人）である。なお、市立高等学校も9校（約8000人）ある。

そして、これら市立の各学校の教員数は約1万6000人に及んでいる。

② 小中一貫教育への取組みの経緯

横浜市における小中一貫教育への取組みの経過を、以下で整理しておくことにしたい。

1)「横浜教育改革会議」の最終答申－小中一貫教育の導入を提案－（2005年度）

「教育委員会の諮問を受けて、横浜市立学校をめぐる諸課題について現状把握と幅広い議論を行い、今後の横浜の教育の在り方と改革の方向性について検討・提言すること」を役割として2004（平成16）年7月に設置された「横浜教育改革会議」（座長・安西祐一郎慶應義塾長（当時））は2006（平成18）年3月、「横浜教育改革会議最終答申　活力と個性あふれる『教育のまち・横浜』をつくる～育て！未来を担う横浜『市民』～」を提出した。

同答申は、横浜の教育をめぐる現状と課題について論じた後、「将来実現されるべき理想の学校像」について述べ、その実現のために7つの視点から教育改革を進めていく必要があると提言した。

　また、7つの視点に基づき、26の提案をしているが、そのうち「視点2　しっかり教えてしっかり引き出す指導観の再確認」に関する提案10として「<u>小中一貫や異校種間連携などを通じて教育の連続性を図る</u>」（下線は筆者）と提案された。

　さらに、「主な具体的方策～横浜から教育を変える13の重点プラン」に関連し、「提案1　横浜らしい教育内容を明確化する」の方策1として「学習指導要領をふまえ、横浜らしい教育課程の基準を明確化した『横浜版学習指導要領』の策定を提言。方策2として「小中一貫カリキュラム（義務教育9か年間連続の教育課程）の導入」を盛り込んだ。

　なお、この横浜版学習指導要領とカリキュラムマネジメントとの関連については、図表30のような全体像を示している。

2）横浜教育ビジョン・同推進プログラム
－横浜型一貫教育の基本理念明示－（2006年度）

　横浜市教育委員会は2006（平成18）年10月、前述した「横浜教育改革会議最終答申」を踏まえ、これから概ね10年間を展望し、横浜の教育が目指すべき方向を描く「横浜教育ビジョン～『教育のまち・横浜』の実現を目指す10年構想～」を策定した。また、翌2007（平成19）年1月には、ビジョンの実現に向け最初の5か年の取組みの行程（5年）をとりまとめた「横浜教育ビジョン推進プログラム」を策定した。

　ここでは、「横浜市基本構想（長期ビジョン）」が示す「市民力と創造力により新しい『横浜らしさ』を生み出す都市」の実現に向けて、教育の責務は「人づくり」だとする。そして、横浜の教育では「市民力・創造力を兼ね備えた未来を担う『市民』の育成を目指す」とし、そのため「幅広い知識と教養」「豊かな情操と道徳心」「健やかな体」という「3つの基本（知・徳・体）」と、「公共心と社会参画意識」「国際社会に寄与する開かれた心」という「2つの横浜

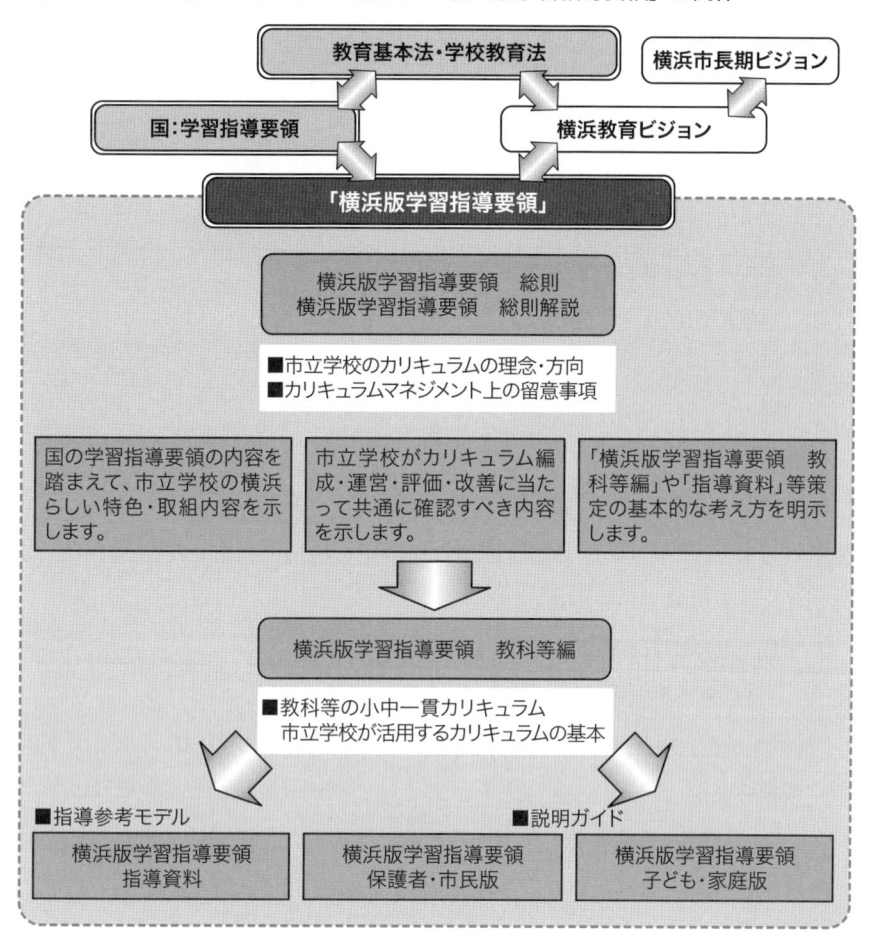

3 実施形態Ⅱ―学年区分を中心にして（4・3・2の区分型）

図表30　市立学校のカリキュラム編成と「横浜版学習指導要領」の関係

```
         ┌─────────────────────┐      ┌──────────────┐
         │  教育基本法・学校教育法  │      │ 横浜市長期ビジョン │
         └─────────────────────┘      └──────────────┘
┌──────────────┐                    ┌──────────────┐
│ 国：学習指導要領 │                    │ 横浜教育ビジョン │
└──────────────┘                    └──────────────┘
              ┌──────────────────────┐
              │  「横浜版学習指導要領」  │
              └──────────────────────┘

         ┌──────────────────────────────┐
         │  横浜版学習指導要領　総則       │
         │  横浜版学習指導要領　総則解説   │
         └──────────────────────────────┘
         ■市立学校のカリキュラムの理念・方向
         ■カリキュラムマネジメント上の留意事項

 ┌──────────────┐ ┌──────────────┐ ┌──────────────┐
 │国の学習指導要領の│ │市立学校がカリキュ│ │「横浜版学習指導 │
 │内容を踏まえて、 │ │ラム編成・運営・ │ │要領　教科等編」 │
 │市立学校の横浜ら │ │評価・改善に当た │ │や「指導資料」等 │
 │しい特色・取組内 │ │って共通に確認す │ │策定の基本的な考 │
 │容を示します。　 │ │べき内容を示しま │ │え方を明示します。│
 │               │ │す。　　　　　　 │ │               │
 └──────────────┘ └──────────────┘ └──────────────┘

              ┌──────────────────────┐
              │  横浜版学習指導要領　教科等編  │
              └──────────────────────┘
              ■教科等の小中一貫カリキュラム
                市立学校が活用するカリキュラムの基本

 ■指導参考モデル                    ■説明ガイド
 ┌──────────────┐ ┌──────────────┐ ┌──────────────┐
 │ 横浜版学習指導要領│ │ 横浜版学習指導要領│ │ 横浜版学習指導要領│
 │    指導資料    │ │ 保護者・市民版 │ │  子ども・家庭版 │
 └──────────────┘ └──────────────┘ └──────────────┘
```

出典：横浜市教育委員会編『横浜版学習指導要領　総則編』ぎょうせい、2009年、16頁

らしさ（公・開）」を最も大切にして、「横浜の子ども」を育んでいくとする。

　さらに、学校教育は、豊かな心、規範意識・公共心、協働・共生などを重視し、教えるべきことをしっかり教えることにより、下記の3つの力を引き出し、「自ら考え、判断・行動し、激動の時代を生き抜く総合的な力」を身に付けさせると述べている。

　①　学ぶ楽しさと創り出す喜びを原動力に、夢や希望に向かって努力する力

②　お互いの違いを認識した上で、協働・共生する力
　③　進取の精神と多様性を認める柔軟さを持ち、変化する社会を生き抜く力
　ビジョン推進プログラムでは、前述した3つの基本（知・徳・体）と2つの横浜らしさ（公・開）を身に付けた「横浜の子ども」を育むため、次の5つの目標を掲げた。
　①　子どもの力を高めます
　②　学校・教職員の力を高めます
　③　学校を開きます
　④　家庭、そして地域の教育力を高めます
　⑤　教育行政は現場主義に徹します
　目標として真っ先にあげた「子どもの力を高める」ための重点施策のトップに位置づけられたのが「『横浜版学習指導要領』の策定と推進」であり、その最重点事業が「『横浜版学習指導要領』の策定と授業の充実」及び「小中一貫カリキュラムの導入」である。

3）「横浜版学習指導要領　総則・総則解説」を作成
　　－取組みの方向等明示－（2007年度）

　「横浜版学習指導要領」（以下、「横浜版要領」とする。）の中核となる「横浜版学習指導要領　総則」を策定した。これは、同市立学校がカリキュラムマネジメント（学校の教育活動を充実するため、組織的かつ計画的に教育課程の編成・運営・評価・改善を行うこと）を推進するため、カリキュラム策定の理念・方向を明確にしたものである。

　その内容を見ると、第1章「『横浜版学習指導要領』の役割」の「1　『横浜版学習指導要領』の位置づけ」では、同要領が①国の学習指導要領に基づくものであること、②前述した「横浜教育ビジョン」で示された内容を具現化する取組みの方向や特色を示すものであること、③市立学校の目指す教育の方向を示すことを明記している。次いで、「2　『横浜版学習指導要領』による学校づくり」では、①カリキュラム編成の基本、②カリキュラム運営・評価・改善の基本について、かなり詳細に記述している。

また、第2章「『横浜版学習指導要領』の特色」では、まず「1　市立学校で育てる"横浜の子ども"の姿の明確化」について述べた後、「2　"横浜の子ども"の姿の具現化」の中で、具現化に向けて①すべての市立学校が取り組む重点課題の設定、②重点課題解決のためすべての市立学校が計画的に推進する具体的取組の設定、そして③これら、「横浜版学習指導要領　教科等編」「同　指導資料」で示す「小中一貫カリキュラム」の中で示すと記述している。

　この3項目のうち、③小中一貫カリキュラムの導入についてのみ、同要領の「解説編」の記述をも併せて参照しながら、次にやや詳しく述べておくことにしたい。

　㋐　小中一貫カリキュラムの役割について
　　小中一貫カリキュラムにより、次のような諸取組みの推進を目指すとしている。
　　・学習指導や生活指導での重なりや隙間に配慮
　　・義務教育9年間の連続性に配慮した教育の推進
　　・1人ひとりに応じたキメ細やかな指導の推進
　　・9年間を通した子どもの理解を一層充実させる
　　・いじめや不登校など、今日的な課題の解決を図る
　㋑　小中一貫カリキュラムのとらえ
　　小中一貫カリキュラムのとらえについては、次の2点を指摘する。
　　・義務教育9年間の学びの連続性を図るため、指導内容や指導方法を整理して編成
　　・9年間の連続性や適時性を図りながら、一人一人の子どもの学習状況に対応
　㋒　小中一貫カリキュラムの編成・運営・評価・改善
　　編成・運営・評価・改善については、次のように述べる。
　　・教職員が学力観・指導観・評価観等の「教育観」を共有することで指導の一貫性を図り、これにより授業の改善を推進
　　・敷地や校舎を共有するなどしなくても、地域の特性を生かしながら、

小中学校の双方が情報交換や連携をすることにより、学びの連続性を重視したカリキュラムの編成
- 運営・評価・改善を推進
- 小学校と中学校が連携を図りながら、カリキュラムマネジメントの編成作業を円滑に推進する。また、幼稚園や保育所との交流・連携や、特別支援学校や高等学校との交流・連携も一層促進

4)『横浜版学習指導要領　教科等編』を作成
　　－カリキュラムの基本－（2008年度）

　市立学校の校長・副校長・教員など約400名で、各委員会を組織して検討作業を行い、作成されたものである。

　まず、すべての教科等で、前述した「横浜教育ビジョン」で示された「知・徳・体」と「公・開」の視点から重視している指導の内容、義務教育9年間で身に付ける力を系統表で示す。

　そのうえで、すべての単元と主題等について、国の学習指導要領に明示されている内容等を、子どもの習得・活用する最低基準である「基礎的指導内容・指導方法例」として位置づける。

　そして、この「基礎的指導内容・指導方法例」で不十分な場合の内容・方法を「補充的指導内容・指導方法例」、さらに子どもが学びを広げたり、深めたりする内容・方法を「発展的指導内容・指導方法例」として具体的に示した。

5)『横浜版学習指導要領　指導資料』を作成
　　－9年間のベースカリキュラム－（2009年度）

　すべての教科・領域の小中9年間の一貫した指導計画を明示し、それを全市立学校のベースカリキュラムとして位置づけるとともに、具体的な単元・主題等の指導方法を例示した。そして、この指導資料の出版に際しては、ベースカリキュラムのほか、解説ナレーションとテロップ付きでまとめた小中学校の授業のVTRや、デジタルコンテンツ等を掲載したCD-ROMを付録とし、現場の教職員が具体的な取組みの資料として活用しやすいよう工夫した。

なお、この2009年度は全市立小中学校で「小中一貫教育推進ブロック」を設置したが、その詳細については後述する。

6）『横浜版学習指導要領　評価の手引』を作成
　－小中一貫カリキュラムマネジメントの推進－（2010年度）

前述した「指導資料」で示されたベースカリキュラムに基づいたカリキュラムマネジメントを推進するため、全教科の評価基準と評価計画を作成した。評価と指導の一体化を図ることで、授業の改善が進むとの考え方である。

また、この手引についても、前述した指導資料と同様に、教職員の利用の便宜を図ることで取組みを促進するため、具体的な単元や主題等に関する評価の内容と評価方法を例示した。また、全教科、全学年、全体単元・主題等の具体的な評価基準や評価計画等を掲載したCD-ROMも作成された。

なお、この2010（平成22）年度には、併設型小中一貫校として2校が開校した。

7）「横浜市教育振興基本計画」の策定（2010年度）

横浜市教育委員会が2006（平成18）年1月、概ね10年間を展望し、横浜の教育が目指すべき姿を描いた「横浜教育ビジョン」を策定し、翌2007（平成19）年1月に横浜教育ビジョンの実現に向けて「横浜教育ビジョン推進プログラム」を策定したことは前述した。

一方、国においては2006年12月の教育基本法の改正時に新設された規定（第17条第1項）に基づき、国の教育振興にかかる基本的な計画として「教育振興基本計画」を2008（平成20）年7月に策定した。

同法は、地方公共団体も国による基本計画の内容を参考にしつつ、その地域の実情に応じそれぞれの地方公共団体における教育振興のための施策に関する基本的な計画を定めるよう努める」（同条第2項）旨の規定をした。

そのため、横浜市教育委員会は2011（平成23）年1月、国の「教育振興基本計画」を踏まえ、横浜教育ビジョンの後期の5か年に当たる2010（平成22）年度から2014（平成26）年度までの教育施策や取組みをまとめた「横浜市教育振興基本計画」を策定した。

第4章 特に注目すべき取組み事例

　同計画では、「第3章　今後5か年で重点的に取り組む施策」の14項目のトップに「横浜らしい教育の推進」を掲げ、その実現を目指す「重点取組」として「横浜型小中一貫教育の推進」が位置付けられた。
　そして、次のように具体的な取組み内容とその達成目標年度が明記された。
① 　「横浜版要領」に基づくカリキュラムの編成と実施
　　・2014年度までの目標　　小学校は2011年度から、中学校は2012年度から実施
② 　小中一貫教育推進ブロックにおける合同授業研究会の実施
　　・2014年度までの目標　　142の全推進ブロックで年1回以上実施

8)「授業改善ガイド」の作成
　　－カリキュラムマネジメントの推進－（2011 ～ 2013年度）
　「横浜版要領」に基づく取組みを推進する教職員の支援策として、各種の「授業改善ガイド」を順次作成し配布した。
　まず、2011（平成23）年度には第1号として『授業改善ガイド　単元づくり編』を作成した。
　これは、教師の授業に関する悩みを起点として、どうしたら悩みが解消されて良い授業になるのかについて、小中学校の単元づくり〈授業デザイン〉の事例を通して分かりやすく解説したものである。単元づくりの事例を102件収録しており、それぞれの事例ごとに「横浜版学習指導要領」の関連ページを示している。
　また、翌2012年度は『授業改善ガイド　教材研究・授業実践編』を作成した。
　これは、指導と評価の一体化を図る授業づくりのポイントを、教材研究から授業実践まで実際の流れにそって詳しく図解したものである。小学校・中学校・特別支援学校の各教科等の授業事例を収録している。もちろん、新学習指導要領と横浜版要領に完全対応したものである。
　さらに、2013（平成25）年度には、『授業改善ガイド　思考力・判断力・表現力の育成編』を発行した。これは、まず各教科等のページで、思考力・判断力・表現力育成のために必要な内容と育成のためのポイントについて解説している。ついで特別支援教育について、各教科等の学習を支える自立活動に焦

点をあてながら、指導・評価・改善のポイントについて解説し、具体的な事例をも示している。

なお、この間の2012（平成24）年度から、「横浜型小中一貫教育」が全面実施されたが、その詳細については改めて後述することにしたい。

③　小中一貫教育への具体的な取組み内容

　横浜市における小中一貫教育への取組みは、前述した取組みの経緯で明らかなように、市教育委員会が綿密な検討・準備を重ねつつ策定した「横浜版学習指導要領」を基本として、各学校（教職員）が取組みを進めるべき方向や方法等を具体的に明示し、さらにそうした取組みをする各学校（教職員）に対し、「横浜型小中一貫教育を支えるサポートツール」と称する前述した各種ガイドブックの発行等をはじめ、工夫を凝らしたきめ細かな施策で強力に支援することが大きな特色である。その意味では、取組みの経緯で前述した内容こそ、横浜の取組みで注目すべき主要なポイントだとも言える。

　けれども、横浜市の実践には、これまで述べてきた以外にも、興味深い多くの施策がある。以下に、そうした取組みの主要な内容について述べることにしたい。

1)「横浜型小中一貫教育」の意義

　横浜型小中一貫教育の意義について改めて確認しておくことにする。

　横浜版学習指導要領によれば、横浜型小中一貫教育とは「敷地や校舎を共有するなどの物理的な条件を満たすことがなくても、『横浜版学習指導要領　教科等編』等をもとに、地域の特性を生かしながら、小・中学校双方が情報交換や連携をして、学びの連続性を重視したカリキュラムの編成・運営・評価・改善をしていく」（同要領総則）ことだとしている。

2)「横浜型小中一貫教育」導入のねらい

　横浜型小中一貫教育のねらいは、「横浜教育ビジョン」で示された"横浜の子ども"の実現を目指し、小中学校の教職員の人的交流を促し、「学力観」・「指導観」・「評価観」の共有を図り、授業改善の促進と学力向上を目指すことである。

　また、小中学校の義務教育9年間を円滑に接続させることで、小中学校間の

いわゆる「中1ギャップ」から生ずる不登校など、今日的な児童生徒指導上の課題解決を目指すことである。

さらに、学校に対する多様なニーズへ複数の学校が協力して対応すること、近年における横浜市教職員の大量退職と大量の新規採用が続くことによる教職員の指導力（学校力）低下を避けることを目指すとしている。

3）「小中一貫教育推進ブロック」の形成

市内のすべての小中学校で、「横浜版学習指導要領」による小中一貫カリキュラムに基づいた教育内容と教育方法を実現するため、2009（平成21）年度から既存の中学校区を基礎として、学校運営の体制である「小中一貫教育推進ブロック（以下、「推進ブロック」とする）」の形成に取り組み始めた。

そして、2011（平成23）年度からは全学校で142のブロックが形成されるようになった。また、このブロックは、複数の中学校と複数の小学校で形成される「連携型」、1中学校と複数小学校による「協働型」、1中学校と1小学校の組み合わせによる「接続型」の3つの形態に分類される。最も多い形態は「協働型」であり、最多の学校数で形成される推進ブロックは2中学校と6小学校から成る。

【推進ブロックでの取組み内容】

各推進ブロックでは、(ア)授業改善の推進と児童生徒の学力向上、(イ)児童生徒指導の一層の充実による課題解決を目指して次のような取組みを行っている。

すなわち(ア)については、夏休みなどの長期休業中に小中合同研究会や教科毎の分科会開催、横浜版要領をもとにした義務教育9年間の連続性あるカリキュラムの編成、授業の改善を目的とした相互の授業参観、出前授業等に取り組んでいる。

また、(イ)に関しては、児童生徒指導に関する各校の情報交換や合同研修会の開催、中学校生徒会が企画・運営する小学6年生を対象とした中学校説明会、小学6年生の中学校の授業参観・授業体験、小学生による中学の部活動体験や小中生徒会の委員会交流、小中学生合同での地域行事への参加などの取組みを行っている。

3 実施形態Ⅱ―学年区分を中心にして（4・3・2の区分型）

【推進ブロックへの人的支援と予算措置】

推進ブロックを中心とした取組みを支援するため、ブロックのとりまとめ役を担う幹事校に対して非常勤講師（2014年度は週時数18時間相当で、20ブロック）を配置する。

こうした取組みの経費として、2014年度は約3500万円を予算化しているが、その大半は非常勤講師の人件費に充当されている。

4）地域特性を生かした取組み

横浜版要領総則では、「地域特性を生かした小中一貫教育の実現」を明記した。そして、同総則編の解説では、「～小中が連携して、情報交換や連携を深め、学区や地域の実態に合うものに～」「～地域の学校として、学校行事や地域行事についても、土曜日の活用なども進めながら地域の実態や特色を十分生かし、保護者・市民の協力を得ながら計画運営を～」「～推進ブロックにおいて、地域の立地条件や状況を踏まえて、地域の実態を生かした一貫教育の実現に努めていく～」などの諸点に配慮しながら取り組むことを各推進ブロックに求めている。

また、市教育委員会は、こうした推進ブロックによる様々な取組みを支援するため、「横浜版学習指導要領　子ども・家庭版」「同　保護者・市民版」を作成し、小中一貫教育について市民への周知を図るとともに、学校教育に関する情報を効果的に発信し、保護者や地域住民の教育に対する積極的な参画を推進することに努めている。

ちなみに、この「保護者・市民版」には、「横浜の子どもの姿（横浜の子どもに期待する10の約束）」、「横浜市立学校が目指すこれからの教育（横浜市立学校教育の特色）」、「家庭で育てていきたいこと（保護者の役割）」、「地域で大切にしていきたいこと（市民の役割）」が分かりやすく書かれている。

④　小中一貫教育に対する取組みの主要な成果と課題

取組みの成果と課題について、同市教育委員会がこれまで様々な機会に公表している資料や、私が関係者から直接聞き取り調査した内容等も勘案しながら整理しておくことにする。

1）取組みの成果

①　小中一貫カリキュラムの編成

「横浜版学習指導要領」に基づいた、小中の教員による合同でのカリキュラム編成が行われることで小中教員の相互理解が進み、教科等の指導面における小中の円滑な接続が行われるようになった。

②　合同授業研究会・研修会の開催

横浜市教育委員会が2011（平成23）年1月に策定した「横浜市教育振興基本計画」の中で、2014年度までの目標として、推進ブロック内の小・中学校教員が学力観・指導観・評価観の共有を図り、授業力の向上を目指す「合同授業研究会を142の全推進ブロックで年1回以上実施」を明記したことは前述したが、2013年度までに既に目標を達成した。

また、市教育委員会が2013年11月に全推進ブロックの代表（校長）を対象として実施した「小中一貫教育推進ブロックの取組みに関するアンケート（2013年度実績）」によれば、合同授業研究会の成果として「指導方法や指導技術等を相互理解することができた」「児童生徒理解が深まった」との回答がともに90％を超え、「教職員間の学力観・指導観・評価観等の共有を図ることができた」も80％強を占めている。

③　児童生徒指導上の課題解決

①②で前述したこととも関連するが、小中の教員が児童生徒理解を深め、学習指導面でも相互理解を図った上で指導に当たっており、また小中教員の交流と併せて児童生徒同士の交流活動も行われるようになった結果として、中学入学時の不安感が大幅に解消され、中学校1年次の不登校など（「中1ギャップ」）も明らかに減少した。

こうした成果の反映か、公立中への進学者が明らかに従来より増えた推進ブロックもあるという。

2）残された課題

①　大規模な推進ブロックでの連携

複数の中学校と複数の小学校から成る大規模な推進ブロックは、当然のこと

ながら学区も広く、地域の特性等も把握が困難であり、また教職員数も多いため、共通理解を図る様々な取組みも実施が難しいのみならず、その成果もあがりにくい。

今後、この取組みに対する全教職員の理解が一層進めば、その困難さは多少なりとも軽減されることが期待できるものの、現状では解決がかなり困難な課題となっている。

② 推進ブロックとしての地域連携

横浜市における学校と地域社会との連携は、推進ブロックを構成する各学校とその学区で行われることが多い。けれども、推進ブロック単位で小中一貫教育に取り組もうとすれば、地域との連携も各学校単位で行われるのではなく、推進ブロック単位で行われる方が様々な取組みもスムーズに行われ、得られる成果も大きくなるのであり、今後の課題として解決を目指す必要がある。

③ 持続的な取組みの体制づくり

小中一貫教育の取組み、そしてそれを支える教職員間の連携、学校と地域社会との連携・協働は実現するために長い時間と大きなエネルギーを要するが、持続するのはさらに困難であり、連携を継続・強化することを目指した組織体制の整備が必要である。

また、具体的な取組みの内容でも、「横浜型小中一貫教育の『要』」ともいうべき「横浜版学習指導要領」に基づくカリキュラムのPDCAサイクルの確立も大切な課題だと思われる。

[主要な参考文献等]
- 「横浜教育改革会議最終答申　活力と個性あふれる『教育のまち・横浜』をつくる〜育て！未来を担う横浜『市民』〜」（横浜教育改革会議　2006年3月）
- 「横浜教育ビジョン〜「教育のまち・横浜」の実現を目指す10年構想〜」（横浜市教育委員会　2006年10月）
- 「横浜教育ビジョン　推進プログラム〜平成18年度から平成22年度までの5カ年計画〜「教育のまち・横浜」の実現を目指す10年構想〜」（横浜市教育委員会　2007年1月）
- 『横浜版学習指導要領　総則編』ぎょうせい、2009年3月

- 斉藤一弥「Case：小中一貫教育とカリキュラム・マネジメント－横浜市教育委員会の取組－」天笠茂編著『学力を創るカリキュラム経営』ぎょうせい、2011年10月所収
- 横浜市教育委員会「横浜型小中一貫教育　併設型小中一貫教育校」(2011年11月30日開催　中央教育審議会初等中等教育分科会　学校段階間の連携・接続等に関する作業部会（第9回）の配布資料5-1）
- 横浜市教育委員会「平成26年度 第1回横浜型小中一貫教育推進協議会資料」（2014年4月17日開催）

〈付　記〉

※1「併設型小中一貫教育校」の扱いについて

　横浜市には、共に2010（平成22）年4月に開校した「市立霧が丘小中学校（小中学校が道路を挟んで隣接）」と「西金沢小中学校（約100mの距離で近接）」の併設型一貫校があり、それぞれに確かな成果をあげているとされる。

　しかし、現時点における横浜市の取組みは、前述した内容が主であると考え、本稿では併設型一貫校の取組みについては割愛した。

※2「横浜市における小中一貫校の基本方針（中間まとめ）」の扱いについて

　横浜市教育委員会は2012（平成24）年10月、前記の基本方針（中間まとめ）を作成した。

　これは、横浜市における小中一貫教育の今後の動向を窺わせる極めて興味深い内容を多く含んでいると思われる。

　しかし、同市教育委員会によれば、国の動向を見極めるため最終まとめの作業を中断しているとのことであり、本稿での紹介は差し控えることとした。

4 実施形態Ⅱ－学年区分を中心にして（4・5の区分型）

(1) 広島県広島市－「ひろしま型カリキュラム」を中心とした取組み－

① 広島市の概要

　広島市は山陽地方のほぼ中南部に位置し、太平洋ベルトを構成する広島都市

圏の核である。

歴史的にみると、江戸時代には広島藩・浅野氏42万石の城下町として栄えたが、明治時代には陸海軍の拠点が集中する軍事都市となり、特に日清戦争時に広島大本営がおかれ、帝国議会が開かれるなど臨時の首都機能を果たしたこともあった。

第2次世界大戦末期の1945年8月、世界史上初めて原子爆弾が投下された地として世界的に知られている。原爆投下直後は急激に人口が減少したが、その後は重工業や自動車産業を中心に復興し、1980（昭和55）年には全国10番目の政令指定都市に指定された。さらに1985（昭和60）年3月には人口100万人を突破し、2014（平成26）年8月時点では約118万5000人である。

京阪神と福岡都市圏のほぼ中間点にあるため、中国地方や中国・四国地方を統括する国の機関や全国的な経済活動をしている企業の支社・支店が数多く置かれており、支店経済都市と呼ばれることもある。

② 小中連携教育への取組みの経緯
1)「21世紀教育改革推進総合プラン」の策定
　　－4つの力をバランスよく－（2001年）

広島市は2001（平成13年）、同市が1999（平成11）年に策定した第4次広島市基本計画における教育分野の基本方針に基づき、「心身ともにたくましく、思いやりのある人」を育むことを基本理念とする「21世紀教育改革推進総合プラン」を策定した。

これ以後、同市ではこのプランに基づき、生きるための基礎・基本を身に付けさせ、それを基盤にして、「規範性」「感性」「体力」「コミュニケーション能力」の4つの力をバランスよく育む「広島らしい新しい教育」が推進されることになった。

2)「基礎・基本の力の定着に係る学校教育のあり方検討委員会」の最終報告（2005年5月）

2005（平成17）年5月に「市の児童生徒の学力の向上に向けて、基礎・基

本の力をより一層定着させるための具体的な方策や、小学校・中学校9年間を通した学習プログラム等について、専門的、具体的に検討するため」（設置要綱第1条）に設置された「基礎・基本の力の定着に係る学校教育のあり方検討委員会」（委員長：中原忠男・広島大学大学院教育学研究科教授）は、2006（平成18）年4月に最終報告を行った。

同報告書は、「ひろしま型カリキュラム」の創造を提言し、広島独自の新たな方策として、小学校と中学校との連携・接続の改善、新教科の創設、小学校への英語科の導入の3項目をあげ、それぞれに具体的な提案をした。すなわち、連携・接続については「4・5制の導入」、新教科の創設には学習内容と実施方法、英語科の導入については基本的な方向性と実施方法という具合である。この具体的な提言は、当然のことながら広島市におけるその後の取組みに大きな影響を与え、今日につながっている。

3）「構造改革特区」の認定－認定を求めた理由－（2006年11月）

広島市は2005（平成17）年、「言語・数理運用科」と「（小学校）英語科」の設置を内容とする「構造改革特別区域」の認定を申請した。申請の理由（背景）について、同特区計画書ではおおよそ次のように述べている。

① 「言語・数理運用科」設置について

子どもたちは一人ひとりかけがえのない存在であるが、その素晴らしい個性を発揮し伸ばしていくためには、その前提として「読み・書き・計算」はもちろん、思考力・判断力・表現力などの力を子どもたちに身に付けさせる必要がある。そのため、市では少人数指導や習熟度別指導の導入などの取組みを進めてきた。

しかし、市が2002（平成14）年度から実施している国語、算数・数学の「『基礎・基本』定着状況調査」の2005（平成17）年度までの分析結果によれば、漢字の書き取りや四則計算などの基礎的な知識や技能については向上が見られたものの、思考力・判断力・表現力については前者と同等の向上が見られなかった。

こうした分析結果は、2003（平成15）年度に実施されたOECDによる学習到達度調査（PISA）で、「読解力」の分野では「テキストを理解・評価しながら読む力」や「テキストに基づいて自分の考えを書く力」、また「数学的リテ

4 実施形態Ⅱ―学年区分を中心にして（4・5の区分型）

ラシー」の分野においては「数学的に解釈する力や表現する力」などについて一層の向上を図る必要があるといった分析結果と一致するものである。

　このような現状から、「言語や数理を運用して思考・判断・表現する力」を十分に身につけさせることは、市の解決すべき教育課題であり、その課題解決のため小学校と中学校の教育課程に「言語・数理科」を設置する。

　言語・数理運用科はこれまで述べた設置の理由により、日常生活にみられる様々な事柄について、テキストから目的に応じて必要な情報を取り出し、各教科等の学習で身に付けた知識や経験と関連させながら思考・判断し、自らの考えを適切に表現する力の育成を目標とするものである。換言すれば、何らかの知識を得ることを目的とするのではなく、「情報を取り出す力」「思考・判断する力」「表現する力」を身に付けさせることをねらいとしているところに特色がある。

　② 「英語科」の設置について

　21世紀を迎え、大きく変化する国際社会で生きていくための基本は、人と人との相互理解・相互交流であり、そのための基礎となるのがコミュニケーション能力である。そのため、市では習熟度別指導を取り入れるなど英語教育の充実に取り組んできた。

　しかし、市の「基礎・基本」定着状況調査の2005（平成17）年度までの分析結果によれば、望ましい状況にはなっていない。

　また、2005年の中央教育審議会答申「新しい時代の義務教育を創造する」では、「グローバル社会に対応するため、小学校段階における英語教育の充実が必要」と提言した。市では、2005年までに約70％の小学校が、総合的な学習の時間に国際理解教育の一環として英語活動を実施している。このような状況を踏まえ、市の英語教育のさらなる充実を目指し、全小学校の教育課程に「英語科」を設置する。

　この小学校「英語科」は、前述したような設置の背景から、「聞く」「話す」を中心に英語の音声に慣れ親しむ活動を通して、中学校の英語教育の基盤となる力の育成を図るとともに、言語や文化に対する興味・関心を高め、英語を聞いたり話したりする力の基礎を養い、積極的にコミュニケーションを図ろうと

する態度の育成を図ることを目標とすることが特色である。

このような理由による、正式名称「構造改革特別区域研究開発学校設置事業(802)」は、2006（平成18）年11月26日に国から認定され、翌2007（平成19）年度から本格的に取り組まれることになった。

4）「広島市教育振興基本計画」の策定（2010年9月）

広島市は2010（平成22）年9月、「広島市教育振興基本計画」を策定した。これは、教育基本法第17条の規定により定める「教育振興基本計画」に位置づけられるものである。

同計画の「施策の展開と具体的な取組」の「Ⅰ　学校教育の充実」の「1　知・徳・体の調和のとれた教育推進　(1)確かな学力をはぐくむ教育の充実」を図る施策として、「ひろしま型カリキュラムの推進」や「小・中学校が連携した教科等の指導に関する実践研究等により、子どもの基礎的・基本的な学習内容の定着と中学校生活への円滑な移行を図り、継続的で一貫性のある教育を推進」が盛り込まれ、小中連携教育の推進に対する市の姿勢が明示された。

なお、この2010年度から研究開発校だけではなく、市立の全小中学校で、小中連携教育が本格実施された。

③　小中連携教育を推進する取組み内容の概要

広島市は前述した構造改革特区の認定を受けた2006（平成18）年11月、同時に市立小中学校の全校が「独自の教科の新設等による小中連携」に取り組む教育課程特例校の認定も受け、翌2007年4月から本格的に取り組むことになった。その取組みの概要は以下のとおりである。

1）学年区分に対する考え方

広島市は小中学校の9年間を、4年・5年という学年区分とした。この教育課程の区切りとしての学年区分について、広島市の考え方は次のとおりである。

①　前期（小1〜4年）

学びの基盤づくりと基礎の徹底（基礎的な知識や技能の習得、学習規律や学習習慣の定着）を図る期間である。

② 後期（小5〜中3年）

思考力・判断力・表現力の向上と発展を目指す期間である。

2）特例による取組みの内容

① 小学5年〜中学3年の教育課程に、新教科として「言語・数理運用科」を設置。
② 小学5年〜6年の教育課程に、新教科として「英語科」を設置する。

3）特例により教育課程の基準によらない部分

① 小学5年〜6年の「総合的な学習の時間」を70時間削減し、その時間のうち35時間を「言語・数理運用科」に、残余の35時間を「英語科」に充当する。また、英語科については小学5・6年ともに1回15分単位の授業を週3回実施することにより、年間授業時数は70時間にかさあげされる。
② 中学1年では「総合的な学習の時間」を年間35時間削減し、それを「言語・数理運用科」に充てる。
③ 中学2〜3年では「総合的な学習の時間」と選択教科の時間を合わせて70時間削減し、その時間を「言語・数理運用科」に充てる。
④ 小学校の「言語・数理運用科」の設置は2007（平成19）年度途中の10月からとなるため、特例措置を講ずる。

4）事業の具体的な実施方法

【2007年度（取組みの初年度）の状況】

① 研究開発校における実践・研究

　研究開発校を指定し、ひろしま型学習指導計画試案に基づく実践・研究を行い、その成果と課題を整理・分析した。

　なお、研究開発校は、言語・数理運用科については2小学校、英語科については6小学校、国語科と算数・数学科は共に2小・2中学校が指定された。

② 「学習指導計画策定会議」の設置

　大学教員や小中学校長・教諭で構成され、研究開発学校等での実践をもとに、言語・数理運用科、英語科、国語科、算数・数学科部会別に検討作業を行い、副読本及び教材の開発や学習指導計画の再検討などの作業を行うものである。

取組みの初年度である2007（平成19）年度、言語・数理運用科と英語科の両分科会は6回、国語科と算数・数学科については4回開催され、平成20・21年度版ひろしま型学習指導計画（試案）を作成した。

③　教員の研修

新しい取組みゆえに教職員の不安感が強いことに配慮し、夏休み中に小学校教員対象の英語塾を開設したほか、研究開発校等の公開研究会や実践研究合同発表会など、様々な研修機会を提供し、取組みの趣旨等への理解を深め不安を解消するよう努めた。

④　保護者や市民に対する広報活動

新しい取組みに対する保護者や市民の理解を深めるため、保護者説明会を開催した。また、市が持っている様々な広報手段を用いて積極的な普及・啓発活動を行った。

【2013（平成25）年度の状況】

2007年度から3年間の実践研究を経て、2010（平成22）年度から市内の全小中学校で実施されている「ひろしま型カリキュラム」の現状は次のとおりである。

①　小・中学校の連携・接続の改善

中学校区毎に設置された「小中連携教育研究会」を活用しながら、小中の教職員が連携して義務教育の9年間を見通した取組みを行っている。

②　「言語・数理運用科」の実施

取組み当初と同様に、小学5年〜中学3年まで週1単位時間を実施

③　小学校の「英語科」の実施

小学5・6年を対象に、週2単位時間（うち1単位時間は帯時間として15分×3回）で実施している。

また、この英語科指導の充実を図るため、全校に英語指導アシスタント（AIE）を配置し、担任とのティーム・ティーチングを実施している。

さらに、英語指導助手（ALT）を定期配置し1学級あたり年間9時間程度の授業を実施している。

④　小中一貫教育に対する取組みの成果と課題

　収集した資料や私が市教育委員会の担当者等から聞き取りをした結果等によれば、取組みの成果と課題はおおよそ次のとおりだと思われる。

　1）小中連携・接続の改善について

　市による「基礎・基本」定着状況調査によれば、小・中学校で、「言語活動」を充実させるための指導を行っている割合と、思考力・表現力を育成する指導を行っている割合がともに90％を超えるなど、指導方法の改善が進んでいる。

　また、小中合同での授業公開や協議、情報交換を行うことが、学力向上と生徒指導に関する課題を共有する良い機会となっている。

　一方で、小中連携に取り組んでいるものの、小中共通の研究内容、研究の手法、そのための研究会開催日程の調整が困難である。

　2）言語・数理運用科の実施について

　「言語・数理科学力調査」によれば、目標とする「情報を取り出す力」「思考・判断する力」「表現する力」のいずれについても、学習内容が概ね定着していることをうかがわせる状況を示している。

　また、児童生徒は「言語・数理運用科」について、必要感や有用感を感じており、授業として成立しているように思われる。

　一方、中学生は「言語・数理運用科は好きですか」との問に対し、肯定的回答は52％にとどまり、教材等の見直しや、さらに授業改善を進めることが課題となっている。

　3）英語科の実施について

　市教育委員会は、児童生徒への質問紙調査によれば、「英語が好き」と答えた小学生が86％、中学1年生が71％であることから、高い有用感・必要感をもって学習していると評価している。小学校英語科では、15分授業で英単語に慣れ親しみ、45分授業で体験的・創造的な活動を行うことや充実した指導体制が学習意欲につながっている。

　一方で、小学校と中学校の指導方法をめぐる連携には課題がある。

第4章　特に注目すべき取組み事例

　これまで見てきたように、「ひろしま型カリキュラム」の実施を核とした広島市の小中連携の取組みは、市教育委員会が明確な方針を示し、試行しながら成果と課題について検証したうえで、例えば綿密な「言語・数理運用科ガイド」の作成・配布など、積極的に学校（教職員）への支援を続けながら全校実施へ歩を進めたことが最大の特徴だと思われる。

［主要な参考文献等］
・「基礎・基本の力の定着に係る学校教育のあり方検討委員会最終報告」（同委員会　2006年）
・広島市「構造改革特別区域計画」（広島市　2006年）
・「広島市立学校適正配置のあり方に関する報告書」（広島市立学校適正配置のあり方に関する検討協力者会議　2009年）
・「広島市教育振興基本計画」（広島市　2010年）
・広島市教育委員会編『言語活動実践ガイド－思考力・判断力・表現力を高める（ひろしま型カリキュラム）』ぎょうせい、2011年
・学力向上推進評価委員会「学力向上施策に関する提言」（同前委員会　2013年）

5　実施形態Ⅱ－学年区分を中心にして（5・2・2の区分型）

(1)　熊本県産山村－地域住民に支えられた村内唯一の学校の取組み－

①　産山村の概況

　産山村は、九州のほぼ中央部にあり、世界一の複式火山である阿蘇山や、九州の屋根といわれる九重火山群や祖母山に囲まれている。
　標高500mから1047mの高原地帯に属し、阿蘇外輪山と九重山麓が交わる波状高原と、その侵食された急傾斜部分から構成された高原型純農山村である。
　村の行政区域は、東西6km、南北10km、総面積60.60km²で、その82.7％を山林・原野が占めている。そのため、自然景観にも恵まれており、山野には珍

しい植物も多く自生している。中でも高原の花「ヒゴタイ」は、日本列島が大陸と陸つづきだったことを証明する遺存植物として、環境省が絶滅危惧種に指定しているほどの希少性があり、村内に多く自生している。

同村は熊本県の最北東端で大分県との県境に位置し、東・南部は大分県竹田市、北西部は阿蘇郡南小国町、西・南部は阿蘇市に接している。県庁所在地の熊本市とは自動車で約1時間30分の距離にある。

人口の推移(国勢調査)を1960(昭和35)年からみると、同年の3169人から一貫して減少している。2014(平成26)年8月末現在、全世帯数は621、人口は1629人である。

なお、同村にある学校は、村立産山小・中学校各1校のみである。

② 小中一貫教育への取組みの経緯
1)「2学期制」をスタート―「教育改革の柱」との位置づけ―

同村は、人口減少と高齢化率の上昇に対処するため、魅力ある村づくりを目指すという観点から、「地域自立促進」の基本方針をかかげ、「人こそが地域をつくる」という考え方のもとに「人材育成」を村政の重点としてきた。

こうした村政の基本方針のもとで、村教育長(現村長)の強いリーダーシップにより教育改革が行われることになり、その目標を「21世紀の国際社会に貢献できる心身ともに豊かで、知性に満ちた個性豊かな産山の子どもたちの育成」とし、「子どもたちに『この村で教育を受けて良かった』と実感してもらえる教育を提供したい」との思いで取組みをスタートさせた。

そして、その具体的な取組みに当たり、子どもを「じっくり」「しっかり」「のびのび」育てることが大切であるとの視点から、これまでの取組みを見直したとき、自然に「学びの連続性」を重視する必要性に思い至った、と教育長は私に説明された。

さらに、連続性重視で「1年間の学び」を考えたとき、「3学期制」より2学期制のほうが有効なのではないか、「小中9年間の学習」を考えると、小・中を区切るのではなく「小中一貫教育」のほうが教育成果をあげられるのではな

いかとの結論になった、とも教育長は言われた。

このような検討結果を踏まえ、2004（平成16）年度から熊本県下初の2学期制が導入された。

そして、1年間を前期・後期に分け、やや長いスパンで「学びの連続性」をつくり、児童生徒の実態に応じた、より細やかで丁寧な指導の充実を図っていくことを、2学期制の基本的なねらいにすると決めた。

2学期制の導入に伴い、注目すべき新たな取組みが行われた。1つは、夏休みが学期と学期の区切りではなく、前学期の途中であるため夏休みの在り方を見直し、期間中に全学年が5日間程度登校して学習する「サポート教室」を実施した。これは従来の夏休み中に実施した復習中心の学習会ではなく、補充学習や発展学習、あるいは日頃はできない体験的な学習など、幅広く様々な取組みを行うものである。

いま1つの取組みは、児童生徒に渡す通知票が3回から2回に減少するため、児童生徒の自己評価をも含めたより精度の高い評価にし、それを児童生徒や保護者にきちんと伝えると共に、指導と評価を連動させることで教育効果をより大きくすることを目指す様々な工夫がなされた。すなわち、年2回の通知表と共に、評価結果を児童生徒と保護者により分かりやすい形にした「学習のあゆみ」を小学校は年4回、中学校では年5回発行されるようになった。

2）「構造改革特区」の認定を受けた小中一貫教育

2006（平成18）年11月16日に内閣府から「構造改革特区（小中一貫教育特区）」の認定を受けた。特区の概要は、「小中9年間を通して、『ヒゴタイイングリッシュ』、『うぶやま学』、『チャレンジ学習』等の創意工夫をした特色のある教育課程を編成実施することにより系統性・継続性のある小中一貫教育を推進する。前期（小1〜5）、中期（小6〜中1）、後期（中2〜3）の5・2・2制を導入することにより、中期における小中の接続を柱に、連続性及び一貫性のある教育を目指す」というものであった。

3）村内2小学校の統合・校舎を中学の校舎と併設して小中一貫教育を開始

2007（平成19）年4月、村立産山北部小学校（統合前の児童数18名）と、

村立山鹿小学校（同児童数77名）が統合され、新たに「産山小学校」となり、校舎も中学校の校舎と併設する形で新築された。そして、小中一貫教育への具体的な取組みが開始された。

4）「教育課程特例校」指定を受けた小中一貫教育

2009（平成21）年度、構造改革特区制度の変更に伴い、文部科学省から新たに「教育課程特例校」の指定を受けて小中一貫教育に継続して取り組み、今日に至っている。

③ 小中一貫教育に関する取組みの内容

産山村が研究・実践している小中一貫教育の概要について整理しておくことにしたい。

1）目標（ねらい）を明確にした取組み

前述した教育改革のねらいである、「子どもたちが『産山で教育を受けて良かった』と実感し、将来、国際社会において活躍、貢献する有為な人材を育てるという願いのもと、①産山の子どもたちに確かな学力をつける、②産山を知り産山を愛する子どもを育てる、③小学校と中学校の段差を低くして教育効果をあげる、④地域と学校が協力して学校教育の充実を図る」を、様々な時・場面で繰り返し確認し合いながら取組みを進めていることが注目される。

2）小中一貫カリキュラム

① 5・2・2制の導入

小・中学校の9年間を次のように区分する。同村の取組みを一貫してリードしてこられた教育長（現・村長）の説明によれば、このような区分をする最大の理由は、いわゆる「中1ギャップ」の克服に尽きるという。

　　小1～小5年　　前期（夢への助走期）
　　小6～中1年　　中期（夢への疾走期）
　　中2～中3年　　後期（夢への跳躍期）

② 特色のある教育課程の編成

あくまでも学習指導要領の趣旨を踏まえながら、**図表31**に示すとおり、特

図表31　産山小中学校の教育課程（2012年度）

学年 教科等	前期					中期		後期	
	1年	2年	3年	4年	5年	6年	中1	中2	中3
英会話科	20	20	35	35	35	35	35	35	35
英語科						35	140	140	140
うぶやま学	34	35	35	35	70	35	35	35	35
チャレンジ学習			35	35	35	35	35	35	35

色のある教育課程の編成を行い、9年間を見通した学びの連続性と中1ギャップの解消を目指す。

特色のある教科等として次の3科目を創設した。

(ア)　「ヒゴタイイングリッシュ」

　　英語活動を通して会話や外国文化に対する理解を深めるとともに、人とのふれあいを大切にしながら、積極的にコミュニケーションを図る態度の育成をねらいとする教科で、英会話科と英語科から成る。

〈英会話科〉小学校1年から中学3年までの9年間の教科として創設。

〈英　語　科〉小学校6年生に中学校の「英語科」を先取りし、教科（週1時間：年間35時間）として位置付ける。

　　英会話科は小学校担任、中学校英語担当、ALT(村費雇用)の3人で指導する。

　　また、この「ヒゴタイイングリッシュ」と切り離せない取組みとして、タイとの国際交流である「ヒゴタイ交流」がある。1988（昭和63）年度から産山村と中学校が一体となり始められた、タイ王国立カセサート大学付属校中学校との交流である。お互いに長期休業期間（産山村は夏休み。タイは10月）を利用し、それぞれの家庭に3週間ホームステイして、学校の授業、各種行事、小旅行に参加するものである。

　　なお、「ヒゴタイ」とは村花である「ヒゴタイ」と「肥後（熊本)」と「タイ」をかけたものである。

(イ)　「うぶやま学」

　　これまで、学社融合事業・地域ボランティア等活用事業・総合的な学習の時間により産山で培ってきた特色ある活動を体系化し、地域との連携や

地域人材等の活用を通して、体験を重視した学習を展開する。これにより、子どもたちの情操を豊かにするとともに、「うぶやま」に誇りを持ち、将来における自分の生き方を考えていく学習のことである。

　学年別のねらいと系統は次のとおりである。

　　　小1・2年　　　　「うぶやまで学ぶ」（地域探検）
　　　小3～5年　　　　「うぶやまを学ぶ」（うぶやまの人とくらし）
　　　小6～中1年　　　「うぶやまに学ぶ」（うぶやまの生き方）
　　　中2～中3年　　　「うぶやまは学ぶ」（うぶやまと私たちの未来）

㈦　「チャレンジ学習」（通称「うぶチャレ」）

　国語、算数・数学、情報（読・書・算・コンピュータ）の各教科等において、児童生徒が向上心を持ち、自らの目標を設定して取り組み、基礎的・基本的な内容の習熟とともに、より高い目標にチャレンジする学習とすることで学習意欲を喚起し、個々の能力を開発しようとする。

　この科目では複数教員が指導に当たり、伸びる児童生徒はより伸ばし、支援の必要な者には十分な支援を行うことを基本方針として指導する。

　なお、村教育委員会に「うぶやま検定実行委員会」を設置し、村独自の「うぶやま検定」を実施する。この検定では、公式の漢検や数検、パソコン基礎検定との関連を配慮して出題されるなど、学習意欲を喚起する様々な工夫が凝らされている。

　その後、2011（平成23）年度からは漢字検定、算数・数学検定にチャレンジするシステムに変更された。

③　一貫教育の充実を目指す小中教職員による連携

これまで述べてきた産山村の実践を支えている、教職員による「小中連携システム」（同村教委による表現）の概要を整理しておくことにする。

㈦　教科担任制

　6年生の音楽・図工・体育・英語の各教科は、中学校の教科担当教員が指導する。

　6年生理科は小学校理科専科と中学校理科担当がTT指導を行う。

この他、必要に応じて他学年の指導に入ることもある。
　(イ)　複数教員による指導
　　前述したとおり、英会話科、うぶやま学、チャレンジ学習は複数の教員が指導に当たる。また、両校の生徒指導は小・中学校教員が一体となって行う。
　(ウ)　兼務発令
　　これまで述べてきたようなことがスムーズに行えるよう、小・中学校の日課を工夫するとともに、小・中の全教職員に兼務発令がなされている。
④　取組みを支える地域との連携及び研究会の存在
　前述した産山村の特色ある取組みを強力に支えているのは、地域との連携及び確固たる研究組織の存在だと思われる。以下に、その概要について述べる。
　(ア)　地域との連携
　　A　学校支援地域本部事業
　　　文部科学省の助成を受けて2008（平成20）年度から実施しているもので、保護者や地域住民等が「我ら学校応援隊」のスタンスを基本としながら、ボランティア活動として「うぶやま学」等の教科指導や学校行事等を幅広く支援するものである。
　　　このような活動は、単に教育活動がスムーズに行いやすくなるだけでなく、教職員と保護者や地域住民等との相互理解を深めるなど、小中一貫教育の成果をより大きなものとする要因になっているように思われる。
　　B　学校運営協議会の設置（コミュニティ・スクール）
　　　村教育委員会が2010（平成22）年3月、地教行法に基づき小中学校をコミュニティ・スクールに指定（学校運営協議会の設置）した。
　　　これにより設置された学校運営協議会は、法律の規定に基づき制定された教育委員会規則により、①校長が作成する学校運営の基本方針の承認権、②学校の運営について教育委員会と校長に意見を述べる権限、③教職員の任用について任命権者に意見具申する権限を持つことになった。
　　　しかし、これまでのところ、こうした権限が行使されたことはなく、学校支援地域本部事業とタイアップして、「われら学校応援隊」のコンセプト

で、保護者や地域住民等から成る「交流コミュニティ(広げ隊)」・「体験コミュニティ(暮らし隊)」・「文化・安全コミュニティ(伝え隊)」・「学習支援コミュニティ(学び隊)」が立ち上げられ、学校の教育活動を強力に支えている。

(イ) 村教育研究会の設置

昭和時代からあったという、教育委員会と全教職員で構成される村教育研究会の存在と活発な活動は、これまでの産山村の取組みで重要な役割を果たしたと考えられる。

すなわち、同研究会には研究企画部（教委指導主事・両校長・教頭）が設置され基本的なことを決定する。他にも、2学期制（評価）・小中一貫教育デザイン評価部会、小中一貫教育・教育課程編成部会、小中一貫教育・指導方法開発部会等を設置して、研究と企画立案、実践と評価などを繰り返し行いながら取組みを進めている。

④ これまでの取組みによる成果と課題

収集した関係資料の記述や私が直接に聞き取り調査をさせていただいた教育長（現村長）と、小・中学校の両校長の説明などを勘案しながら、これまでの取組みの成果と今後における課題・展望について述べることにする。

1) 取組みによる成果

(ア) 学級担任制と教科担任制（専門性）の利点を学習指導に生かすことができたため、小学6年生が中学校へ入学すると同時に、意欲的に各教科の学習をするようになった。

(イ) 中期（小6・中1）に、学習面・生徒指導面等で「なめらかな接続」が可能になったため、いわゆる「中1ギャップ」の解消につながっている。

また、中期に重きを置いた成果として、中1の12月に実施される熊本県学力調査の結果は、全教科で県平均を上回っており、学力の向上に結びついている。

(ウ) 小・中学校の教職員が一体となって様々な教育活動に取り組むことを通じて、自然に意識改革が行われ、「義務教育9年間」を見通した指導

の連続性が図られるようになった。
　(エ)　小中一貫した「産山型学習」を徹底することにより、児童生徒が授業の流れをきちんと把握し、じっくり思考する学習の姿勢が身に付き、思考力・表現力等の向上が見られる。
　　　また、2学期制の導入を契機とした評価の見直しにより、指導と評価の一体化が図られた成果も大きい。
　(オ)　学校支援地域本部事業やコミュニティ・スクール等への取組みにより、学校と地域の相互理解と協働が促進され、地域の持つ様々な力を十分に生かすことで特色のある多彩な教育活動が可能になっている。
2) 今後の課題
　(ア)　児童生徒の学力や生活面の実態をいっそう正確に把握したうえで、9年間を見通した教科内容・指導の系統性を明確にして取り組む必要がある。
　(イ)　小・中の教職員が連携して教育活動に取り組む体制をより強固なものにするため、合同の職員会議や研究会の機会を増やし、教職員の意思統一を一層確かなものにする必要がある。
　(ウ)　学校支援地域本部事業やコミュニティ・スクール等への取組みを強化して、村内にある保育所・小学校・中学校と地域が一体となって子どもたちの教育に取り組み、そのことを通じてコミュニティ意識を醸成し、地域の活性化を図ることが求められている。

[主要な参考文献等]
・「構造改革特別区域申請書」（2006年　産山村）
・「産山小・中学校コミュニティ・スクール」（同村立産山小・中学校）
・平成20年度小中一貫教育研究発表会研究紀要「we have a dream 〜産山村教育改革〜小中一貫教育の取組〜」（2008年11月　同村立産山小・中学校）
・平成23年度理数教育研究発表会研究紀要「主体的に学び、思考力・表現力を高める指導の工夫」（2011年11月　同村立産山小・中学校）
・中央教育審議会初等中等教育分科会学校段階間の連携・接続等に関する作業部会配布資料「産山村の教育〜小中一貫教育を核とした教育力の向上〜」（2012年2

月　同村立産山小・中学校）
・赤羽克子・高尾公矢「過疎地の高齢化と福祉のまちづくり－熊本県産山村の事例－」（聖徳大学生涯学習研究所紀要「生涯学習研究」第7号　2009年）
・押田貴久・仲田康一・大桃敏行「寄稿論文　自治体独自のカリキュラム開発－教育課程特例校に焦点を当てて－」（東京大学大学院教育学研究科附属学校教育高度化センター年報　2012年）

6　実施形態Ⅱ－学年区分を中心にして（4・3・5の区分型）－小中高一貫教育－

⑴　長崎県小値賀町－地域の生き残りをかけた小中高一貫教育－

①　小値賀町の概要

　小値賀町（おぢかちょう）は長崎県の北西部に位置し、小値賀本島を中心としてその周囲に点在する大小17の島から成る離島である。現在、小値賀町と本土を結ぶ定期交通手段は船便のみである。

　五島列島の北側にあって、北は宇久島に、南は中通島に相対し、東は海を隔てて九州に、西は遠く東シナ海に臨んでいる。

　緩やかな海岸線に囲まれ、前方港と小値賀港の良港に恵まれ、主産業は漁業・畜産業・農業で、積極的な産業振興に取り組んでいる。一方で、1970（昭和45）年には7525人だった人口が、2014（平成26）年9月1日には2599人まで減少し、少子・高齢化、後継者となる若者の減少など、深刻な課題を多く抱えている。

　小値賀町には、町立小値賀小学校・同大島分校、同小値賀中学校、県立北松西高等学校がある。中学卒業後は、ほとんどの生徒が県立北松西高等学校に進学し、卒業まで島内で生活する。

②　小中高一貫教育への取組みの経緯

　同町における小中高一貫教育への取組みの経緯を概観すると次のとおりである。

第4章 特に注目すべき取組み事例

1）長崎県による島活性化策の一環としての研究開始（1997・98年度）

1997（平成9）・1998（平成10）年度、長崎県が立ち上げた島の活性化対策「『島』振興若者定着事業」の一環として、連携型中高一貫教育の研究が始められた。

2）文部省の指定・委嘱による研究・実践への取組み（1999年度〜）

1999（平成11）・2000（平成12）年度には、文部省（当時）からの指定を受け、2年間にわたり小値賀中学校と長崎県立北松西高等学校による「連携型中高一貫教育」の研究・実践を行った。

さらに、2001（平成13）年度には、文部科学省から「連携型中高一貫教育実践研究校」の指定を受け、本格的な取組みが始まった。この研究では、教科指導・生徒指導・進路指導・行事の4分野における具体的な指導内容等を協議・実践し、中高生の発達段階を踏まえ、それぞれ目標を設定した。

そして、この目標の達成を目指し、教科指導・生徒指導・進路指導・行事の各分野での研究・実践に取り組んだ。

3）「長崎県立高等学校教育改革第3次実施計画」策定と構造改革特区の認可（2008年）

長崎県教育委員会は2005（平成17）年3月17日、県立高等学校教育の改革や適正配置に関する基本的な考え方を示した「長崎県立高等学校改革基本方針」（計画期間2001〜2010年度）に基づき第3次実施計画を策定した。同計画では、生徒減少が続く中で、社会の変化や時代の要請等に対応するための「専門学科の改編等」とともに、「1島1高校の『島』地区における教育水準の維持向上を図るため、『小中高一貫教育の導入』」を明記した（同計画書1頁）。

そして、学校規模が年々縮小し、教員配置数が減少するなど、教育水準の低下が懸念される小規模の「しま」地区にある、奈留・北松西・宇久の3高等学校を2008（平成20）年度から、「〜教育条件の向上と学校相互の活性化を図るため、これまでの連携型中高一貫教育に加え、新たに小中一貫教育を導入することにより、本県独自の教育システムとして、『小中高一貫教育』の実現を図る」とした（同計画書7頁）。

この計画に基づき、県教育委員会は同月中に、小値賀小学校を加えた小中高

一貫教育校として指定した。さらに、同年11月には内閣府から構造改革特別区域として「小中高一貫教育特区」の申請が認可され、ただちに3校を中心に基本となる研究体制を整え、各教科・領域における小中高の情報交換や協議を行い、研究内容・指導計画等の作成作業を進めた。

また、この間、従来はなかった小中の乗り入れ授業やTT授業、小中高教職員の合同研修会なども行われた。

4）組織整備等の準備作業の加速と試行

県教育委員会は、小中高一貫教育に取り組むことになった小値賀地区をはじめとする3地区を支援するため、県レベルで次の2つの組織を設置した。

【小中高一貫教育推進本部会議】

主な役割は、基本的な方針等について協議し決定する。メンバーは県教育庁関係課・室の課長、3地区教育委員会担当者、関係学校校長である。

【小中高一貫教育研究部会】

本部会議のメンバーとなっている教育庁関係課・室の担当班参事、3高校及び各小中学校の教頭で構成された。こうした県の組織整備を受けて、小値賀地区でも次の2つの推進組織が作られた。

【小中高一貫教育地区推進委員会】

メンバーは町教育委員会教育長・次長等、高校長、小中高の校長及び推進部会長・PTA会長等、地域代表2名、事務局（町教委担当者、小中高教頭、高校事務長）等であり、会長を教育長、副会長を高校長が務めることになっている。

【小中高一貫教育事務局（総務部）】

メンバーは高校教頭、高校事務長、町教委班長で、町教委や校長会・町教頭会などとの連絡調整をするなどの実務を担う。また、その下に地区推進部会として各校の教員をメンバーとする「企画資料部（合同行事部会を統括）」「調査分析部」「学力向上部（教科部会を統括）」が置かれ、そのトップは小・中学校の教頭が務めることになっている。なお、部会としては、他に後述する一貫校としての特色ある取組みを担当する総合領域部会も設

置されている。

　2006（平成18）年度は、こうした組織が中心となり、次年度の試行に備えて小中高合同行事の計画や教育課程の具体的な編成等の研究を進めた。

　さらに、2007（平成19）年度は、試行・検証に取り組み、年度末には教職員だけではなく、保護者や地域住民をも対象とした研究報告会を開催し、次年度からの本格実施に備えた。

③　小中高一貫教育に関する取組み内容の概要
　小値賀町における小中高一貫教育の取組み内容のうち、主要な部分について述べる。
1）目的の明確化と学年区分
　小値賀町における小中高一貫教育の目的は、①児童生徒数の減少に伴う教職員定数の減によって生じる専門性の確保という課題をいかに克服するか。②児童生徒の学力を向上させ、社会性を育成し、進路をいかに保証するか、と極めて明快である。

　この目的を達成するため、可能な範囲で小中高12年間の教育課程に一貫性を持たせるため、児童生徒の発達段階を踏まえ、小学校入学から高等学校卒業までの12年間を次のような3つのまとまり（学年区分）で編成している。

　①　前期4年（小1～4年）
　②　中期3年（小5～中1年）
　③　後期5年（中2～高3年）

2）特色のある教育課程の編成
　前述したように、12学年を3つのまとまりで編成し、教育課程も弾力的に編成している。
　それらの取組みのうち、特に注目すべきものを簡単に整理しておく。
　①　学力向上を目指す取組み
　　(ア)　乗り入れ授業
　　　小中高の教職員の教科における専門性を活かし、児童生徒の学力向上を

6 実施形態Ⅱ―学年区分を中心にして（4・3・5の区分型）―小中高一貫教育―

目指すものである。具体的には、授業選択・TT（ティーム・ティーチング）授業・合同授業を実施することで教科教育の充実を図る。

　これにより、小学校から中学校への乗り入れや中学校から高校への乗り入れは、それまでの学習状況がつかめているので、効率的に授業を進めることができる。あるいは、小学校では中学校の、中学校では高校へのつながりを見通した指導ができるなどの成果がある。一方で、臨時免許での乗り入れ授業もあり、専門性が担保できるかわからないなどの課題も指摘されている。

(イ)　合同教科

　小中学校の交流を深め、社会性や個性を伸長させるとともに、異校種教員の授業により、豊かな学習経験をさせるとともに、次学年へのスムーズな移行などを目指すものである。具体的には、小学6年生と中学1年生を対象に、小学校6年担任と中学校の教科担任が担当して算数・数学と国語の授業など実施する。これにより、中学生が小学生をリードして教え、学び合う活動や、自分の考えを相手に伝える活動がスムーズにできた。あるいは、小学校で学んだことが中学校でも必要であることを理解するなど意識の向上につながっているなどの成果が指摘されている。

(ウ)　帯タイム

　読み、書き、計算等の基礎・基本の定着を図るものであり、小学校は朝の15分、中学校は昼の15分、高校は朝の30分（考査1週間前に設定）に実施する。

(エ)　家庭学習指導

　小中高で一貫して、家庭学習を充実・強化する指導に取り組んでいる。

(オ)　研究授業ウイークス

　学力向上を目指す取組みとして重要な意味を持つ公開研究授業である。すなわち、小中高の教職員の相互交流を通して、教科の専門性を確保し教職員の指導力の向上を図るとともに、保護者・地域住民へ積極的に授業を公開し、小中高一貫教育に対する理解を深めることを目指すものである。

毎年3週間にわたって実施され、この間に教科部会が定めた「共同実践事項（研究テーマ）」に基づき、共通の形式による指導案を作成して研究授業を行い、公開する。

この取組みにより、小中高の教員が研究授業ウイークスを中心に据えた授業研究ができたこと、それぞれが異校種の指導方法を学び、それを自校の取組みに生かすことができたことなどが成果だと指摘されている。

一方で、研究授業日や教科部会の開催日時の調整を異校種の3校間で行う困難さ、より多くの保護者や地域住民が参観するよう働きかける工夫の必要性などが課題だとされる。

② 合同行事

児童生徒数の減少により、狭い限られた人間関係の中、多様な価値観の交流やリーダー性を育てることが極めて難しい課題となっている。そのため、異年齢集団による活動や社会とかかわる活動を通して、豊かな社会性と人間性を育てようとするのが小中高校による合同行事である。

小中高校が一堂に会して活動を行うことは、カリキュラムや日程調整など困難なことも多く、この数年は新しい行事の創設よりも既存事業の内容改善に力点をおいており、2013（平成25）年度は次の8つの事業を行った。

- 「歓迎遠足」（小中高全員参加。小中高一貫教育のスタート行事で、高校生の進行でそれぞれの新入生を祝うものである。）
- 「アジかまぼこづくり」（小3・中3。中学3年生がリーダー役となり、地域住民が講師となり、地域の伝統料理である「アジかまぼこづくり」をする。）
- 「海浜清掃」（小中高全員参加。小中高生でチームをつくり、町内各地域に分かれて清掃）
- 「中高合同体育祭」（中高校生全員参加。中高校とも生徒数が減少し単独開催が難しくなったため、中高校が共同して実施する。）
- 「心の教育講演会」（後期生のみ。後期の発達段階に合わせた心に関する講演会を実施）
- 「人権集会」（前期・中期・後期に分かれて実施）

- 「修了証書授与式」(小中高生。1年間の活動を振り返り、小中高一貫教育に対する意識を高める。)

なお、従来は各行事担当者に任せる部分が多かったが、行事の方向性を共有するため「合同行事部会」を設置して、課題の整理とその解決策などを確認し合いながら実施するようになった。

また、合同行事を通じて、異年齢の児童生徒相互の関わりが深まっているおり、異校種の教職員間の交流進展による成果も大きくなったとされる。

③ 新設教科

(ア) 「グローアップ科」

「内面に根ざし道徳教育を主軸とした人間としてのあり方、社会人としての生き方を追求する、生き方教育」(「構造改革特区計画書」)である。

なお、この新教科は学習指導要領による、道徳・学級活動・特別活動・総合的な学習の時間・生活科を統合再編したものと説明されている。

育てようとする力、そのための主な指導内容は以下のとおりである。

- 「豊かな心の育成」(道徳的判断力・実践力・態度、人権尊重の心、平和を愛する心)

  主な指導内容は、道徳の授業、地域ボランティア活動(福祉施設・海浜清掃)である。

- 「人とともに生きる」(郷土を引き継ぎ、将来の地域を担う後継者としての意識・活動力)

  主な指導内容は、人権・平和学習、地域の人々との交流会(昔遊び・福祉施設)である。

- 「生活創造力」(基本的生活習慣・学習習慣の定着、将来を見つめ主体的に自己実現に取り組もうとする意欲と実践力)

  主な指導内容は、宿泊を伴う活動(宿泊訓練・修学旅行)、小中ロードレース、自己実現達成計画(生活・進路)である。

なお、このグローアップ科の学習成果としては、児童生徒が諸活動を通じて色々な立場や場面を経験するとともに、異なる校種の先輩たちの活動

や姿を見てさらに考えが深まることが指摘されている。

(イ)「遣未来使学」

「12年間全体を見通して郷土学習から国際化、情報化に対応し主体的に生きるスキルとしての技能を習得させる」（同上計画書）ことを目指すものである。

育てようとする力は、「国際理解力」「自治的能力」「情報活用力」「表現力」「地域理解力」である。また、そのための主な指導内容は次の2つに大別される。
- 「学活的内容」（学習発表会、話し合い活動、生徒総会、中高合同体育祭）
- 「小値賀学」（米づくり、アジのかまぼこづくり、卒業レポート、小値賀学）

④　取組みの成果と課題

収集した関係資料の記述と、町教育長及び3名の校長等からの聞き取った内容などを勘案しながら成果と課題について整理する。

1) 取組みによる成果

町教育委員会と小中高校で構成されている「小値賀地区小中高一貫教育推進委員会」（委員長・町教育委員会教育長）が整理したところによれば、取組みが年度を経るに従って、より具体的な目標が「学力の向上」と「合同行事の充実」に主眼が置かれるようになったとしたうえで、取組みによる成果については次のように指摘している。

① 異校種間の児童生徒及び教職員の積極的な関わり合いが年々緊密になった。

② 合同行事等の取組みを通じて、異年齢の児童生徒へのあこがれや、思いやりの気持ちを育てることができている。

③ 異校種の教員が前述した4つの部会を中心に、緊密に連携しながらそれぞれの役割をしっかり果たすシステムが確立しつつある。

④ 地域説明会の開催や研究授業ウイークスへの取組みなどにより、保護者や地域住民の小中高一貫教育に対する理解を一層深め、学校への熱心

な支援も得られるようになった。

2) 今後の課題

一方、今後に残された主要な課題は次の諸点だと考えられる。

① 学習面では、家庭学習の時間が年々伸びているが、基礎学力の向上には必ずしも結びついていないこと、競争心の欠如などが課題である。

② 一貫教育への取組み開始以来、積極的に、あるいはリーダー役として努力してきた教職員が各校とも異動の時期を迎えており、成果や課題の継承がうまくいかなくなることが懸念される。

③ 関係者の多くが共通して最大の課題だとするのは、町一貫教育推進委員会の事務局を担い、様々な取組みで極めて重要な役割を果たしている県立北松西高等学校がいつまで存続できるかということである。また、小中高一貫教育は特殊な事例として、県教育委員会等から受けている手厚い支援がいつまで続くかということだという。

ちなみに、同高校は2014（平成26）年4月現在、全生徒数は53名で、1・2学年が1クラス、3学年は2クラスである。

[主要な参考文献等]
・長崎県教育委員会「長崎県立高等学校改革第3次実施計画」（同県教委　2005年）
・小値賀町「構造改革特別区域計画書」（小値賀町　2005年）
・小値賀町小中一貫教育推進委員会「平成20年度　長崎県小値賀地区小中一貫教育研究紀要」（同推進委員会）同一のタイトルの冊子平成21年度版～25年度版まで。
・屋敷和佳「小中高一貫教育校からみた小中一貫教育の課題－小値賀地区小中高一貫教育の実践から－」（国立教育政策研究所「小中一貫教育の課題に関する調査研究－教育制度・行財政・経営班（最終報告書）－」（同研究所　2008年）9～19頁。
・長崎県教育委員会「宇久地区・奈留地区・小値賀地区　平成20年度小中高一貫教育調査研究報告書」（同県教委　2009年）
・長崎県教育委員会「宇久地区・奈留地区・小値賀地区　平成24年度小中高一貫教育調査研究報告書」（同県教委　2013年）

7 実施形態Ⅱ－学年区分を中心にして（3・4・2の区分型）

(1) 宮城県登米市
－基礎学力・英語力の向上と社会性の育成を目指す試み－

① 登米市の概要

　登米市は宮城県の北東部に位置し、北部は岩手県一関市に、西部は栗原市に、南部は石巻市及び遠田郡涌谷町に、東部は本吉郡南三陸町に接している。

　同市は2005（平成17）年4月1日、旧登米郡の8町（迫、登米、南方、東和、中田、豊里、米山、石越の各町）と本吉郡津山町が「夢 大地 みんなが愛する水の里」の実現を掲げ、合併して成立した。面積は536.38平方kmで、宮城県全体の7.36％を占め、総人口は8万1478人（推計人口　2014年7月1日現在）である。

　広大な田園地帯が広がり、安全・安心に力を注いだ環境保全米「ササニシキ」や「ひとめぼれ」の主産地となっている。また、工業は電子機器等の工場が立地しており、津山と東和の両地区では林業が盛んである。

　登米市には合併成立前から小中一貫教育に取り組んできた豊里小・中学校のほか、2010（平成22）年度から校舎併設型の一貫教育を行っている新田小・中学校の事例もある。

　しかし、以下では豊里小・中学校の取組みに絞って述べることにする。

　豊里小・中学校は2014（平成26）年4月1日現在、児童生徒数568名、1年から9年までの各学年とも2学級、これに特別支援学級4を合わせ22学級である。また、教職員は校長1名、教頭2名、養護教諭2名など、合わせて47名である。

② 小中一貫教育への取組みの経緯

　登米市における小中一貫教育への取組みの経緯について、豊里小・中学校を中心に述べる。

1）内閣府から「小中一貫教育特区」の認定（2003年11月）

登米市成立前の旧豊里町は2003（平成15）年11月28日、同町立豊里小・中学校が内閣府から東北・北海道地区では初の「小中一貫教育特区」の認定を受けた。その主たる内容は次のとおりである。

① 特区の概要

同町が提出した申請書等によれば、特区の概要は次のとおりであった。

現在の6・3制から、3（低学年部3年）・4（中学年部4年）・2（高学年部2年）制を実施することにより、児童生徒の発達段階や個人差に応じた弾力的なカリキュラム編成が可能となり、中学校入学時における難易度の急激な変化への対応や習熟度に応じた指導により基礎学力の定着を着実に進める。

また、英語教育の早期開始により、国際化に対応できる児童生徒の育成を図る。さらに、小・中学校での9年間を通じて、連続性及び一貫性のある教育実践が可能となる。

② 適用される規制の特例措置

　(ア) 特区研究開発学校の設置（教育課程の弾力化）

　(イ) 特区研究開発学校における使用教科書の早期給与

　　こうした特区申請にいたる契機となったのは、町長が児童生徒の学力低下に強い危機感を抱いたことだったという。すなわち、この状況を深刻に受けとめた町長は、旧中田町出身で、宮城県石巻教育事務所指導主事や石巻市立中学校長等を歴任し、旧迫町立中学校長で退職した佐藤寿昭氏を教育長に迎えた。その新教育長が課題解決策として提案したのは、小中学校を一貫授業にするとともに、6・3制を見直すことであり、そのためには構造改革特区の認定を受け、規制緩和により学習指導要領の弾力的な運用を可能にする必要があったのである。

2）特区認定カリキュラムに基づく教育活動を開始（2004年4月）

豊里小・中学校は2004（平成16）年4月から、特区認定に基づく特例措置が適用され、小中の9年間を3・4・2制に再編するなどの取組みを開始した。

実際には同年度の4年生から年次進行で小中一貫教育を進めた。当初は、

小学校（沼崎校舎）と中学校（現在地）が別々の校舎で学校生活を送ることになった。

3）豊里町等が合併し登米市成立（2005年4月）

2005（平成17）年4月1日、9町の合併により成立した登米市では、旧豊里町立豊里小・中学校が唯一の小中一貫校であったが、そのまま存続するとともに、新市としての学校教育基本方針に「小中一貫教育の推進」を盛り込んだ。

4）「豊里小・中一貫教育推進委員会」を設置（2005年7月）

登米市教育委員会は2005（平成17）年4月1日に「豊里小中一貫教育推進委員会設置要綱」（教育委員会訓令第34号）を制定し、同年7月に小中の保護者代表、幼稚園・保育園児保護者代表、町内会連合会会長等の地域代表、小・中学校の両校長、学識経験者など10名の委員からなる委員会を設置した。その役割は、「小中一貫教育特区の推進（校舎の増築等の施設整備を含む。）に関して保護者や地域住民等の意見を把握するとともに、（中略）推進委員会から意見を求める」、また、「教育委員会からの諮問に応じ豊里小中一貫教育特区計画の推進に関し、推進委員会としての意見や助言を教育委員会に対して述べる」（同要綱第2条）ことであった。

5）小・中学校で校長1人体制を実施（2006年度～）

2006（平成18）年4月1日から小・中学校で校長1人、教頭2人とし、校長のリーダーシップが一層発揮されやすい体制を整備した。

6）施設一体型の小中一貫教育を開始（2007年度～）

旧豊里中学校に校舎を増築する工事が完了し、2007(平成19)年4月から小・中学生が1つの校舎で生活する施設一体型の小中一貫教育を開始した。

7）教育課程特例校の認定（2009年度～）

構造改革特区による豊里小中一貫校は2009（平成21）年度から、法律改正に基づく制度改革により教育課程特例校の認定を受け現在に至っている。

③　小中一貫教育への取組み内容

登米市における小中一貫教育に対する取組み内容のうち、主要なものについ

7 実施形態Ⅱ―学年区分を中心にして（3・4・2の区分型）

て以下に述べる。

1) 小中一貫教育構想の背景

東北・北海道地区のみならず全国的に見ても、小中一貫教育への取組み事例が決して多いとは言えなかった2005（平成15）年、旧豊里町が小中一貫教育に取り組もうとした背景が、学力と生徒指導をめぐる厳しい状況への危機感だったことは、取組みの経緯に関連して簡単に前述した。

当時の学校が置かれた状況に対する同町の厳しい認識を、2005年に内閣府へ提出した「構造改革特別区域計画」などから確認しておくことにする。

同計画では、学力の状況に関して次のように記述していた。

「～標準学力テスト（同町は2001年7月と2002年7月に全額公費負担で実施（筆者注））による本町児童生徒の学力の実態は、小学校の国語、算数共に学習目標到達率（学習指導要領解説で示す〔評価基準〕に到達した児童生徒の割合。以下「到達率」とする。）は68％前後であり、中学生の到達率は66％であるが、社会、理科では57％前後、特に数学と英語はそれぞれ45.2％、43.5％と到達率が極めて低くなっている。さらに、到達率を全国平均と比べてみると、小学生では国語4.1％減、算数5.0％減、中学生では各教科共に5.0％減になっている。

このことから、学力の低下が深刻な状況にあると同時に、中学校になって急激に学力低下が起こっていることが読み取れる。ちなみに、算数・数学を例にとれば、到達率が25％も急落～」

また、同町がまとめた統計によれば、小中一貫教育実施前の3年間の不登校児童生徒は次の図表32のとおり、極めて厳しい状況だったことが理解される。

図表32　小中一貫教育実施前3年間における不登校児童生徒（年間30日以上）の状況

	小　学　校			中　学　校		
	豊里町	宮城県	全　国	豊里町	宮城県	全　国
2001年度	1.65%	0.31%	0.36%	3.26%	2.91%	2.81%
2002年度	2.08%	0.33%	0.36%	5.93%	2.71%	2.73%
2003年度	1.36%	0.29%	0.33%	4.05%	2.80%	2.72%

※全児童生徒数に対する不登校児童生徒の割合を示す。

2）豊里小・中一貫教育が目指すもの－学校づくりのコンセプト－

(1)で述べたような学校がおかれた厳しい状況を踏まえ、まず学校づくりの基本理念が次のように定められた。

〈基本理念〉

① 児童生徒が夢をもち、その実現のために必要な学力をはぐくむ学校
② 社会の中で自立した大人として生きていくための資質や能力を培う学校
③ 小・中学校の接続にかかわる課題に対応した学校
④ 9年間の系統的な指導により、児童生徒の学びや成長を支援する学校
⑤ 小・中学校の教職員の連携を大切にした風通しの良い学校

ついで、これらの理念を具現化するための3本の柱が設定された。

〈理念を具現化する3本の柱〉

① 将来の夢や希望を実現させる「基礎学力の向上」

教育委員会や学校が発行する各種印刷物等では「エリートを育てるための特殊な学力向上策ではなく、あくまでも基礎学力を向上させることを目的」と繰り返し強調されている。

② 発信し受信できる確かな「英語力の向上」

同様に「『話す』『聞く』『読む』『書く』の4領域のバランスを考え、英語を発信し受信できる確かな英語力を身に付けさせることがねらい」と説明する。

③ 異年齢集団活動による「社会性の育成」

同じく「9年間の異年齢集団での児童・生徒相互の関わり合いを通して、社会性を育てることを目的」と解説している。

3）学年区分－なぜ3・4・2なのか－

豊里小・中学校では、義務教育の9年間を3・4・2制で学年部を区分けしていることが特徴となっている。

教育委員会と同校は全国的に見ても決して多くはない学年区分をする理由について、「『小4の壁』といわれる10歳前後の急激な脳の発達や『中1ギャップ』といわれる小学6年から中学1年にかけての認知心理上の急激な変化など、児童・生徒の心理的発達を考慮し、低学年部（1年から3年）、中学年部（4年～

7 実施形態Ⅱ―学年区分を中心にして（3・4・2の区分型）

図表33　学校運営の概要

	学年部区分	時限	授業方法	制服	運動着	部活動等	委員会	PTA
1年生	低学年部	授業1単位時間45分間	学級担任制	自由服装	共通			小中合同PTA
2年生								
3年生								
4年生	中学年部		一部教科担任制			クラブ活動	5・6年生全員7～9年生一部	
5年生								
6年生								
7年生	高学年部	50分間	教科担任制	制服		部活動		
8年生								
9年生								

作成：豊里小・中学校

7年）、高学年部（8年～9年）の3・4・2制のくくりを取り入れた」（市教委発行のリーフレット等）と説明している。

　なお、**図表33**で、施設一体型一貫校である豊里小・中学校における学校運営の概要を示しておくことにする。その主要な内容については、以下に述べるそれぞれの関係個所で随時説明する。

4）弾力的なカリキュラムの実施

　豊里小・中学校は教育特区認定校として、さらには教育課程特例校として小学校4年生からの創設教科「英語」の時間数（週2時間）確保と、中学校の「国語」「数学」の時間数を増やすため、**図表34**に示すとおり、他の教科・領域の時間数を削減した。

　この時間数の増減に関し、英語については後述するとして、ここでは必修科目の授業時数増についてのみ、教育委員会の考え方を紹介しておく。すなわち、同教育委員会はその理由を、「必修教科の時間数が十分でないため、児童生徒個々の習熟の度合いや学習速度、学習意欲などに応じた授業が展開できな

図表34　変更した授業時数（新教育課程実施以前と新教育課程実施以後）

【変更した授業時数】（新教育課程実施以前）

学年	増加した教科・領域（時数）	削減した教科・領域（時数）
4	英語（70）	総合的な学習の時間（65） 総時数増（5）
5	英語（70）	総合的な学習の時間（70）
6	英語（70）	総合的な学習の時間（70）
7	外国語（15）	選択教科及び総合的な－（15）
8	数学（15）外国語（35）	選択教科及び総合的な－（50）
9	国語（18）社会（20）外国語（35）	選択教科及び総合的な－（73）

【変更した授業時数】（新教育課程実施以後）

学年	増加した教科・領域（時数）	削減した教科・領域（時数）
4	英語（70）	総合的－（35）音楽（10） 図工（10）体育（5）総時数増（10）
5	英語（70）	総合的な－（25） 外国語活動（35）総時数増（10）
6	英語（70）	総合的な－（25） 外国語活動（35）総時数増（10）
7	－	－
8	数学（18）	総合的な－（18）
9	国語(18)数学（5）	総合的な－（23）

いという現状を打破するために、小・中学校の総合的な学習の時間の削減と中学校の選択等の時間を削減し、必修教科の授業時数を増加させるほうが基礎学力の充実に有効であると考えた」（「広報とよさと　号外」（教育特区説明資料）2003年　月日不詳）と説明している。

こうした弾力的なカリキュラムの実施により、前述した小中一貫教育により達成すべき学校づくりの基本理念を具現化するための3本の柱である「基礎学力の向上」、「英語力の向上」、「社会性の育成」を目指している。

5）「基礎学力の向上」を目指す主要な取組み

豊里小中学校における、学力向上に向けた主要な取組みは以下のとおりである。

① 各学年部と「確かな学び」との関連

各学年部の学習指導上の位置づけは次のように考えられている。

7 実施形態Ⅱ―学年区分を中心にして（3・4・2の区分型）

㋐　低学年部（1年〜3年）

〈基礎指導期〉　基本的な学習習慣の確立をめざす。仲間と楽しみながら学ぶ喜びの習得。

㋑　中学年部（4年〜7年）

〈学習充実期〉　発達課題や習熟度に対応した基礎学力の充実を目指す。一部教科担任制と英語教育の導入。

㋒　高学年部（8年〜9年）

〈学習発展期〉　発展的な学習。個々の習熟度に応じた小集団での学習や個別指導。

　こうした各学年部の位置づけに即して、少人数指導やTTなどの指導方法の工夫・改善や生徒の自主性をはぐくむためのノーチャイム制採用、朝読書と漢字、計算練習による基礎・基本の定着を図るなどの取組みがなされている。

②　指導体制

㋐　小学校

　学級担任制を基本としつつ、専科制（学級担任にはならず、特定教科担任）、一部教科担任制（学級担任をしながら一部教科担任）、乗り入れ指導（中学校教師による授業）を組み合わせて実施する。

　具体的には、中学校での教科担任制に向けて4、5、6年生では一部教科担任制や中学校教員による乗り入れ授業を実施している。

　また、この素地づくりのため1〜3年生では、学級担任制の良さを生かしたきめ細かな指導を行うとともに、教科により学年間での合同授業を行う。例えば1〜2年生では、生活科をTT指導、3年生の算数は少人数指導を行う。

　さらに、4、5、6年生の英語、理科、社会、音楽では一部教科担任制に取り組んでいる。算数は少人数指導、体育・音楽（5、6年生）では一部教科担任制を導入。5、6年生の英語と6年生のみの体育は共にTT指導で取り組んでいる。社会と音楽は中学校教員が担当する。

　ただし、こうした一部教科担任制をとる4、5、6年生の1時間目と6時

間目は、原則として担任が授業を行うことになっている。
　(イ)　中学校
　　完全教科担任制である。美術は専科の小学校教員が担当する。
　(ウ)　兼務発令
　　教師の専門性や得意分野を考慮しながら、少人数指導や4年生以上の一部教科担任制の教科選定など、児童生徒の実態に応じて前年度中に計画をたてておく。人事異動の発表後、小中の乗り入れ指導の担当教員等を再検討し、必要に応じて兼務発令を行う。

6)　発信し受信できる確かな「英語力の向上」を目指す主要な取組み
① 英語学習に対する関係者の願い
豊里小中一貫校として英語学習に取り組むに際し、関係者の思いは次のようなことだったという。
　(ア)　楽しんで英語学習に取り組む児童生徒を育てたい。
　(イ)　将来、生きて使える英語力を身に付けさせたい。
　(ウ)　児童生徒のコミュニケーション能力を育てたい。
　(エ)　時間的なゆとりを持って、基礎的な事項をしっかりと身に付けさせたい。
② 英語教育の基本的な考え方
豊里小中一貫校では、小学4年からの中学年部で英語教育導入に踏み切ったが、英語科の指導に当たっての基本的な考え方は次のとおりである。
　(ア)　小学4年から中学3年までの6年間を見通した指導をする。
　(イ)　学年に応じた4つの技能〈話す・聞く・書く・読む〉の指導を継続的に行うことで、基礎・基本の確実な定着を図る。
　(ウ)　児童生徒が楽しく取り組むことのできる英語の学習指導を工夫する。
　(エ)　英語を聞いたり、話したりする力を高め、英語による実践的なコミュニケーション能力の育成を目指す。
　(オ)　英語への興味・関心を高める。
③ 6年間の英語学習の内容
6年間で標準時数の1.88倍に及ぶ授業時数を費やして行われる英語学習の

7 実施形態Ⅱ―学年区分を中心にして（3・4・2の区分型）

図表35　6年間の英語学習の主たる内容

学年	主な学習内容	教材等
4	ゲーム、歌、基本的な挨拶、自己紹介等の英語の基礎を作る活動	自作教材
5	ゲームを楽しみながら単語や文を書いたり、読んだりする活動	中1教科書
6	外国人との交流活動や、ゲームを楽しみながら単語や文を読み書きする活動	中1教科書
7	「聞く」「話す」「読む」「書く」の4技能を調和させたバランスのとれた活動	中1教科書 中2教科書
8	「聞く」「話す」「読む」「書く」の4技能が調和した、より実用的な言語活動	中2教科書 中3教科書
9	「使える英語」「英検3級合格」を目指し、今まで学んだことの「学び直し」やより実践的な学習	中3教科書 物語教材、DVD等

概要は、図表35のとおりである。

　この表で示すように、4年生で英語に慣れ親しむことから始め、中学3年間で学ぶことになっている内容を十分な時間をかけ、確実な定着を目指している。特に4年生の学び初めの時期には、児童の発達段階に応じたきめ細かな指導を徹底し、コミュニケーション能力の育成に重点をおいた指導を行うことで、英語嫌いをつくらないような配慮をしている。

　④　英語科の指導体制

「5）基礎学力の向上」を目指す主要な取組みの「②指導体制」で前述したことと若干重複するが、校舎一体型小中一貫教育の特性を生かしていると思われる英語科の指導体制について述べる。

　なお、こうした取組みは、年度ごとに担当教員の持ち時間数や教科担当教員数等を勘案しながら実施せざるを得ない。以下に述べるのは、いずれも2013（平成25）年度の取組みである。

　㋐　中学校教員による乗り入れ指導

　　◇4年～6年生の英語科

　　　○中学校英語教員

　　　　・5年〜6年生（各2学級）　　1学級週1時間
　　　○ALT
　　　　・4年〜6年生（各2学級）　　1学級週1時間
　(イ)　小学校教員によるTT指導
　　◇4年〜6年生の英語科
　　　○小学校研究主任
　　　　・4年生　　1学級　　週2時間
　　　　・5年生　　2学級　　週各級2時間
　　　○6年生英語科担当教員
　　　　・4年生　　1学級　　週1時間
　　　　・6年生　　2学級　　週各級1時間
　(ウ)　中学校教員によるTT指導
　　◇9年生の英語科
　　　○中学英語科教員2名
　　　　・9年生（2学級）　　1学級週4時間

7）「社会性を育成」するための主要な取組み

　校舎一体型の小中一貫教育を行っている豊里小・中学校では、1年生から9年生までという年齢差の大きい児童生徒が同一の校舎の中で、多様なかかわりを持つことを通じて、社会性を育てようとする様々な取組みを行っている。以下に、その主要なものについて簡潔に述べる。

　①　学年部集会（低・中・高学年部）

　3・4・2制の各学年部のリーダー3、7、9年生を中心として学年部集会を月1回程度実施する。異学年児童生徒との関わり合いを通して、コミュニケーション能力を身に付けさせることを目指している。

　②　縦割り集会（縦割り班）

　1年生から9年生までを4色のグループに分け、各色ごとに行事に向けた話し合いや準備のための活動を行う。9年生が経験を生かしてリードする姿を下級生が見ながら成長していくことができると考えられている。

③　1年生を迎える会

　全校児童生徒が参加して行う。1年生が9年生に手を引かれて入場した後、各学年からの出し物や全校児童生徒によるレクリエーション等を行い、1年生の入学を歓迎するとともに楽しい時間を過ごす。

④　小中合同運動会

　全校の児童生徒を前述した縦割りをして実施する。

⑤　全校遠足（縦割り班）

　縦割り班の色別に、場所を2か所に分けて実施している。班のリーダーが中心となり、班ごとに考えたレクリエーションを行ったり、1年～9年生が一緒に弁当を食べたりして楽しく活動する。

⑥　小・中合同の児童生徒会活動（5年～9年生）

　児童生徒会（「れいめい会」）は、小学5年生以上から8名、中学生11名の役員を選出して活動している。同様に委員会活動もこの5年から9年生で活動する。

⑦　壮行式（5年～9年生）

　中学校総合体育大会や新人大会の前には、5年以上の児童生徒の参加により壮行式を行う。特に5年～6年生にとっては、ユニフォーム姿の中学生たちに声援を送ったりすることで先輩・後輩の人間関係を意識したり、あるいは自分が入りたい部活動を知ることにより、中学校での目標や夢を意識させるものと考えられている。

⑧　部活動見学・体験（5年～8年）

　5年生以上の児童を対象として、2学期の後半の2日間で全部活動を学級単位で見学して回る。3学期には3日間程度、自分が希望した部活動を実際に体験する。

⑨　進級説明会（6・7年生）

　6年生を対象に、中学進学について不安に思っていることや疑問点についてのアンケート調査を予め実施し、そこで出された不安や疑問について7年生が丁寧に説明することにより、6年生が安心して中学校生活を迎えることができるようにする。

第4章 特に注目すべき取組み事例

⑩　9年生を送る会（全児童生徒）

お世話になった9年生へ、各学年から感謝の気持ちを伝えると共に、9年生からは卒業を間近に控えた最上級生としての思いを下級生に伝える場である。

⑪　触れ合いをもたせる施設配置

豊里小・中学校では、児童生徒の社会性を育てるため、一体型校舎を十分に生かすような配慮をしているという。

すなわち、同校における施設の利用状況は**図表36**のとおりであるが、児童生徒が自然な形で触れ合える機会を作るため、次のような施設利用上の工夫を行っている。

　(ア)　児童生徒昇降口2か所のうち、西昇降口は1年生と7、8、9年生に利

図表36　豊里小・中学校における校舎の利用状況

	校長室	職員室	音楽教室	家庭教室	図書室	保健室	給食室	ランチルーム	昇降口	体育館	グラウンド	プール
1年生	1階	学年区分ごとの座席配置　1階	音楽室1　3階	調理室を共有　1階	1階	1階	学校給食調理員による運営（センター方式）	なし	1・7〜9年 1階	大アリーナ　1階	第1グラウンド	水位調節して共同使用　1階
2年生									2〜6年 1階			
3年生												
4年生			音楽室2　3階							小アリーナ（黎明ホール）1階	第2グラウンド	
5年生												
6年生												
7年生									1・7〜9年 1階			
8年生												
9年生												

※2007年度に完了した校舎の増築部分は、1年生、7〜9年生の教室、職員室、図書室、多目的室、小体育館である。

用させる。

　(イ)　学年部毎の集会が行われやすいように、集会の3つの場を確保した。（プレーホール、黎明ホール、体育館である。）

　(ウ)　小学6年生から、中学生が見える教室配置

　(エ)　メディア教室（図書館を兼ねる）、体育館、テニスコートなどは小中合同で使用。

8) 教職員間における共通理解の促進と指導力向上を図る研修体制の整備

　学力向上を目指す取組みや英語教育が成果をあげるためにはもちろん、社会性を育てるめにも、その担い手である教職員間の共通理解を確かなものにするとともに、その指導力向上を図る研修の充実が極めて大切になる。

　教職員間の共通理解を徹底するため毎月1回の職員会議を定期的に開催し、その時は中学校の部活動を行わない。また、会議の効率的な進め方のルールづくりを行い、会議の回数削減と時間短縮を図るよう努めている。なお、職員室における机の配置を、養護・栄養・業務員ブロック、低学年部（1～3年）ブロック、中学年部（4～7年）ブロック、高学年部（8～9年）ブロックという具合に4つのブロック毎にすることにより、教職員間の交流を図っていることも重要なことである。

　また、小中合同の校内研究会を組織し、小中合同の教科部会を持ち、「1人1授業」の方針で公開授業を通した授業研究を行うことにより、児童生徒の実態や教授技術を共有したり検証したりすることで、教職員の指導力向上を図るよう努めている。

9) 学校と家庭・地域の連携協働を深める取組み

　学校と家庭・地域の連携協働関係を深めながら、教育活動を行おうとしていることも豊里小・中学校の大きな特色の1つである。

　すなわち、学校評議員会を小中合同で年2回行う。PTAは小中合同の組織であり、各専門部も合同で組織され、授業参観や学年（学級）懇談が1年～9年生まで、同一日に年4回開催される。

　さらに保護者や地域住民等が学校支援ボランティア（一部は有償）として登

録し、その専門知識や経験・技術を生かして学校の教育活動を支援するための組織が整備され、そうした活動をめぐるボランティアと学校間の連絡調整を行うコーディネーターも地域側（市の非常勤・臨時職員）と学校側（教務主任）の双方におかれている。

④ 取組みによる成果と課題

登米市の小中一貫教育への取組みによる主要な成果と課題について、すでに公表されている資料等に記述されていることや、筆者が現地を訪ねて学校長等から聞き取った内容等を合わせて述べることにする。

1）取組みの成果

① 基礎学力が向上した

そもそも小中一貫教育に取り組む契機となったのは、旧豊里町立学校時代の学力をめぐる厳しい状況であったことは前述した。

登米市は2007（平成19）年度以降、毎年度末に市独自の市内全校学力テストを実施し、その結果を公表しているが、豊里小・中学校は年々市平均に近づき、2011年度と2012年度には各教科とも市平均と同等かあるいは上回る結果となっている。特に、英語は2007年度以降、2010年度を除き常に市平均を上回る結果となった。

同校では、こうした結果をもたらした背景として、「4年生からの一部教科担任制の導入により、児童生徒の学習意欲が向上し定着度も向上」「算数・数学にTTや少人数指導を取り入れることで、理解に時間がかかる児童・生徒の基礎学力が向上」などと分析している。

② 不登校児童生徒の減少傾向が顕著である

同校における小中一貫教育開始前から過去10年間の不登校児童生徒数の割合と宮城県のデータとの比較により、小学校においては小中一貫教育開始後、中学校においては校舎一体型になってからの減少傾向が顕著である。

その背景としては、校舎一体型の学校生活や、小中教員が授業での相互乗り入れ、部活動体験などを通じて、中1ギャップが緩和されたことが大きい。

ただし、2011年度以降、実数は変わらないものの、全校児童生徒数の減少に伴いその割合がやや高くなる傾向が出てきた。

③　保護者の学校による取組みに対する理解が進んだ

保護者に対する意識調査の結果によれば、現在の学校スタイルや4年生からの英語教育、一部教科担任制など、教育課程編成に対して9割以上の保護者が肯定的にとらえ、理解を示している。特に、4年生からの英語教育への期待は高い。

④　教職員の意識等の変化

職員室で常時情報交換できるため、小・中の垣根を越えての児童生徒指導ができるようになった。また、小・中合同で教科部会等を開催できることで刺激になり、教員の研修意識が向上した。

2）今後の課題

①　課題が残る学力の向上

学力については、登米市平均と同等かそれを超えるところまで向上してきたが、全国平均と比べると低い科目がある。今後も指導方法の工夫・改善や教員の指導力向上を図っていくことが大きな課題である。

②　7年生に対する指導のさらなる工夫・改善の必要

小中一貫教育のポイントである7年生からの気持ちの切り替え、意識の変化を促すための更なる取組みが必要である。

③　特に中学年部における児童生徒の関わり合いの深化

小中一貫校として、児童生徒が一層充実した生活を送れるよう、特に中学年部における児童生徒の関わり合いの在り方をさらに工夫していく必要がある。

④　打ち合わせや研修会のための十分な時間確保

小中教員が打ち合わせをしたり、全員が参加しての授業検討会を設定する時間が十分に確保できないことがあり、時間設定の更なる工夫が必要である。

⑤　各種調査結果等を踏まえた多面的な検証と考察に基づく実践

これまでは、新しく「創りだす」ことに力点が置かれ、教育活動や指導方法を試行錯誤をしながら改善し、実践してきた。

しかし、今後は取組みの成果や課題を様々な調査研究に基づいて多面的に見

第4章　特に注目すべき取組み事例

とり、適切な検証や考察を重ねながら学校づくりを進めていく必要がある。

[主要な参考文献等]
- 内閣官房構造改革特区推進室「特区は宝の山－特区成果事例集」（2005年　同推進室）
- 「小中一貫校推進ニュース」No.1～No.4（豊里町教育委員会　2004年11月24日～2005年7月21日）
- 読売新聞掲載記事「この人に聞く　小中一貫教育特区認定を受けた豊里町教育長　佐藤寿昭さん」（同紙宮城県版　2004年2月2日付け）
- リーフレット「温故創新　校舎一体型小中一貫教育校　登米市立豊里小・中学校－6・3制から3・4・2制へ　学校が変わる　子どもが変わる」（2010年　月日不詳　豊里小・中学校）
- リーフレット「温故創新　校舎一体型小中一貫教育校　登米市立豊里小・中学校－6・3制から3・4・2制へ　自分をみつめ　将来の夢を描く」（2012年　月日不詳　豊里小・中学校）
- 「小・中学校における体系的・一貫的な進路指導に関する調査研究」（宮城県教育委員会　2012年3月）
- 「実践公開研究会　実践の概要」（2012年11月　豊里小・中学校）
- 「小中一貫教育の特色を活かした学校づくり～施設一体型校舎の現状とその分析～」（2013年2月　国立教育政策研究所文教施設研究センター）
- 「実践公開研究会　実践の概要」（2013年11月　豊里小・中学校）
- 「平成25年度　登米市立豊里小・中学校　学校要覧」（2013年　豊里小・中学校）
- 研究代表－伏木久始「国立教育政策研究所プロジェクト研究　平成23－24年度公募型研究報告書『過疎地域の実情に即した小中一貫校づくりと教育課程の開発』」（2013年3月）

第5章

小中一貫教育を推進するために解決すべき課題

第5章　小中一貫教育を推進するために解決すべき課題

　私は小中一貫教育をめぐる諸問題に取り組むに当たり、可能な限り取組みの現場に足を運び、教育委員会及び学校関係者等から直接に聞き取ることを重視してきた。

　私が、そうした聞き取り調査を通じて特に強く印象付けられるとともに、収集した資料等を読み込むことを通じて考えさせられた主要な課題について述べる。

⑴　小中一貫教育の目標や方針・計画等を明確に
　　－何のために一貫教育を目指すのか－

　文部科学省が全都道府県・市町村教育委員会を対象として2010（平成22）年11月現在における状況を調査した「小学校と中学校との連携についての実態調査」（1763市町村から回答。以下、「文科省調査」とする。）の結果によれば、教育委員会として「小中連携を推進するための方針や計画を定めている」と回答したのは33.1％にとどまる。また、私見では小中一貫教育の成否を決するほど重要だと考える、小中の9年間を通じた教育課程編成の方針を「定めている」と回答したのは僅かに3.3％に過ぎない。

　この調査結果は、小中一貫教育を実施している多くの事例で、設置者たる教育委員会が確たる取組みの目標・計画や教育課程編成の基本方針を明示しないまま、取組みの現場である学校に丸投げされていることを窺わせるが、私が多数の地域での聞き取りを通じて受けた印象とも合致する。

　しかし、多く学校にとって、ほぼ白紙に近い状況から一貫教育が目指す目標やカリキュラムなどを、通常の業務をこなしながら限られた時間の中で、一貫校となる校種も異なる複数の学校間で検討・協議し、共通理解を得たうえで実施に移すことは、あまりにも荷が重すぎることは明らかであろう。

　こうした事情もあってか、9年間の学習内容の体系化などは見事に出来上がっているように見えるが、そもそも何のために小中一貫教育を目指すのか、いまひとつ明確でない取組み事例がかなり多いことは今後の大きな課題だと考える。

一貫教育は、あくまで目標達成を目指す手段の1つに過ぎない。したがって、十分に練り上げた確固たる目標を持ち、その目標達成のために有効だとするなら、一貫教育の具体的な取組み内容は弾力的に検討し、必要なら取組み内容の変更を躊躇することなく実施しても大きな問題が起こる可能性は小さいだろう。

　また、一貫教育の目標が不明確であることは、取組みによる成果を分析・評価するとともに課題を明らかにする明確な基準も持ち得ないことになり、いわゆるPDCAの循環も途切れ、長い目で見ても取組みによる大きな成果を期待することは困難になると思われる。

(2)　学年区分論の活発化が必要
　　―各区分の取組みによる得失の分析・検証が不可欠―

学年区分に関連しては次の2つの課題について述べる。

①　学年区分の理由（根拠）及び各区分による取組みの得失についての議論が不足

　小・中学校の9年間をどのように学年区分するかは、小中一貫教育を推進する上で極めて重要なポイントの1つである。

　2013（平成25）年度末時点では、文部科学省も学年区分別の小中一貫校の正確な数は把握していないとされたが、全国的に見ると実に多様な学年区分があると考えられている。

　現に、前述の私が実施した全国の実践校に対するアンケート調査では、回答があった128の小中（高）一貫校だけ見ても、最も多い半数近い高率を占めた「4・3・2」の他に、「1・3・3・2」、「2・2・3・2」、「4・5」、「4・4・1」、「5・4」、「5・2・2」、「3・6」、「6・3」、「4・3・5」（小中高の一貫）という具合で実に多様である。

　私は2012（平成24）年度まで、全国で最も多いとみられていた「4・3・2」の区分による一貫校を中心に聞き取り調査を行い、2013年度以降は「4・3・2」

以外の学年区分による実践校を重点的に聞き取り調査をしてきた。

　私はこの間、一貫教育にとって学年区分は重要なポイントだと考え、教育委員会及び学校関係者に必ず区分の理由（根拠）と成果について尋ねたが、なかなか納得できるような回答が得られなかったと感じている。もちろん、多くの人々が口にする学年区分のねらいは、「（幼・保）小・中（高）の段差がない、滑らかな学びの接続（による「中1ギャップ」の解消）」でほぼ一致している。

　しかし、その接続として例えば「4・3・2」、あるいは「2・2・3・2」という区分が適切だとする理由（根拠）は何なのか、その説明は必ずしも明確でないことが圧倒的に多い。さらに重要なことは、それらの区分に基づく一貫教育のプラス・マイナスについての情報がほとんどなく、議論もほとんど行われていないように思われることである。

　一方では、東京都内で副校長・校長として小中一貫教育に深く長くかかわってこられた現役校長から、「『4・3・2』の学年区分で、少し想定外だったのは『中1ギャップ』が解消された反面、『小5ギャップ』が発生していることだ」との興味深い発言を聞いた。あるいは、中規模都市の一貫校で日々の様々な教育活動の連絡調整役をしている教務主任による「教科の学習指導なら学年区分が意味を持つ。しかし、他の多くの場合は『ものによる』としか言いようがない。つまり、教育活動の内容しだいで様々な区分による取組みが必要になる」との声も耳に入ってきた。

　このようなことを併せて考えれば、今後は各学年区分による取組みの成果と課題についての情報を交換し、より適切な望ましい学年区分について議論を深め、そのうえで小中一貫教育の取組みをさらに前へ進めるべきだと考える。

② 過度の「中期」重視による均衡喪失の可能性

　学年区分に関連するもう一つの課題は、「中期」を過度に重視することで教育活動全体の均衡を失していると思われる事例が見受けられることである。

すなわち、全国的に小・中学校の9年間を、その呼称はともかくとして、前・中・後期という3期の学年区分とし、中期に重点をおいて格別濃密な取組みをしている例が多い。これは、多くの市町村が小中一貫教育に取り組む主たる目的として、いわゆる「中1ギャップ」の解消を考えていることからすれば当然のことだろう。

　けれども、多くの市町村では、小中一貫教育に取り組むため教職員の加配などマンパワーを強化したり、予算を大幅に増額したりすることは稀である。そうした状況下で、中期だけに格別な力を投入すれば、その分だけ前期や後期に注ぐ力が殺がれるか、教職員に新たな負担を強いることになるのは当然である。しかし、これは本末転倒の事態であり、一時的には可能でも持続的な取組みにはなり得ない。したがって、常に各期に注ぐ力の均衡が保たれ、少なくとも各期で必要な取組みはきちんと行えるような配慮をしつつ、各校の実情を勘案しながら小中一貫教育の充実が果たせる具体策を検討することが重要な課題となっている。

　そして、こうした状況を学校と連携しながら的確に把握し、それに対応する具体策を検討したうえで、必要な措置を講ずることにより学校の取組みを支援することは、一貫校を設置している教育委員会が果たすべき役割である。

(3) カリキュラム論の重要性を再確認する必要

　一貫教育のカリキュラムをどのようにするかは、極めて重要なことは言うまでもない。この点に関連して2つの課題について述べる。

① 小・中教員が共同してカリキュラムを検討する環境の整備

　小中一貫教育への取組みに当たり、小・中学校の教員が一緒になった教科部会などが設置され、9年間の学習内容の体系表（図）などが作成されることは、第4章で前述したいくつかの事例でも紹介した。また、こうした部会等での検討作業に参加した小学校教員が、例えば「私が教える小学5年算数の教材○○は、中学2年数学の○△につながっていくことを初めて知るなど、すごく勉強

になった」との感想をもらし、それは中学校教員の多くも全く同様の反応を示すことも前述したとおりである。

このように小・中学校の教員がお互いに、他校種での学習内容や相互の関連等について学び合うことは、我が国における今後の学校教育に好ましい影響を及ぼすことは間違いないものと考える。ただし、こうした取組みが一貫教育の準備段階や取組み開始直後の数年間で終わってしまう例が多いのも現実である。

教職員にとって日常の業務をこなしながら部会等の協議に参加し、場合によっては協議のための事前準備や、協議を踏まえた次回の議論に向けた資料づくりなどをすることは大きな負担になるだろう。けれども、こうした場での議論や作業がもたらす大きな効果を考え、学校と教育委員会が連携協力しながら、部会等の常設化とそこでの教職員による活発な研究や協議が行われるよう、まず関係する教職員の負担感軽減に工夫をこらす必要がある。

② 十分な評価・検証が必要な「新教科」創設等の取組み

多くの一貫校における「教育課程特例」の内容は、ほぼ次の4点に整理できると思われる。

(ア) 学習指導要領に基づく小学5・6年の「外国語活動」ではなく、中学「英語科」の学習を小学校高学年へ、あるいは小学校1年まで前倒しして実施したり、あるいは標準時間数を増加する取組み。

(イ) 算数・数学や理科、あるいは国語の時間数を増やし、時間をかけてじっくり指導することで「つまずき」を防ぐことや学力向上を目指す。

(ウ) 小中一貫教育の先進地域である品川区の「市民科」に代表される、地域や学校の独自性を強調した「○△学」などの呼称をつけた新教科を創設し、他教科・領域の標準学習時間数を削減した多くの時間を配当して実施する。

(エ) 上記(ア)～(ウ)までの取組みを可能にするため、「総合的な学習の時間」をはじめとして、「特別活動」「道徳」等の標準学習時間の全て、あるいは

一部の時間を削減する。

　こうした取組みの当否そのものや成果を安易に評価すべきではないし、私にその当否を真正面から論ずる力があるとも考えてはいない。けれども、専門家が長い年月をかけて検討を重ねた上で学習指導要領に盛り込まれ、実践を踏まえて指導法の探求なども積み重ねてきた「特別活動」や「道徳」、さらには「総合的な学習の時間」の標準学習時間を大幅に、あるいは全時間を削減することにより実施している英語や算数・数学等の時間数を大幅に増加する取組みや、創設した新教科の内容が適正なものであり、導入が真に必要であるか否かについて、私は素朴な疑問を持っている。

　とりわけ、近年の「ゆとり教育」批判に関連して、その必要性等にしばしば疑問が投げかけられることも多かった「総合的な学習の時間」の標準学習時間を、一部削減ではなく、全廃して行われる独自の取組みについては、「あまりに安易過ぎるのではないか」という私の疑念がさらに大きくなる。なぜなら、例えば国立教育政策研究所が2013（平成25）年度全国学力・学習状況調査の結果について、教科に関する調査と質問紙調査のクロス集計等を行い、学校の指導状況と学力の関係などを分析した結果によれば、「総合的な学習の時間」における「探究活動（自分で課題を立てて、調べたことを発表するなどの学習活動）」を積極的に行った学校ほど、教科の平均正答率が高い傾向が見られるし、また児童生徒の家庭学習の習慣化に好影響を与える傾向が見られるとの指摘もあるなど、「総合的な学習の時間」の評価は簡単ではないと考えるからである。

　したがって、削減した時間数が多いなど、取組みの独自性が強ければ強いほど、こうした取組み（カリキュラム）で小中一貫教育により目指す目標を本当に達成できるのか、あるいは「特別活動」や「道徳」の削減や全廃によるマイナスを十分カバーできるほどの成果があるのか、というような分析・検証を、学校や教育委員会関係者だけではなく、外部の研究者等も入れながら、きめ細かく繰り返し行うことが不可欠だと考える。

(4) 一貫教育に伴う学習指導上の課題

　一貫教育に伴う学習指導上の課題も数多く指摘されるが、ここでは次の３点に絞って私見を述べることにする。

①　教科担任制の採用に伴う課題

　先にも紹介した「文科省調査」の結果によれば、「（小中一貫教育で）小学校の教科担任制を採用している学校がある」と回答した市町村は380（21.6％）ある。実施状況を学年別でみると「小学５・６年のみ」が10％前後で、他学年での実施率は低い。また、実施校数の多い教科は音楽・理科・家庭科であり、中でも理科が多い。

　これらの実施校では、「成果が上がっている」と積極的に評価する声が高い。しかし、これを実施するためには、現行制度のままでは多くの場合、中学校教員の負担増加を避けがたいとされることが大きな課題である。

②　「乗り入れ」や「出前」授業等に伴う課題

　小中一貫教育の具体的な取組みとして、いわゆる「乗り入れ授業」を実施する事例が多く、「文科省調査」の結果でも乗り入れを「計画的、継続的に実施した学校がある」と回答した市町村は641（36.4％）ある。たしかに、「乗り入れ授業」は、小中一貫教育を具体的にイメージできる取組みであるし、また児童生徒に対する教育効果が大きいとされること、小・中学校教員が交流や授業参観などを通じて従来から行ってきた自らの指導法の見直し、教材研究や開発に取り組む契機となるなど教職員に与える好ましい影響も指摘され、いっそう拡大傾向にある。

　しかし、教科担任制に関して前述したとおり、この「乗り入れ授業」も実施時数が増えるほど、教職員とりわけ中学校教員の負担が増加するとされる。また、施設一体型に比べ、施設連携・分離型の場合には移動時間も必要となり、負担がいっそう大きなものになることも解決を迫られている大きな課題である。

③ 創意工夫による取組みを支える「兼務発令」等の人的対応措置に関する諸課題

　文科省調査によれば、教科担任制や出前授業、乗り入れ授業を実施するに当たり、校種の異なる教職員に「兼務発令している」市町村も287（16.3％）ある。

　しかし、異校種の教員免許状の所持状況から、兼務発令のさらなる拡大は困難だとしている市町村が多い。すなわち、文科省の「平成22年度学校教員基本調査」によれば、全国公立小学校教員のうち中学校教員免許を有する者は61.8％を占める。一方、中学校教員のうち、小学校教員免許を有する者の割合は26.9％に過ぎず、中学校教員に小学校の兼務発令を拡大することはかなり困難だということである。

　文科省はすでに2002（平成14）年、「隣接免許取得促進のための制度改正」として、教育職員免許法改正などの対応策を講じた。この改正は、3年以上の経験を有する小学校教員が中学校二種免許取得に必要な単位数を22単位から14単位に削減し、同じく3年以上の経験を持つ中学校教員が小学校二種免許取得に必要な単位数を24単位から12単位に半減させるものであった（同法別表第八）。

　同法を改正した2002年から2010（平成22）年までの8年間で、この制度改正を活用して小学校教諭が中学校二種免許を取得した件数は683件、中学校教諭が小学校二種免許を取得した件数は4306件（文科省「教員免許状授与件数等調査」による）であった。また、「中学校・高校の教諭免許状を有する者は、小学校において担当する教科等の教諭等になることができる（例えば中学校の理科の免許を有する教員は、小学校の理科の授業ができる。）」という「専科担任制度」（教育職員免許法第16条の5）の拡充も行った。

　このような国によるかなり大胆な制度改革が行われ、都道府県や市町村教育委員会も隣接免許の取得を奨励したり、あるいは例えば茨城県のように小学校と中学校間の思いきった人事異動を行うなどの取組み例も徐々に増えてきている。しかし、前述した隣接免許取得のための制度改正によるこれ以上の取得条件緩和は、教職員の資質低下に直結する可能性もあるなど、所持免許状をめぐ

る現状を短年月に変えることは困難であり、これから小中一貫校が増えれば増えるほど大きな課題になると思われる。

また、「乗り入れ授業」の関係教職員の負担軽減策として、後補充をする臨時講師などを市町村単独経費で雇用する例もあるが、厳しい財政状況が続く中でこうした措置を講ずることができる市町村は限られていることも大きな課題である。

さらに、「そもそも中学校教員が小学校で授業することはそれほど簡単なことなのか。多く行われるようになった小学校教員と中学校教員によるTTなど、これまで実践の蓄積が少なかったはずの授業が本当に『効果があった』などと手放しで評価できる状況なのか」、「学力向上のため他校へ授業に出た教員の後補充をするのが、若く経験も乏しい臨時講師とは本末転倒ではないか」というような根本的とも思われる問題提起についても真剣に検討し、広く理解が得られるような取組みにすることなども困難な課題であろう。

⑸ 保護者や地域住民等の参加を拡充する必要性

我が国の教育行政はこの20年近い間、教育は学校（教職員）の取組みだけでは不十分であり、学校と保護者や地域住民等が連携協働して行うべきものであるとして様々な施策が講じられてきた。例えば、2006（平成18）年に改正された教育基本法第13条にそうした趣旨の条文を新たに入れ、また同法に基づき初めて閣議決定を経て策定された「第1期教育振興基本計画」に具体的な取組みを盛り込んだ。

この小中一貫教育もこうした一連の施策と無関係に進めるべきものではなく、積極的な取組みが必要なことは言うまでもない。現に、第4章で前述した熊本県産山村や島根県松江市のように、学校運営協議会制度（いわゆる「コミュニティ・スクール」）や学校支援地域本部事業と併せて取り組んでいることで、より大きな成果をあげていると考えられる事例も多い。

けれども、一方で、小中一貫教育の体系図や構想等には「保護者・地域住民との連携協働」などと明記されていても、その内容は保護者や地域住民等によ

る学校行事などの単なる手伝いに過ぎず、実のある取組みは乏しいのが大半で、所詮は学校だけの取組みとしか考えられないケースも多い。

また、市町村の担当者の中には、保護者や地域住民に小中一貫教育の意義や必要性が未だ十分浸透しておらず、その普及啓発が大きな課題だと指摘する者も多い。その普及啓発の方法として昨今は、インターネット等の活用や広報紙（誌）やリーフレット等印刷物の配布が多いが、保護者や地域住民が学校を拠点に行われる活動に様々な形で実際に参加することも、取組みに理解を深めるために極めて有効であるとの発想が大切である。

このような意味からも、今後、教育委員会の学校教育担当部局と学校だけの取組みではなく、図書館・公民館・博物館（郷土資料館など）等を所管する社会教育や、文化・スポーツ担当セクションなどとの連携をも深め、コミュニティ・スクールや学校支援地域本部事業などにも積極的に取り組むことを通じて、小中一貫教育の取組みに対する保護者や地域住民等の参画を一層拡充・深化することが今後の大きな課題だと思われる。

(6) 市町村教育委員会の脆弱な推進体制整備の必要性

小中一貫教育は、全国的にみても実践の蓄積が決して十分とは言い難く、取り組むのはかなり困難な課題だと思われる。したがって、前述したように確たる方針も示されないまま、いわば学校に「丸投げ」され、教職員のみで調査・研究、企画立案、実施のすべてを担うことなど不可能であり、学校設置者たる市町村教育委員会からの強力な支援が不可欠である。

けれども、市町村の中には設置運営する全小中学校で小中一貫教育に取り組みながら、担当者は僅かに1名、それも多くの他用務と兼務、あるいは首長部局から異動した事務職員で学校教育は全く経験がなく、しかも2～3年で異動という例もある。

こうした教育委員会事務局の脆弱な推進体制の下で、小中一貫教育に取り組もうとすれば、結局は教職員のみが過大な負担に苦しみ、その被害は最も大切な児童生徒に及ぶことになるだろう。

小中一貫教育に取り組む市町村が増え続けていることは繰り返し述べたとおりであり、今後も増えていくものと予想される。しかし、小中一貫教育は決してたやすいことではなく、安易に取り組むことは許されない。取り組むなら、まず学校を支援する事務局体制の整備を行う必要があることを強調しておきたい。

(7) 一貫教育に伴う教職員の多忙化

一貫教育に取り組む学校を支える教育委員会の体制がそれなりに整備され、(6)で前述した課題が解消されたとしても、小中一貫教育の実態等に関する様々な調査結果がほぼ一致して示す「教職員の多忙化による、打ち合わせや研修時間の確保が困難」という課題は残ったままである場合が多い。

幸い、これまでのところ、多くの実践校では「先進的な教育実践を担っている」「教育改革に取り組む一員」などの誇りや強い使命感をもって文字どおり日々奮闘している教職員に支えられて、取組みがともかくも順調に進められている例が多いように思われる。

しかし、これまでと同様に、過大な荷を背負ったまま長期間頑張り抜いてくれる教職員の存在を前提とした取組みでは無理があり、持続可能性も大きいはずはない。したがって、教育委員会はこうした状況に明確な問題識を持ち、その解決を急ぐ必要がある。

(8) 市町村格差が拡大する可能性

前述した(1)〜(7)のすべてが大きな課題である。しかし、市町村による格差が今後ますます拡大する可能性が大きいことは、前述した全ての課題を解決するために要する力以上の努力をもってしても解決が困難なほどの最重要課題ともいえる。

すなわち、これまでも随所で述べてきたように、例えば小中一貫教育の具体的な取組みとして一般化している「乗り入れ授業」や「出前授業」を、教職員に過大な負担を求めることなく実施して成果をあげようとすれば、現状では市町村の単独経費で正規教員の加配や臨時講師の配置などの人的な措置が必要と

(8) 市町村格差が拡大する可能性

なるが、それができる市町村は限られる。

　また、こうした取組みをする場合、施設一体型と分離・連携型ではその実施条件と期待される成果に差がでるとされるが、こうした施設面での期待される条件整備を速やかにできるかどうかでも市町村格差があるのは明らかである。

　さらに、小中一貫教育に伴う重要な取組みの1つである児童生徒の交流活動を実施するに際しても、施設面で一体型と分離型の差異は大きく、さらに分離・連携型という点では同じでも子どもたちの学校間の移動に学校の都合に合わせてバス等が使えるかどうかでも、市町村の格差が出る。

　言うまでもなく、こうした市町村格差は児童生徒が受ける教育条件の格差に直結する。国では現在、2014（平成26）年7月3日の教育再生実行会議による第5次提言「今後の学制等の在り方について」を受けて、市町村等の判断で小中一貫教育を導入できるような関係法令の改正を基本とした制度設計作業を急いでいるとされる。

　早ければ2016（平成28）年度から導入されるとされる制度の根幹に、こうした市町村格差をきちんと是正する具体策が位置づけられていなければならないと考える。

[主要な参考文献等]
・第20回教育再生実行会議配布資料2「学制の在り方にかかる論点整理基礎資料（学制改革に応じた教師の在り方にかかる論点）」（教育再生実行会議　2014年4月21日）
・『平成25年度　全国学力・学習状況調査　報告書　クロス集計』（文部科学省　国立教育政策研究所　2013年12月）

> # 補　論
> ## 教育再生実行会議第5次提言と中央教育審議会における審議の動向

　教育再生実行会議が2014（平成26）年7月3日、第5次提言を発表し、学制改革の一環として「小中一貫教育学校（仮称）の設置」を提案したことにより、小中一貫教育は法律に裏付けられた制度化に向けて大きく動き出したかに見える。

　ここに至る経過の中で、安倍晋三内閣総理大臣が野党時代の自由民主党（以下「自民党」）総裁に就任直後の2012（平成24）年10月、「『経済再生』と『教育再生』が日本再生の要である」として、総裁直属で設置した「教育再生実行本部」（本部長・下村博文衆議院議員、現文部科学大臣）が2013（平成25）年5月までに行った2回の提言が極めて重要だと考える。

　以下に、こうした経緯を整理したうえで、第5次提言のうち小中一貫教育に関連する主要部分について述べ、この提言を受けて具体的な制度設計に向けた審議が始まったばかりの中央教育審議会小中一貫教育特別部会についても若干ふれることにしたい。

1　自由民主党教育再生実行本部による取組みの経緯

⑴　教育再生実行本部の設置（2012年10月）

　2012年9月26日、自民党は新総裁として安倍晋三氏を選出した。それからまもない10月19日、総裁直属の機関として、教育再生実行本部（本部長・下村博文元官房副長官）を設置し、直後の10月23日に初会合を開いた。教育再生実行本部（以下、「実行本部」とする。）の役割は、第1次安倍内閣で成立させた改正教育基本法の理念を実現するため、政権復帰の際に直ちに実行する具体的な政策とすべく「教育再生」について検討することであった。

　そのため、実行本部は教育再生のための課題と想定されていた次の5つの課題別分科会で審議を進めることとされた。

① 「基本政策分科会」

　主たる議題は、学制、職業教育、高等学校の教育、<u>教員の養成・採用・免許の在り方</u>であった（下線は筆者による）。

② 「いじめ問題対策分科会」

　主な議題は、警察と弁護士の連携、ネット上のいじめ、教育現場の隠ぺい体質であった。

③ 「教科書検定・採択改革分科会」

　主要な議題は、近隣諸国に関する記述問題などを含む教科書検定基準の検証、地教行法と無償制度の整理であった。

④ 「大学教育の強化分科会」

　主な議題は、国際競争力の強化、9月入学制度採用によるギャップタームの活用だった。

⑤ 「教育委員会制度改革分科会」

　主たる議題は、責任体制の強化、日教組との癒着、不適格教員の処分であった。

(2) 「中間とりまとめ」（2012年11月）

　2012（平成24）年11月16日に行われた衆議院解散直後の同月21日、実行本部は各分科会ごとの審議状況を整理した「中間とりまとめ」を公表した。

　下村本部長名で発表されたこの「実行本部中間とりまとめ」は、「はじめに」で「～『中間とりまとめ』には、改正教育基本法の理念を実現するために、わが党が政権を奪還した際に、直ちに実行すべき、具体的な政策が掲げられています。わが党は、『ひと創りは国創り』を基本に、日本を建て直すためにも、その根本である教育再生を重要政策として掲げ、国民の皆さんに信を問う所存です」と述べている。

　この「中間とりまとめ」には、5つの分科会ごとに、次のような目玉ともいうべき具体的な政策が掲げられている。

① 基本政策分科会　　　　　　　「平成の学制大改革」
② いじめ問題対策分科会　　　　「『いじめ防止対策基本法』の制定」

③　教科書検定・採択改革分科会　　「日本の伝統文化に誇りを持てる教科書を」
④　大学教育の強化分科会　　　　　「大学ビッグバン　〜知と価値の創造〜」
⑤　教育委員会制度改革分科会　　　「教育行政における責任体制の確立」

　そして、これらの具体的な政策は、衆議院議員選挙における自民党の政権公約に反映された。

　ここでは、これら５つの分科会のうち、本書のテーマに直接関連する「学制改革」を主要な議題として取り扱っていた「基本政策分科会」（座長・遠藤利明衆議院議員）による取りまとめの主たる内容について述べる。

　同分科会による目玉政策として「平成の学制大改革」をかかげる「中間とりまとめ」の概要は次のとおりである（ここでは、項目番号等を公表された文書どおりとする）。

(1)　**学制改革**
　　横並び意識、画一的な学校制度を改革。子供の成長に応じた柔軟な教育システムへ。
　　〔改革の方向〕
　　①　学校体系の見直し
　　・9年の義務教育期間を見直し、幼稚園・保育所・認定こども園を活用して5歳児教育を義務化する。
　　・現行の6・3・3・4制を抜本的に見直し、区切りを柔軟に体系化することを可能とする。
　　②　個人の能力・適性に応じた学びの保障システム
　　　詳細は省略。
(2)　**教師力向上のための改革**
　　教育は人なり。世界のリーダーとなる日本人を育成できる力ある教師を養成。
　　〔改革の視点〕
　　　省略
　　〔改革の方向〕
　　①　「教師インターンシップ制度」の導入
　　　詳細は省略
　　②　管理職教師の養成と資格化
　　　同上
　　③　「平成の人材確保法」の制定

・教師待遇及び教師定数の改善・充実。
・義務教育費国庫負担金は、国が全額（100％）負担する。

(3) 成長戦略に資するグローバル人材育成部会提言
　　－第１次提言－（2013年４月）

　2012年（平成24）年12月16日に行われた衆議院総選挙で「経済再生」とともに「教育再生」等を重要政策として公約した自民党が勝利し、同月26日第２次安倍内閣が誕生し、文部科学大臣（兼教育再生担当大臣）に下村博文実行本部長が就任した。

　自民党は翌2013（平成25）年１月、基本政策分科会座長を務めていた遠藤氏を下村氏に代わる実行本部長に充て審議を再開した。その際、検討課題の見直しを行い、①平成の学制大改革、②大学入試の抜本的改革、③新人材確保法の制定、④学力の向上の４つに絞り込み、教科書検定・採択改革が削除された。

　この４つの課題のうち、「～日本経済再生のための議論も党内で同時に行われており、成長戦略に資する世界で活躍できる人材の育成が急務である～」との理由で、学力向上に関する様々なテーマの内、英語教育、理数教育、ICT教育を中心とした「グローバル人材育成部会」を新たに設置し、計12回に及ぶ議論を経てまとめられた提言である。

　その内容は、「英語教育の抜本的改革」、「イノベーションを生む理数教育の刷新」、「国家戦略としてのICT教育」からなり、「学制改革」や「小中一貫教育」の言葉は１か所もない。あえて関連する部分を探せば、「英語教育の抜本的改革」を実現するための施策として「小・中・高等学校における英語教育を抜本的に改革～」、「イノベーションを生む理科教育の刷新」の提言の「２　～小学校の理科は全て理科の専科教師が教える」との提言を実現する施策として「上級学校の教師による魅力的な授業、そのための理科の専任教師の増員」のみである。

　なお、この提言は「第１次提言」との正式名称はつけられていないが、第２次提言等の関連文書では「１次提言」とされており、筆者もそれに従った。

　また、この提言は2013年４月15日に開催され、「大学教育・グローバル人

材育成」に関する討議が行われた第4回実行会議で資料として配布された。同日の議事要旨によれば、会議に出席した遠藤実行本部長が自ら説明する予定であったが、予算委員会対応のため途中退席し、説明は行われなかった。

(4) 実行本部第2次提言（2013年5月）

　第1次提言を公表した後、残された「平成の学制大改革」、「大学・入試の抜本改革」「新人材確保法の制定」という3つの課題別の部会で集中的に議論し、計15回の審議を経て2013（平成25）年5月23日に公表されたものである。

　ここでは、3つの部会提言のうち、本書のテーマに直接関連する「平成の学制大改革」部会の提言内容を中心とし、他の部会については特に関連が深い事項についてのみ述べる。

　遠藤実行本部長が自ら主査を務めた平成の学制大改革部会の提言は、まず基本的な考え方を次のように述べている。

　　「結果の平等主義から脱却し、社会状況や子どもの実態等に応じて、学校制度を多様化・複線化」（下線部は発表資料そのままである。以下、同様。）

　提言は、次いで3本の柱を立て、それぞれに具体策を盛り込んでいる。

1　幼児教育の無償化の実現
　○　幼児教育の無償化を実現。すべての3〜5歳児に充実した幼児教育を提供
2　6-3-3-4制の見直しと義務教育の充実
　○　新たな学校体系への移行を目指し、戦後から続いている6-3-3制を弾力化。さらに、4-4-4、5-4-3などの新たな学校区分へ移行
　・義務教育9年の中でも多様な区切りを柔軟に設定できる小中一貫校（「義務教育学校（仮称）」）の制度を新たに創設
　・小中高一貫教育についての検討
　・義務教育の早期化について検討
　○　達成度テストの導入、学び直しのための体制整備、飛び級・高校早期卒業の制度化、放課後・土曜日等を活用した多様な学習等により、個人の能力・適性に応じた学びの保証システムを実現
　○　これらの取組を推進するに当たり、先導的な取組に対する財政支援を創設

3　後期中等教育の複線化
　　○　専門高校等を活用した5年一貫職業教育（目標200校）の検討
　　　　・専門高校の高専化、専門高校と専門学校との連携接続など
　　○　普通高校と専門高校の適正比率の検証

　この提言書では、こうした各部会の目玉となる項目について述べた後、さらに頁を改めて各部会提言について詳細な説明をしている。
　ここでは、その中から「2．6-3-3-4制の見直しと義務教育の充実」との見出しがつけられた記述の小中一貫教育に直接関わると思われる(1)の部分について紹介する。

(1)　子どもの発達の早期化や、「中1ギャップ」等の課題を踏まえ、義務教育段階をはじめとした現行の学校体系の枠組を見直し
　　○　以下の観点から、現行の6-3-3の枠組を見直し。義務教育年限延長の可否についても併せ検討
　　◆新たな学校体系への移行を目指し、6-3-3の枠組を弾力化
　　　・中高一貫教育に加え、義務教育9年の中でも多様な区切りを柔軟に設定できる小中一貫校（「義務教育学校（仮称）」）の制度を創設
　　　　※小中高一貫教育についての検討
　　　　※地域の実情に応じ、多様な区分を設定（小中一貫の9年を4-3-2、5-4等に区分、中高一貫と合わせ4-4-4等に区分など）
　　　・小学校高学年における教科等（理科、外国語活動など）の指導について、教科担任制の取組を拡大
　　◆さらに、4-4-4、5-4-3など新たな区分による学校体系へ移行
　　　・諸外国の状況や、関係者・保護者等の意見などを検証しつつ、幼稚園・保育所・認定こども園を活用した5歳児教育の義務化について検討
　　　・併せて、義務教育の早期化について検討
　　　　※幼児教育無償化との関係、入学年齢を早期化した場合の教育内容等の課題を踏まえつつ、検討
　　○　新たな学校体系に向けた先導的取組を進める地域が、教育再生実行計画を策定。国は、計画実施に対し財政支援

　なお、「新人材確保法の制定」部会では、基本的な考え方として「『新たな人材確保のための法律』を制定」と「義務教育費国庫負担金は、国が全額（100％）

2　教育再生実行会議第5次提言

負担」することを提言していることが注目される。

実行会議の開催については第2章「これまでの小中一貫教育の経緯～その成果と課題～」の「1　国による一貫教育への取組みの経緯」(6)として簡単に述べた。

ここでは、開催の背景等について改めてやや詳細に述べるとともに、本書のテーマと直接関連する「学制改革」が主要議題となった第14回以降の実行会議での議論を追いつつ、第5次提言の概要について整理する。

(1)　実行会議開催の背景と期待された役割
①　実行会議設置の趣旨・構成等

実行会議の設置は第1次安倍内閣時の教育再生会議の設置と同様に、2013（平成25）年1月15日の閣議決定という形がとられた。

設置の趣旨は、「21世紀の日本にふさわしい教育体制を構築し、教育の再生を実行に移していくため、内閣の最重要課題の一つとして教育改革を推進する必要がある」と説明された。

同会議は「内閣総理大臣、内閣官房長官及び文部科学大臣兼教育再生担当大臣、並びに有識者で構成し、内閣総理大臣が開催する」とされ、座長には鎌田薫早稲田大学総長、副座長には佃和夫三菱重工業株式会社代表取締役会長が任命された。

また、会議の庶務は文部科学省ではなく内閣官房で処理するとされた。

②　実行会議設置のねらいと期待される役割－第1回会議冒頭挨拶から－

実行会議の設置が、前述した第1次安倍内閣時における教育再生会議の設置と実行本部設置の延長線上にあることは明白であり、会議に期待される役割も自ずと決まる。

このことは、2013（平成25）年1月24日に開催された第1回会議における

補論　教育再生実行会議第5次提言と中央教育審議会における審議の動向

安倍総理大臣と下村文部科学大臣（兼教育再生担当）の冒頭挨拶に如実に示されている。

まず、安倍総理大臣の挨拶は、公表されている「議事要旨」によれば次の通りであった。

「〜教育再生は、経済再生と並ぶ日本国の最重要課題であり、『強い日本』を取り戻すためには、日本の将来を担っていく子どもたちの教育を再生することが不可欠。（中略）第1次安倍内閣においては、約60年ぶりに教育基本法を改正し、教育の目標として、豊かな情操と道徳心を培うこと、伝統と文化を尊重し我が国と郷土を愛する態度を養うことなどを明確に規定した。また、教育再生会議においては、社会総がかりで教育再生を図るための方策について議論し、改正教育基本法を実現するための学校教育法改正など『教育三法』の成立や、約40年ぶりの全国学力・学習状況調査の実施などに結実させた。

しかしながら、その後の教育現場は、残念ながら改正教育基本法の理念が実現したといえる状況にない。（中略）

私は、教育再生に取り組む決意を新たにして、第2次安倍内閣において、下村文部科学大臣に教育再生担当大臣を兼務させ、内閣を挙げて教育再生に取り組む体制を整備するとともに、『教育再生実行会議』を設置し、教育再生の実行を強力に進めていく〜」（同議事要旨1頁）と。

総理大臣に続いて、下村文部科学大臣が、おおよそ次のような冒頭挨拶を行った。

「第1次安倍内閣では、私も内閣官房副長官として『教育再生会議』の議論に参画し、学校教育法や教育職員免許法などの改正に力を尽くしてきたところ、このたびの『教育再生実行会議』においては、『教育再生実行』の名称が示すように、さきの『教育再生会議』の提言や実績を踏まえつつ、直面する具体的なテーマについて、集中的かつ迅速に御審議いただき、必要な法改正や予算措置等を講じてまいりたい。

また、自民党の教育再生実行本部から昨年11月に中間提言取りまとめが行われるなど、各政党においても様々な教育再生のための提言が行われている。

このような提言も参考にしつつ、できるものから、できるだけ早く改革の実行に取り組んでまいりたい。

　当面の審議内容としては、①いじめ問題への対応、②教育委員会の抜本的な見直し、③大学の在り方の抜本的な見直し、④グローバル化に対応した教育、等について検討を進めていただき、その後、⑤6・3・3・4制の在り方、⑥大学入試の在り方、等についても御検討していただきたい。(以下、省略)」(同議事要旨1～2頁、下線は筆者による)と、実行会議で検討すべき6つのテーマとその検討順序まで明言した。

③　実行会議における学制改革に関する討議の経過

　既に述べたとおり、実行会議は第1回会議開催から僅か10か月で第4次提言まで行った。そして、2013(平成25)年10月31日に開催された第14回実行会議から学制の在り方に関する討議が本格的に始まった。ここから、第5次提言にいたるまでの経過を、公表されている「議事要旨」や実行会議の節目で会議資料として配布された当面の論議のポイントを示したメモ等をもとに整理することにしたい。

　各回の主要な論点を追うことで、実行会議の設置当初に掲げられた6−3−3−4制の変更をも目指した「平成の学制大改革」が、「第5次提言」の枠組みへ収斂されていった経過や背景等が少しは理解できると考えるからである。

1)　事務次官と実行本部長による説明(第14回・2013年10月31日)

　議事要旨によれば、学制の在り方について討議が始まった冒頭に山中文部科学事務次官から学制についての説明が行われた。概要は次のとおりである。

「〜戦後の学制については、教育の機会均等という観点から、義務教育を9年に延長するとともに、複線化していた制度を単一の制度として6−3−3−4制とした。

　その後、1971年の中教審のいわゆる46答申では、学校教育の量の拡大に伴う質の変化にどう対応するかという問題に直面し、敗戦という特殊事情のもとに学制改革を進めたことによる混乱やひずみも残っていることが指摘され、人間の発達過程に応じた形での学校体系の開発の必要性が提言された。

補論　教育再生実行会議第5次提言と中央教育審議会における審議の動向

　この46答申を受けて、戦後の主な制度改正として、中高一貫教育、専修学校や高等専門学校といった職業教育、飛び入学等について制度改正や取組みが行われている。
　平成18年の教育基本法の改正においては、義務教育を9年としていた規定教育基本法からは削除し、社会の変化に対応した形で年数を柔軟にできるよう学校教育法で規定することとされた。（以下、省略）」
　次いで、自民党教育再生実行本部長である遠藤衆議院議員が前述した第2次提言について説明した。同議員は提言内容の4点について説明したが、小中一貫教育については「〜6−3−3−4制の見直しと義務教育の充実。成長過程が変わってきており、義務教育9年の中で区切りを柔軟に設定できる小中一貫校（義務教育学校）の創設。そして、小中高一貫教育も創設していきたい。また、4−4−4又は5−4−3などの新たな区分、延長、又は4・5歳児と小学校の連携した教育システム、義務教育9年の延長などについて考えるということ」と述べた。

2) 資料「学制の在り方にかかる論点」の配布（第17回・2014年2月18日）

　第15・16回実行会議は学制について外部有識者の説明や意見交換及び学校視察の報告等が行われた。第17回には初めて資料として「学制の在り方に関する論点」と「これからの教育の在り方、特に義務教育や無償教育にかかる論点」の2種類が配布され、鎌田座長が説明を行った。
　この2つの資料のうち、「学制の在り方に関する論点」についてのみ、次に紹介する。

【学制の在り方にかかる論点】
1. これからの教育の在り方、特に義務教育や無償教育にかかる論点
　（論点1）少子高齢化・グローバル化が進む中、将来を見据え、教育は、どうあるべきか。特に、子供の発達の変化等も踏まえ、どうあるべきか。
2. 学校段階の区切りにかかる論点
　（論点2）論点1における義務教育や無償教育の期間を踏まえ、新たな学校段階の区切りは、どうあるべきか。

3．高等教育、職業教育にかかる論点

　（論点3）高等教育機関の多様化を踏まえ、その構造、年限等は、どうあるべきか。

　　　　　特に、質の高い職業人を育成するための職業教育制度（専門高校、高等専門学校、専修学校、大学等）は、どうあるべきか。

4．学制改革に応じた教師の在り方にかかる論点

　（論点4）論点1～3等を踏まえ、学制改革に応じた教師の在り方（免許、養成等）は、どうあるべきか。

5．学制改革に必要な条件整備にかかる論点

　（論点5）論点1～4等を踏まえ、学制改革に伴う財源措置を含め条件整備について、どう考えるか。

この回の討議は、鎌田座長からの説明後、第1の論点である「義務教育の在り方やその期間、無償教育の期間」を中心に議論が行われた。

これ以後の実行会議は、座長が配布した資料により論点の説明をした後、その論点を中心に討議するという会議の進行パターンが定着したようである。

3）資料「これからの教育の在り方、特に義務教育や無償教育にかかる論点」の配布（第18回・2014年3月13日）

【これからの教育の在り方、特に義務教育や無償教育にかかる論点】

（論点1）少子高齢化・グローバル化が進む中、将来を見据え、教育はどうあるべきか。特に、子供の発達の変化等も踏まえ、義務教育の在り方やその期間、無償教育の期間は、どうあるべきか（以下、詳細は省略）

【学校段階の区切りにかかる論点】

（論点2）論点1における義務教育や無償教育の期間を踏まえ、新たな学校段階の区切りは、どうあるべきか。

　　　　○学校段階間の円滑な移行について、どう考えるか。

　　　　　・幼稚園と小学校、小学校と中学校の間などの子供、教師の交流・連携

　　　　　・小学校高学年からの専科教員指導など指導形態の連携等

○小中一貫校の制度化など一貫教育について、どう考えるか。
- 小中一貫教育を制度化する意義、効果（円滑な移行、教育課程の区分の柔軟化、既に制度化されている中高一貫教育との関係）
- 小中高一貫教育の意義、効果等

○高校の位置付け、年限等について、どう考えるか。
- 学科（普通科、専門学科、総合学科）、卒業後の進路などの多様性との関係
- 大学との接続の在り方（大学への飛び入学、高校の早期卒業の制度化）等

○学校段階の区切りの変更について、どう考えるか。
- 義務教育、無償教育の期間との関係
- 区切りの変更の意義、効果等

4) 資料「学制改革に応じた教師の在り方にかかる論点」の配布（第20回実行会議・2014年4月21日）

【学制改革に応じた教師の在り方にかかる論点】

（論点4）論点1～3等を踏まえ、学制改革に応じた教師の在り方（免許、養成等）は、どうあるべきか。

① 学制改革に応じた教師の在り方

○質の高い教育の保障や学校段階間の円滑な移行を図るための教師の在り方について、どう考えるか。
- 複数学校種（小中、中高等）で指導ができるような免許制度の在り方、複数の免許状の取得促進
- 幼稚園教諭・保育士の資質能力の向上
- 幼稚園と小学校、小学校と中学校の間などの連携や一貫教育、小学校の専科指導のための教職員配置、特別免許状による外部人材の登用
- 多様な学習ニーズや困難を抱える生徒に対応した教職員配置
- 少子化に伴う学校規模や教職員配置の在り方等

② 教師の養成、採用等の在り方
　○優秀な教師を確保するため、その養成、採用等の在り方について、どう考えるか。
　　・採用前又は後に学校現場で行う実習・研修の在り方（教育実習、採用選考、初任者研修との関係等）
　　・優秀な人材を教育現場にひきつけるとともに、真に頑張っている教師にふさわしい処遇の改善（メリハリのある給与）
　　・教師が教育活動に専念できるようにする教職員体制の在り方（専門人材の活用・連携）等

5）資料「学制改革に必要な条件整備にかかる論点」の配布（第21回会議・2014年5月16日）

【学制改革に必要な条件整備にかかる論点】

（論点5）　論点1～4等を踏まえ、学制改革に伴う財源措置を含め条件整備について、どう考えるか。
　① 教育投資の在り方
　　○教育投資の意義、効果について、どう考えるか。
　　　・教育の質の向上（一人一人の能力の最大限の伸長）、教育の機会の増大（意欲ある全ての者の活躍の促進）
　　　・個人の観点（個人の能力向上、自己実現、所得効果、健康で文化的な生活の実現等）、社会全体の観点（社会・経済の成長、少子化の克服、格差の改善、イノベーションの創出、財政への影響等）
　　○教育投資を充実する場合の財源確保への国民的理解の醸成について、どう考えるか。
　② 学制改革に必要な条件整備
　　○これまでの議論を踏まえ、例えば、以下の改革を行うとした場合に必要となる費用について、その財源、効果、優先度等をどう考えるか。（義務教育、無償教育の期間）

- 幼児期の教育を義務教育又は無償教育とする場合に要する費用
- 高校教育を義務教育又は無償教育とする場合に要する費用

  （学校段階の区切り）
- 6-3-3の区切りを変更する場合に要する費用（人件費、施設整備費等）
- 小中一貫教育の導入、小学校の専科指導の拡充を図る場合に要する費用

  （高等教育、職業教育）
- 高等教育段階における実践的な職業教育の充実を図る場合に要する費用

  （教師の在り方）
- 学校現場で行う実習・研修の拡充、教師にふさわしい処遇の見直し、専門人材の活用を図る場合に要する費用等

　なお、この日の会議には論点を記したペーパーの参考資料として、「幼児教育を無償化する場合の年齢別所要額(推計)」が添付されていた。それによれば、公私立保育所を含めて3歳児以上の幼児教育を無償化するには約7,840億円、5歳児に限っても約2610億円という巨額の財源を要することが明らかとなり、提言の内容も一気にトーンダウンすることになった。

(2) 実行会議第5次提言「今後の学制等の在り方について」の概要

　第22回実行会議（2014年6月11日）では、鎌田座長から「第5次提言素案」（非公表）について説明がなされた後に討議が行われた。

　次いで、実質的に学制に関する議論の最後となった第23回実行会議（同年6月19日）では、前回の素案に対する意見を踏まえて修正された「今後の学制等の在り方について（第5次提言案）」（非公表）について討議した。

　さらに第24回実行会議（同年7月3日）では、前回討議での意見を踏まえて修正した「今後の学制等の在り方について」（第5次提言）を最終的にまとめ、座長から安倍総理大臣に手交された。

第5章　小中一貫教育を推進するために解決すべき課題

　この第5次提言は3本の柱からなり、その概要は次のとおりである。

1. 子供の発達に応じた教育の充実、様々な挑戦を可能にする制度の柔軟化など、新しい時代にふさわしい学制を構築する。

【主たる内容】
(1)　質の高い幼児教育を保障するため、無償教育、義務教育の期間を見直す。(詳細は省略)
(2)　<u>小中一貫教育を制度化するなど学校段階間の連携、一貫教育を推進する。</u>
・学校段階間の移行を円滑にする観点から、幼稚園等と小学校、小学校と中学校などの学校間の連携が一層推進されるよう、国は、教育内容等を見直すとともに、地方公共団体及び学校は、教員交流や相互乗り入れ授業等を推進する。
・<u>小中一貫教育学校(仮称)を制度化し、9年間の中で教育課程の区分を弾力的に設定するなど柔軟かつ効果的な教育を行うことができるようにする。</u>
・小中一貫教育学校(仮称)の設置を促進するため、国、地方公共団体は、教職員配置、施設整備についての条件整備や、私立学校に対する支援を行う。
・一貫教育の成果と課題について、きめ細かく把握・検証するなど、5-4-3、5-3-4、4-4-4などの新たな学校段階の区切りの在り方について、引き続き検討を行う。
(3)　略

2. 教員免許制度を改革するとともに、社会から尊敬され学び続ける質の高い教師を確保するため、養成や採用、研修等の在り方を見直す。

【主たる内容】
・教師が教科等の専門性に応じ、複数の学校種において指導可能な教科ごとの免許状の創設や、複数学校種の免許状の取得を促進するための要件の見直しなど教員免許制度の改革を行う。
・採用前又は後に学校現場で行う実習・研修を通じて適性を厳格に評価する仕組み(教師インターン制度(仮称))の導入を検討する。
　(以下、略)

3. 一人一人の豊かな人生と将来にわたって成長し続ける社会を実現するため、教育を「未来への投資」として重視し、世代を超えて全ての人たちで子供・若者を支える。
　(詳細は省略)

(下線は筆者)

〈提言の今後の扱いについて〉
　第24回実行会議の議事要旨によれば、提言を受けた後、安倍総理大臣に続

いて挨拶した下村文部科学大臣（兼教育再生担当大臣）は、「〜今回の提言を受けて、私としては、1つは、小中一貫教育の制度化、（中略）また、複数の学校種で指導可能な教科の免許状の創設などにつきまして、速やかに中教審に諮問をし、来年の通常国会から、順次、関係法案の提出を目指してまいりたい。〜」（下線は筆者）と述べた。

3　実行会議第5次提言以後における中央教育審議会の動向

①　中教審への諮問とその理由等

下村文部科学大臣（兼教育再生担当大臣）は2014（平成26）年7月29日、中央教育審議会（以下、「中教審」とする。）に対し、次の2つの事項について諮問した。

1　子供の発達や学習者の意欲・能力等に応じた柔軟かつ効果的な教育システムの構築について
2　これからの学校教育を担う教職員やチームとしての学校の在り方について

こうした諮問の理由として、1については「〜教育再生実行会議において、今後の学制等の在り方についてご議論いただき、先日、子どもの発達に応じた教育の充実、様々な挑戦を可能にする制度の柔軟化など、新しい時代にふさわしい学制改革についてご提言いただいた〜」などと述べたうえで、以下の諸点を中心に審議することを求めた。

[小中一貫教育の制度化をはじめとする学校段階間の連携の一層の推進について]
　　教育再生実行会議では、幼稚園と小学校、小学校と中学校などの学校間連携の一層の推進や、小中一貫教育の制度化、また、これらを踏まえた教員免許制度の在り方などについて提言がなされておりますが、これらの中でも喫緊の課題である以下の事項についての御検討をお願いします。
○中1ギャップと呼ばれる中学校進学に伴う環境変化への不適応への対応や、小学校への外国語活動の導入をはじめとした学習内容の改善への対応等を考慮し、小学校教育と中学校教育の接続について、小中一貫教育を学校制度に位置づけ、9年間の教育課程の区切りを柔軟に設定できるようにすることなどにより、学校段階間の連携の一層の推進を

第5章 小中一貫教育を推進するために解決すべき課題

図る必要があるが、これまでの全国各地の先導的な取組の成果・課題を踏まえ、どのような制度設計が考えられるか。また、その制度が有効に機能するための教員免許制度はどうあるべきか。さらに、小中一貫教育を全国的に展開するとともに、取組の質の向上を図る観点からどのような方策が考えられるか。
〔意欲や能力に応じた学びの発展のための高等教育機関における編入学等の柔軟化について〕
（詳細は省略）

　また、諮問事項の2については、「学校教育の成否は、教員の資質能力に負うところが大きく、これからの時代に求められる学校教育を実現するためには、教員の資質能力の向上とともに、教員が専門性を発揮できる環境を整備することが求められています。（中略）少子高齢化やグローバル化の進展に伴う国際競争の激化の中で、我が国が将来にわたり成長・発展し、一人一人の豊かな人生を実現するため、新たな社会的価値・経済的価値を生むイノベーションを創出し国際的に活躍できる人材や、多様な文化や価値観を受容し共生していくことができる人材を育成していくことが必要です。そのために、教員が果たす役割は大きなものであり、これからの時代に求められる学校教育の実現に向けて、教員の資質能力の向上が重要な課題であります。

　一方で、中学校等の教員を対象としたOECDの国際教員指導環境調査（TALIS）の結果からは、我が国の教員をめぐる様々な課題が明らかになっています。

　例えば、批判的思考を促すことや学習への動機付けをすることなど、主体的な学びを引き出すことに対して自信を持つ教員の割合が国際的に見て低い状況です。

　さらに、我が国の教員は、課外活動の指導や事務作業に多くの時間を費やし、調査参加国中で勤務時間が最も長いという結果が出ており、教員や支援職員の不足を指摘する校長の割合も高くなっています。

　これからの教育を担う教員には、例えば、子供たちが一方的に教えられる受け身の授業ではなく、ICT等も活用しながら、課題の解決に向けて主体的・協働的に学ぶ授業を通じて、これからの時代に求められる力を子供たちに確実に

身に付けさせることができる指導力が必要です。

　また、子供の発達の早期化や中学校でのいじめ・不登校の急増など、発達段階に即した指導や学校段階間の円滑な接続に関する課題を踏まえて、学校間の連携や一貫教育、小学校における教科指導の専門性の向上等を推進し、柔軟かつ効果的な教育を行う観点から、教員が学校種を超えて指導ができることも求められています。

　このため、養成段階から教職生活の全体を通じた教員の資質能力の向上のための総合的な取組を充実していくことが必要であり、教育再生実行会議の第5次提言においても、教員免許制度を改革するとともに、社会から尊敬され学び続ける質の高い教員を確保するため、養成や採用、研修等の在り方の見直しが提言されています。

　加えて、教員が自らの指導力を十分に発揮し、生涯にわたって伸ばしていくことができるような環境を整備し、教員が魅力ある職となるよう、教員の専門性にふさわしい勤務や処遇等の在り方について検討を行う必要があります。

　また、従来よりも複雑化・多様化している学校の課題に対応していくためには、学校組織全体の総合力を一層高めていくことが重要であることから、教員としての専門性や職務を捉え直し、学校内における教職員の役割分担や連携の在り方を見直し改善していくとともに、教員とは異なる専門性や経験を有する専門的スタッフを学校に配置し、教員と教員以外の者がそれぞれ専門性を連携して発揮し、学校組織全体が、一つのチームとして力を発揮することが求められています。」と、今日における教員が求められている資質等について詳細に述べたうえで、具体的には次の事項を中心に審議するよう要請した。

① これからの教育を担う教員に求められる指導力を、教員の専門性の中に明確に位置づけ、全ての教員がその指導力を身に付けることができるようにするため、教員養成・採用・研修の接続を重視して見直し、再構築するための方策について

　（詳細は省略）

② 教員が指導力を発揮できる環境を整備し、チームとしての学校の力を

第5章　小中一貫教育を推進するために解決すべき課題

向上させるための方策について
　教員が専門職として指導力を十分に発揮し、更にそれを教職生活全体を通じて学び続ける中で伸ばしていくことができるような環境を整備するとともに、従来よりも複雑化・多様化している学校の課題に対応するため、教員の勤務・処遇等の在り方や、多様な専門性や経験を有する者の配置などの学校の組織運営の在り方等について（財政上の措置も含む）
　（詳細は省略）

　中教審は2014（平成26）年7月29日に開催した総会で、この諮問事項の「1　小中一貫教育学校（仮称）の制度化」については初等中等教育分科会（以下、「初中分科会」とする）で、諮問事項2の「制度に伴う教員免許制度の在り方」については教員養成部会で審議することを決定した。
　この決定を受けて2014年8月6日に開催された初中分科会では、「初中分科会小中一貫教育特別部会」を設置して審議することを決めた。

②　第1回初中分科会小中一貫教育特別部会の開催
　2014（平成26）年8月29日、初中分科会小中一貫教育特別部会（以下、「特別部会」とする。）の初会合が開催された。
　まず、中教審副会長の小川正人放送大学教養学部教授を座長に選任した後、審議が行われた。
　本書の原稿執筆時点では、未だ議事録等の公表もなく、論議の詳細を知ることはできないが、入手した会議での配布資料を通じて今後の検討内容や作業スケジュール等を見ておくことにする。

1）特別部会での検討内容
　事務局が作成・配布した会議資料「検討すべき事項（イメージ）」（同特別部会資料5）は次のような内容となっている。

補論　教育再生実行会議第5次提言と中央教育審議会における審議の動向

1 小中一貫教育の目的
  ・現行制度化での小・中の接続にはどのような課題があるか。
  ・小中一貫教育で想定されるメリットは何か。

2 現状の小中一貫教育の取組の成果・課題の分析
  ・主な成果・課題や、好事例に見られる特徴的な取組としてどのようなものがあるか。
  ・小中一貫教育で想定されるデメリットは何か。それらに対してどのような対応がなされているか。

3 小中一貫教育の制度設計の基本的方向性
  ・小中一貫教育を学校制度に位置づける意義・目的は何か。
  ・いわゆる施設一体型・分離型の扱いをどう考えるか。
  ・設置義務や就学指定との関係をどう考えるか。
  ・小学校・中学校段階に対応した教育課程の区分の在り方、教育課程の特例の在り方についてどう考えるか。
  ・教科担任制の導入など教員組織の在り方についてどう考えるか。
  ・既存の学校種（小学校、中学校、高等学校、中等教育学校等）との関係をどう考えるか。

4. 小中一貫教育の推進方策等
  ・国、都道府県、市町村それぞれの役割についてどう考えるか。
  ・教職員人事・定数面や施設整備面での支援策はどうあるべきか。
  ・地域と共にある学校づくりとの関係をどう考えるか。
  ・小中一貫に関する学校評価の在り方についてどう考えるか。
  ・小中一貫教育学校（仮称）の制度化と、今後の学制改革との関係についてどう考えるか。
  ・小中一貫教育学校（仮称）の制度化に伴う教員免許制度の在り方についてどう考えるか。

なお、これとは別に、「総会、分科会におけるこれまでの主な意見（小中一貫教育制度関連）」（同特別部会資料3）が配布され、前述した中教審総会（7月29日開催）と初中分科会（8月6日開催）で出された意見を、「小中一貫教育全般」「教員免許関係」「審議の進め方等」の3つに分類して示した。

2) 今後における審議の予定

①で前述した検討すべき内容は多岐にわたるが、それを検討する予定等については事務局から、配布資料「小中一貫教育特別部会の検討の進め方（イメー

第5章 小中一貫教育を推進するために解決すべき課題

ジ)」(同特別部会資料6) により、次のように提案された。

　◇2014年
　　9月～10月　【第2回～6回部会】
　　　　　　　　特別部会等による集中審議(計6回程度開催)
　　　　　　　　① 実態調査及びヒアリング等に基づく小中一貫教育の現状・課題の分析
　　　　　　　　② 制度設計の基本的な方向性
　　　　　　　　③ 小中一貫教育の総合的な推進方策等について審議

　　10月末　　　【第7回】
　　　　　　　　答申素案
　　　　　　　　→分科会に報告・審議
　　　　　　　　→パブリックコメント

　　12月上～中旬【第8回】
　　　　　　　　答申案とりまとめ
　　　　　　　　→分科会に報告・審議

　　12月下旬　　【中教審総会】
　　～1月上旬　　答申

　僅か4か月でこれほど多岐にわたる検討事項について、実態調査やヒアリング等をも行いながら答えを出し、答申案をまとめるという計画には驚きを禁じ得ない。なぜこれほど急ぐのか。

　他方で、一見すれば多岐にわたっているかに見える本特別部会に検討を要請された事項のほとんどは、同特別部会資料4として配布された、小中分科会学校段階間の連携・接続等に関する作業部会による検討成果をまとめた「小中連携、一貫教育に関する主な意見等の整理」(2012年7月13日) に一応の答えが出ているように思われる。

　本書の第2章(4)の②で述べたとおり、そもそも文部科学省はこの「～主な意見等の整理」を大筋で妥当な内容と考えたからこそ、そこで提案された小中一貫教育に関する教育課程の特例を2012(平成24)年度末に制度化しようとしたのではなかったか、とも考える。

補論　教育再生実行会議第５次提言と中央教育審議会における審議の動向

　ともあれ、特別部会による精力的な検討結果がまとまり、それを基にして「小中一貫教育学校（仮称）」の制度化が成り、すでに実践している市町村の多くが確信を持ってさらなる前進を遂げ、法律の裏付けがないゆえに検討・構想段階で逡巡している市町村等が実践に大きく踏み出す、まさに「小中一貫教育の新たなる展開」の契機となるか注目している。

[主要な参考文献]
　本書を執筆するに当たり、本文中に記載した引用文献及び参考文献のほかに、下記の諸著作から多くのことを学ばせていただいた。特記して感謝申し上げる。
・品川区教育委員会『品川区小中一貫教育要領』（講談社　2005年8月）
・西川信廣『習熟度別指導・小中一貫教育の理念と実践』ナカニシヤ出版、2006年3月
・品川区立小中一貫校日野学園著『小中一貫の学校づくり』教育出版、2007年11月
・若槻秀夫編著『学校大改革　品川の挑戦』学事出版、2008年1月
・高階玲治編『幼・小・中・高の連携・一貫教育の展開』教育開発研究所、2009年4月）
・石川晋ほか編著『中1ギャップ』学事出版、2009年4月
・山本由美『学力テスト体制とは何か　学力テスト・学校統廃合・小中一貫教育』花伝社、2009年8月
・宗像市小中一貫教育研究会編著『確かな学力と豊かな心を育てる小中一貫教育』ぎょうせい、2009年8月
・貝ノ瀬滋著『小中一貫コミュニティ・スクールのつくり方、ポプラ社　2010年4月
・山本由美編『小中一貫教育を検証する』花伝社、2010年8月
・佐貫　浩編著『品川の学校で何が起こっているのか』花伝社、2010年10月
・武蔵村山市教育委員会編著「村山学園手作りの小中一貫教育」ぎょうせい、2012年1月
・宮崎大学小中一貫教育支援研究プロジェクト編『小中一貫・連携教育の理念と実践』東洋館出版社、2013年3月
・天笠　茂著『カリキュラムを基盤とする学校経営』ぎょうせい、2013年9月
・大桃敏行・押田貴久編著『教育現場に革新をもたらす自治体発カリキュラム改革』学事出版、2014年3月）

おわりに

　原稿を書き上げた今、私が無理にお願いした聞き取りに対応するため、ご多忙の中で貴重な時間を割いて下さった多くの方々のことを思い起こしています。この数年間、沖縄から北海道まで数多くの自治体を訪ね、様々なお立場で小中一貫教育に関わっている人々から、率直なお話を聞かせていただいたお蔭で本書を執筆できたと考えており、改めて心から感謝申し上げます。

　本書で取り上げた事例は、小中一貫教育の文字どおりのパイオニアである広島県呉市を除けば、その実践がこれまで一冊の本にまとめられ刊行されたことのない取組み例だけだと考えています。もちろん、自治体の人口・財政規模等もできるだけ多様になるようにしました。

　また、事例について紹介するに当たり、最も力を注いだのは取組みの経緯です。なぜなら、私のささやかな経験からすれば、新しい何かに取り組もうとする時、最も知りたいことは、着手前の準備行為として何をしたか、立ち上げのとき最も力を注いだことはどんな取組みか、途中でつまずいたり悩んだりしたことはどんなことか、それにどう対処して乗り越えたか、そして現在はどのような取組みをしているのかだと考えるからです。もちろん、立ち上げ当時の担当者が異動してしまったり、十分な資料が得られなかったことも多く、私のこうした試みが本書で成功しているかどうかは自信がありません。

　ともあれ、こうした観点から本書に掲載可能な数少ない事例を選択した結果、長い時間をかけ熱心に説明して下さり、多くの貴重な関係資料等を提供いただいたため、その実践の素晴らしさを十分過ぎるほど知りつつ、心ならずも本書で全く紹介できなかった多数の関係者には深くお詫び申し上げます。事情をご理解いただき、お許し下さるようお願いいたします。

　補論でも述べたように、国の動きは極めて急です。しかし、小中一貫教育はそんなに簡単な課題ではない、というのが数年間かけて多くの自治体の取組みを追いかけ続けている私の実感です。そして、何よりも気になっているのは、

市町村内の全校で小中一貫教育を導入し既に数年たった市町村における多くの学校の校長でさえ、「保護者や地域住民の理解が十分得られていない」と話す方が多かったことです。

　国の動きはどうあろうとも、小中一貫教育をどうするか最後に決断し、その結果に責任を負うのは自治体関係者です。決して急がず、時間をかけた検討を重ねるなど十分な事前準備を行い、保護者や地域住民の確かな理解と協力を得たうえで取組みを進めるよう切に願っています。スタートを急いでも、目標到達が早いとは限りません。

　最後になりましたが、第3章で紹介した小中一貫教育実践校を対象とした調査で、時間のかかる面倒な集計作業等を手伝ってくれた青森中央学院大学経営法学部学生・工藤爽君にとても感謝しています。

　そして、本書の出版に際しても、前著『学校支援地域本部をつくる』(2011年)の刊行時と同様に、企画の段階から懇篤なるご教示・ご支援をいただきました株式会社ぎょうせいの皆さんに改めて感謝申し上げます。

■著者紹介

高橋　興［たかはし・こう］

青森中央学院大学経営法学部教授。秋田県生まれ。青森県立高校長、同県教育庁生涯学習課長、同県総合社会教育センター所長等を歴任し現職。文部科学省中央教育審議会生涯学習分科会委員等を歴任し、現在は国立教育政策研究所プロジェクト研究「初等中等教育の学校体系に関する研究」に係る委員等を務める。教育関係の主な著書に『学校支援地域本部をつくる』、共著に『学校と地域でつくる学びの未来』『地域社会・家庭と結ぶ学校経営』『学校支援ボランティア』『学校・家庭・地域がともに進める学力づくり』『新編教頭読本』『校長入門』『震災からの教育復興』など。

小中一貫教育の新たな展開

| 平成26年11月7日 | 第1刷発行 |
| 平成29年8月25日 | 第2刷発行 |

著　者　　高橋　興
発　行　　株式会社ぎょうせい
　　　　　〒136-8575　東京都江東区新木場1-18-11
　　　　　電話　編集　03-6892-6508
　　　　　　　　営業　03-6892-6666
　　　　　　　　フリーコール　0120-953-431
　　　　　URL：https://gyosei.jp

〈検印省略〉

印刷　ぎょうせいデジタル株式会社
＊乱丁、落丁本は送料弊社負担にてお取り替えいたします。
©2014 Printed in Japan　禁無断転載・複製
ISBN978-4-324-09911-7　(5108110-00-000)　[略号：小中一貫の展開]